晚退休时代

Thirty Tomorrows

[美]米尔顿·埃兹拉蒂　著

吴书榆　译

天津出版传媒集团

天津人民出版社

图书在版编目(CIP)数据

晚退休时代 / (美)米尔顿·埃兹拉蒂著;吴书榆
译. — 天津:天津人民出版社,2016.7
书名原文: thirty tomorrows
ISBN 978-7-201-10585-7

Ⅰ.①晚… Ⅱ.①米… ②吴… Ⅲ.①退休–劳动制
度–研究–世界②退休–劳动制度–研究–中国 Ⅳ.
①F249.1②F249.213.4

中国版本图书馆 CIP 数据核字(2016)第 162611 号

著作权合同登记号:图字 02-2016-25 号

晚退休时代

WANTUIXIU SHIDAI

[美]米尔顿·埃兹拉蒂 著　　吴书榆 译

出　　版	天津人民出版社
出 版 人	黄沛
地　　址	天津市和平区西康路 35 号康岳大厦
邮政编码	300051
邮购电话	(022)23332469
网　　址	http://www.tjrmcbs.com
电子信箱	tjrmcbs@126.com

责任编辑	任洁　赵子源
装帧设计	汤磊

印　　刷	高教社(天津)印务有限公司
经　　销	新华书店
开　　本	787×1092 毫米　1/16
印　　张	18.75
插　　页	1
字　　数	300 千字
版次印次	2016 年 7 月第 1 版　2016 年 7 月第 1 次印刷
定　　价	49.80 元

老龄化时代的全球大博弈

财经评论家、《上海证券报》评论版主编　时寒冰

《说文解字》中对"人"的解释是："天地之性最贵者也。"

经济的发展、社会的进步，归根结底，取决于人。人是根本。因此，研究经济，研究金融，研究未来的发展趋势，都离不开对人口问题的研究。在全球化时代，在全球化又正好遇上老龄化的时候，人口因素不仅仅是每个国家决策时要着重考虑的核心问题，同时也是全球大博弈时要重点考虑的问题，或者说，人口因素正在成为老龄化时代全球大博弈的焦点。

这或许正是米尔顿·埃兹拉蒂先生所著《晚退休时代》的价值所在。

一、人口因素一直是决定国家兴衰的重要力量之一

通过对世界经济史的研究，我们知道，在人口快速增长的时期，经济也以更快的速度增长。亚洲四小龙曾经的辉煌、中国改革开放后在经济上曾经取得的成就，都与人口红利密切相关。

人口红利意味着人口对经济增长的参与率高，并成为高储蓄率的一个重要基础，同时，也带来劳动配置效率的提升。但是随着计划生育带来的人口巨变，中国的劳动力人口在 2012 年也发生了转折：劳动力人口下降。也差不多与此同时，中国经济逐步告别昔日的辉煌，慢慢步入了中速

增长期。

二、当人口红利消失，任何经济体都难逃魔咒

1989 年，日本的总和生育率下降到 1.57，被称为"1.57"危机。不久，日本的房地产泡沫破灭，步入"失去的二十年"。《晚退休时代》给出了令人触目惊心的数据："日本过去的抚养比是由超过 12 位劳动年龄人口来抚养 1 名退休人士，但到了最近，这个数字掉到不到 3 个人，与该国在 1950 年时相比，它拥有的劳动力仅剩 1/4。"

因此，虽然有高科技等积极因素的支撑，但日本至今未能摆脱老龄化魔咒的困扰。

三、人口问题看起来简单，解决起来却非常棘手

2015 年 10 月，中国提出"全面实施一对夫妇可生育两个孩子政策"，计生部门基于自身部门利益的考虑，夸大对二孩政策效果的预测，声称"新增可生育二孩的目标人群 9000 多万"，"最高年份或多生 2000 万"。结果却大跌眼镜：2014 年全国出生人口比 2013 年出生人口增加了 47 万，而 2015 年的出生人口数量反而比 2014 年减少了 32 万，"说明很多夫妇不愿生二孩"。

美国通过移民政策吸引大量年轻移民补充新鲜血液，使其人口结构更合理，整个国家更有活力，与日本、欧洲相比，美国得以在一定程度上推迟了步入老龄化社会的时间。这是美国在全球经济衰退大背景下能够保持一枝独秀的重要原因之一。

而中国却是一个移民输出国，大量的优秀人才移民他国，对中国的人口结构产生了更为深远的影响。

四、对于中国而言,仅仅实施二孩政策是远远不够的

如果不及早认识到人口问题的严重性,未来的中国不得不面临这样的现实困境:两个独生子女组建家庭以后,将面临抚养孩子和赡养至少四位老人的沉重负担。背负着如此重担,还能前行吗?进一步讲:当独生子女未来继承老人的房产,在老龄化时代,别说销售,还能出租给谁?

人口结构正在带来巨大的变革力量。这种力量连科技发达的日本都未能幸免,中国还不应该高度警惕吗?还不应该有忧患意识吗?

与其他很多经济学著作不同,《晚退休时代》或许不那么引人入胜,但其中论述的问题却极其重要、极其紧迫。这正是我推荐这本书的原因之一。一本好书的价值,在于发人深省,促使人们居安思危,看得更远,做得更多。从这个角度来说,《晚退休时代》这本书,就在发挥这样的作用。书中对于老龄化问题深入、系统的分析和论述,将帮助我们更清晰地认识当下正变得日益严重的人口危机,同时,也帮助我们找到更具针对性的解决方案,从而在日益激烈和残酷的全球大博弈中占据主动。

我相信,随着人口危机被越来越多的人认识到,中国的人口政策也将再次发生重大变化。这一天必定会到来。

时寒冰

写于 2016 年 5 月

Thirty Tomorrows
Contents
目录

序 言 人口老化大趋势，
世界将大重整 / I

第 1 章 产业调整，
让社会老得好优雅

不管用什么标准来估计人口老龄化对经济与金融
造成得影响，都不算高估。为了避免经济倒退，发达经济
体势必得更依赖新兴经济体的产品，以支撑国内过多的
退休人口。经济与金融的焦点，也将因此转移。

青春活力的美国，也不得不认老 / 003

就算不想改变，人口结构也会施加压力 / 007

产业要转型，得先修补就业薪资和金融问题 / 009

自由贸易成不成功，未来 30 年是关键 / 013

第 2 章 高龄少子
劳动力大减，冲击人口结构

抚养每一位退休人士的生产劳工人数变少，将会导
致这些经济体要苦苦挣扎，才能勉强满足人数过于庞大
的退休人口消费需求。就算退休人士已经替自己未雨绸
缪，但目前正在运转的经济体仍必须要产出供他们消
费，而且必须要通过现有的劳动力去做。

没有一个国家能幸免 / 016

人口老化，造成经济大危机 / 023

亚洲四小龙、爱尔兰，曾因人口成长，经济崛起 / 028

意外的缓解力量：改善老人健康状况 / 030

第3章 晚退休时代来了！
女人、老人、机器人齐出动

想要缓解人口压力，最明显也最无风险的办法就是，提升既有人口的劳动参与率，女性、年长劳工都蕴含一定的潜力，但正在老化的经济体若要维持成长与保有生活水平，必须放眼海外，寻找非限于本国内部的其他做法。

全职妈妈越来越少、65 岁退休成过去式 / 034

把终生教育当成解决方案，增加生产力 / 041

第4章 移民，
是劳动力短缺的解药，还是造成对立的毒药？

对于发达世界来说，移民似乎是解决相对劳动力短缺的强效方案。全球移民人数已然庞大，而且随着世界更加殷殷需求受过训练的员工，移民人数还会再增加。要通过移民来抵消人口结构劣势，所需的人数极大，会造成的社会问题很明显。

族群、文化差异，反而造成社会问题 / 048

欧洲抵制移民，视如仇敌 / 051

靠移民解决劳动力短缺，得先整合 / 055

突破文化与历史障碍的重要途径——教育 / 057

第5章 国际贸易全球化，
是化解之道

贸易是新兴国家用来让庞大、相对欠缺技能的劳工就业的最好途径，而且通过国际投资，也能为他们的成长与发展提供支撑。如果说这种发达与新兴经济体之间的依存关系已经大幅演变，那么人口结构的压力将会再火上浇油，使改变不仅关乎程度，而要进入另一个完全不同的层次。

双方得利：进口补足短缺、出口带动成长 / 064

出口衰退，引发的严重后果 / 069

目录

发达和新兴国家互相依赖,将持续数十年 / 071

到新兴国家投资获利多,更能促进整合 / 074

第6章　发达国家和新兴国家,分工合作

随着各国互相依存的模式在未来几年不断强化,贸易一如过往,将会促使各经济体专业分工。发达经济体将会把更多劳动力密集度高的活动转向新兴经济体,自己着眼于更精密、高价的产品。

谁做什么,该怎么做?　/ 080

虽分工,但现实却错综复杂 / 085

把各国不同的能力拿来比较,创造互惠 / 089

第7章　改变很痛苦,但不改变会更痛苦

对很多人来说,改变能带来更好的生活,但调整无疑也将引来极大的压力,激化目前已经很强烈的反全球化。任何人想做任何事以阻止全球化的过程,最后都会招致比全球化本身更严重的痛苦。

外包高劳动力,高利润留自家 / 094

带动产业转型,改变生活和劳资关系 / 099

第8章　抗拒全球化的浪潮,得付出代价

全球化的改变从一开始就招来强烈的抗拒。人们把全球化当中的进口、外包以及离岸交易和失业联想在一起。他们把全球化和贫富差距扩大以及欧美日本等地中产阶级的梦想破灭连在一起。

尝过甜头,也吃过苦头 / 108

痛苦超乎预期,制造业最惨 / 114

成因很复杂,却把错全推给全球化 / 117

经济强权,将转移到中国、印度?　/ 121

第9章 焦虑的两大元凶：
贫富差距扩大、金融大幅度动荡

贫富差距的扩大威胁到中产阶级的美梦，发达经济体人民长久以来把中产阶级的美梦当成基础，建构他们对自己以及后代子孙的期待。金融大幅度动荡却全面威胁到发达经济体人民的安全感，引发人们质疑是否仍有能力替未来做规划与储蓄。

所得收入极端，中产阶级消失 / 126

庞大的国际资金流量，像一颗未爆弹 / 132

紧盯美元，是经济毁灭的祸端？ / 136

把现金流当贷款，次级房贷风暴一触即发 / 144

第10章 向历史借镜，
找出应对方法

越来越明确的全球化前景，高龄化造成的效应，贫富之间让人忧心的收入差距，以及看似无法控制的盛极而衰金融市场运作模式，都透露着古今有别。即便美国没有太多自满的空间，但过去表现不俗的成绩单也能提供重要见解，以剖析现代的焦虑。

看全球海外竞争的脉络，多数的焦虑都没必要 / 148

就算担心竞争力，进口反而提高生活水平 / 153

研发与创新，抵消高薪的负影响 / 157

随时代改变，创造新职位救失业 / 160

第11章 支持与反对，
政府该怎么做

一次又一次，当各国不论基于什么原因设下贸易与投资障碍，它们就会发现自己越来越贫穷。有时候，保护主义导致生活水平绝对地下滑，财富绝对地缩水。有时候，采取保护主义的国家到头来悔恨不已，因为其经济远远落于更开放的邻国之后。

反自由贸易的声浪不断，保护主义当道 / 168

目录

反全球化,等于跟钱过不去 / 178

第 12 章　转型过渡期,急需三套方针

发达经济体若要维持相对优势,并为因全球化而失去饭碗的人寻找新出路,就更要着重于研究、发展与创新。为了让从事创新研发者找得到必要的技术性员工,并让被淘汰的劳工顺利过渡,必须大幅提升训练水平,也必须提升整体教育水平。

促进创新,得集中资金和方向 / 187

政策得有弹性,还要取消补贴 / 192

提升技职教育、培训在职与遭淘汰员工 / 198

第 13 章　如何预防下一波金融海啸

比经济调整更急迫的,是要切断全球化与金融系统出现盛极而衰、造成大患的循环性模式间的关系。不论发达或新兴世界,这种周而复始会毁掉每一个经济体的繁荣,还会引发伤害性更强的保护主义冲动。

别指望中国停止压低货币汇率 / 208

规范虽防不胜防,仍是重要指南 / 212

抗通胀,不能靠预测,得控制流动资金 / 219

第 14 章　新兴经济体的改革:中国

考量人口结构因素,再加上已经在消退的企业成本优势,以及中国无法在出口市场占据更大的主导地位维持过去的成长路线,都将使中国的政策远离出口导向的成长,转向精致整合与法规松绑。

出口称霸后,面临的问题 / 224

防止人口严重老化,一胎化政策松动 / 227

拓展内地,经济才能整合 / 228

中国要改变,必须做哪些事 / 230

第 15 章　其他新兴经济体的调整与石油诅咒

产油国用政府控制的投资基金来面对宿命,把目前石油收入的一部分拨到海外投资,他们计划,等到有一天油海枯竭了就把这些钱拿来用,有点像是全国性的退休方案。虽然这看起来很有远见,实则是用一种形式的继承财富来取代另一种罢了。

墨西哥成长亮眼,发展却严重失衡 / 240

印度整合胜中国,要更进步得提高国民识字率 / 242

拉丁美洲,经济整合已启动 / 248

中东石油诅咒——坐拥黑金,却阻碍经济成长 / 249

俄罗斯过度依赖石油,更扭曲经济和思想 / 253

伊拉克、伊朗皆中了石油诅咒 / 255

第 16 章　谁是下一个国际领导,才能带世界向前

如要维持繁荣,全世界需要维持全球化的动能。仅有如此,才能舒缓发达国家人口结构老化造成的问题,并延续新兴国家的发展。虽然各国在这一路上有各自的利益考量,各国也有强大的长期动机来推动这股趋势,但必要的政治上的强势才能克服想走回头路的短期诱惑。

开放贸易、自由资金流与广泛发展,美国胜出 / 260

仍然只有美国,才能担任领导? / 263

欧债危机,摧毁欧盟地位 / 265

强调多边、多国、以规则为准的体系 / 268

强化地位的三大议题——环保、劳工与全球金融 / 275

结 语　个人、企业、政府得做好准备,迎接未来三十年 / 279

不断加深的全球化可以缓解人口结构的压力,但同时也带来一些弊病,足以让早已经严重的保护主义反动更加扩大,回过头来威胁要终止这条通往持续繁荣的重要通道——全球化。

人口老化大趋势，世界将大重整

这是一本预言书，始于认识到美国、欧洲与日本等发达国家和地区的人口正在老化。本书要谈论这股无法阻挡的趋势如何导致严峻的经济压力，并迫使全世界进行重大调整，包括大幅度扩张全球化。当然，这些改变本身又会回过头来引发压力，推动更多的改变。

在评估各种调适的不同层面时，因为本书考量的是长期，故而我极力抵御诱惑，不采用外推法(extraplation，根据过去和现在的发展趋势推断未来的方法)。现代极流行将目前的趋势延伸到长远的未来，得出让人血脉贲张、论点极端的结论，但这类"预测"一向都错了。现实很少按照预测的路径走。趋势从未在不受干扰的条件下发展。当个人、企业与政府面对自身的改变时，他们拒绝处于被动，会做出回应。如此一来，他们就把形势带入了新的方向，引发了新的压力并导致其他的连锁反应，之后又引导态势往不同的方向走去。这些转折便是本书以及其他任何合理长期预测的信息基础。

本书的分析纳入了更多的生活领域，超过我一开始写作时的预期。虽然经济与金融如一般预期占了最多篇幅，但文化、社会或组织及政治的议题也随处可见。有些素材抛砖引玉，带出我更大的兴趣。挖掘这些资料引人入胜,但也很可能让讨论显得庞杂难懂。更糟的是,这些离题的资料很可能使基本的主张失焦。为了确保本书切题,我有时候会在某些议题之外略提原本应该很详细丰富的内容,指向其他研究的结论。我把多数的注意力放在相关议题如何契合大方向主张中的其他要素。但我会提到这些资料,供有兴趣的读者详细研究。

我相信,我在本书中提出的是精准的美国与其他经济体未来面貌。当然,这当中有很多犯错的空间。虽然人口结构趋势变动缓慢,故而也是扎实的分析根据,但个人、企业与政府的应对做法并不易预测,尤其时间这么长。以我仰赖可能性、实际性所做的推演来说,我的假设是(我认为这很合理)人们、企业以及政府将会理性地遵循自身的利益行事,至少在长期来说是如此。但就算当现实偏离预期时(有时一定会),本书的分析仍能协助投资人、商业人士以及政府在长远的未来找到定位,因为我找的不仅是概率,更是随着事件发生与压力累积会出现的潜在陷阱与选择。这样的背景应能让本书读者不仅能自行评估持续流动的信息流,也能权衡无法预见的事件造成的可能效应。

在汇集这么多、这么分歧的元素时,我持续看到,当你找到可套用在现实上的完美解读时,必会出现危险的陷阱。当然,这是因为我们无法了解或预见全局,但这些陷阱还有一个很重要的目的,就是要让相关人士了解"作用力道"的概念;这些陷阱同时也成为一种工具,让人去分辨哪些情况很有可能出现、哪些或许可行以及哪些机会不大。

我很确定,当艾森豪威尔将军(General Dwight Eisenhower)在 1944 年 6 月 6 日诺曼底登陆进攻欧洲前晚,对属下说计划"无用"但规划"不可或缺"时,他心里也能辨别同样的差异。他知道一开火将立刻启动事件,之后的发展方向便在意料之外。但他有信心，相信尽量掌握全局会让属下了解自身的能力与限制，让他们即便要面对无可避免的意外，亦能判断形势可能如何发展。就算未来不会再发生如进攻日这般的杀戮，但经济、金融、政治与社会现实将如战争般激烈，偏离最精心建构的细节，因此规划背后的分析将远比特定的结论更加宝贵。

在评估这些预想的行动与回应，并针对未来的行动提出建议时，本书的分析将从不同的意识形态出发提出论证；偶尔这些意识形态会互相冲突。有时候本书赞成政府要积极作为，例如在训练相关领域。有时候，本书的立场似乎又偏向于让企业界自由发挥，比方说，大力主张政府与企业在研发方面缔结伙伴关系。有时，本书的论调又是大鸣大放拥护自由市场，要求政府完全退出整个流程，比方说，我会指出规范如何压抑创新与妨碍必要的调适。这些意识形态上的混乱，出自于我决心从实务观点出发，而且现实太过复杂，难以用单一意识形态说明。

我期望，最终的成果就算无法提出简单扼要的解读，也能有所厘清。我有信心，本书的分析非常可能引发歧见。我相信就算同样心存善意，每一个人都是不同的个体，我期待能多和大家积极交流：包括发现错误的人、认为后续发展会让议题更为复杂是我所无法预测的人，当然，还有那些认同我的人，不管是个人、政府或商界都好。

第 1 章

产业调整，让社会老得好优雅

THIRTY TOMORROWS
晚退休时代

美国、欧洲和日本等发达国家和地区逐渐迈向高龄社会。在出生率持续下降几十年之后，这些地区人口中的年轻人占比也随之大幅度滑落，导致当地劳动市场的新进劳动力严重不足。在此同时，预期寿命的延长，使得身为依赖人口的退休人士群体急速膨胀，让原本已经有限的劳动力资源负担雪上加霜。这样的改变本身将会对这些经济体的成长加诸强力的桎梏，甚至威胁到目前的生活水准。两相强烈对照之下，新兴经济体（其中最重要的几个国家分别是印度、巴西和中国）则仍享有大量、年轻且热情劳动力的人口红利，而且在未来几年内情况也持续不变。其中的差异，将决定至少未来 50 年的经济与金融发展态势。

不管用什么标准来估计这股人口结构趋势对经济与金融造成的影响，都不算高估。为了避免经济倒退，发达经济体势必得更依赖新兴经济体的产品，以支撑国内过多的退休人口。经济与金融势力的焦点，也将因此转移。要在这样的环境中生存下去，发达国家就要握有一些筹码来交换这些进口商品，并将更多精力着重放在研究、创新、训练和教育等方面。

这套过程将强力推动重大产业调整，改变人们看待工作和退休的态度，更能大力带动移民迁徙，并大举加快全球化的脚步。要能持续进行前述的基本调整,发达国家的领导者将需要消除危险的保护主义反扑;保护主义会阻碍他们与新兴国家的交流。中国、印度和其他新兴经济体也需要在基本方向上各自调整。虽然有很多事就算没有整体性的指引也会自然而然发生,但要带动整体的努力,仍需仰赖各经济体内以及全球有人订定方向,挺身领导。

青春活力的美国,也不得不认老

虽然美国要面对的人口结构变动压力不如日本或欧洲这么大,但从许多方面来看,美国却是最难调整的一个国家。美国一向自认年轻,长久以来赞扬着青春的种种美好:活力、乐观、强健体能、冲劲,甚至逍遥。美国把年长的美德留给了其他社会:睿智、耐性、理性、沉着与关怀。

美国与中国、印度及其他新兴经济体相较之下确实年轻,但现实上青春也越离越远,日后必得扬弃目前的态度。事实上,美国的繁荣将取决于它有没有能力掌握年龄的优势。虽然从某些方面来说变革已起,但实际推行调整并不容易。逐渐老化的日本与欧洲虽然没那么信仰青春,但也同样不易改变。

一直到最近为止,美国对于年轻的认同还称得上符合现实。这个国家过去确实年轻。家庭子女多,再加上大批涌入的热切移民,让美国人口的平均年龄一直很低。[①]美国经济的实体架构也很年轻,顺着各种发展契机

---

① 举例来说,1900 年时美国人口年龄的中位数平均约为 23 岁;1950 年时,仍为相对年轻的 30 岁,相比之下,根据最近普查的结果,中位数年龄已经接近 37 岁。详见美国人口普查局网站(www.census.gov)。

出现而慢慢成熟。从 18 世纪到 20 世纪中叶,随着美国把一大片蛮荒新世界转变成良田沃土,用新建的道路、运河、铁道以及最后出现的航空网络串起各州,美国这一群年轻、不断壮大的劳动力也赚到了大量的商业利益。基础建设的出现,带动了工业发展,开发起各种之前无人开发过的天然资源,美国经济也创造出更丰厚的报酬。

当然,这段时间内欧洲也享有绝佳的经济成果,在科技、运输、通信、建造和生产方面,进步尤其飞快。但欧美之间有一项基本差异。欧洲各经济体已经凭借着各种旧式技术发展过了,在既有基础上应用新技术时,成就不再那么风光,因为这是再开发、修正、琢磨与改善现况。产业的焦点是效率、质量,有时也考虑多样化。开创新局的美国,则朝向更基本的因素迈进:规模、数量、原始力量。美国的市场是一整片的大陆,与经济上划分为诸多小国的欧洲相较之下,更凸显出两者的差异。

这些差异推动欧洲在知识导向的产品上独领风骚,在工业发展的初期阶段尤其明显。欧洲发明了机器纺纱与机器织造、蒸汽引擎、铁道和火车头。美国投入的研发领域,则主要为了应对长距离以及大量生产的挑战。当然,美国也有自己的发明。美国是标准化零件的先驱,也发明了轧棉机和采棉机。美国的发明目标放在"大量生产制造",这一点并不让人意外。而一直要到 19 世纪后期,美国完成大部分的新发展之后,该国家从事发明创新的人才开始重新聚焦,重复欧洲多年来的老路。

在整个第二次世界大战期间,甚至到 20 世纪的后半叶,欧美仍持续各自把握不同的重点。当然,随着美国发展得更完整,可供开拓的新领域越来越少,美国也像欧洲旧世界一样,开始感受到需要在置换、再建和精修等方面求取报酬。然而在一般印象中,这种旧有的差异对比仍十分鲜明。

第1章
产业调整，让社会老得好优雅

凭借着其年轻、大量的军力，美国得以在第二次世界大战中赢得胜利。

据说，德国的虎式坦克(Tiger tank)的质量等级远远超过美国的薛曼坦克(Sherman tank)，但靠着生产出在数量上占绝对优势的坦克，美国仍赢得战争。有一位德国的坦克连指挥官指出，他麾下一辆精良且质优的坦克可以打败八九辆美国战车，但美国人永远都有办法推出十辆或更多战车来对付他。①空域的形势也相同，在遭遇德国与日本时，美国的胜利都来自于它有能力制造更多战机，投下更多炸弹。美国也讲究质量，但没这么明显。在战争期间，即便是美国最了不起的发明——原子弹，诉诸的都是让人势不可当的力量，完全和追求精致细腻无关。

一直要到冷战之后，前述的相对现实(如果不算是想象中的现实的话)才开始转变。在经济、军事与外交上，美国现在要面临的竞争对手在东方，那是另一股规模很大、但发展程度较低的大陆型势力。当时的苏联正在从事新建设，比美国有过之而无不及，这显然带动了产业的发展，也将资源注入更广泛的领域。苏联更适合以大量生产为重点。1956年时，苏联的领导人赫鲁晓夫(Nikita Khrushchev)对全世界的外交官信誓旦旦，宣称苏维埃将会"埋葬"西方世界，如果他的意思不是如字面所指，应该是指生产方面，那么他说的话很可信。美苏两国之间的差异，在当时的一场大竞赛中表露无遗：太空探险。苏联强调的是力量。他们的火箭更大、更强，冲出大气层时能负荷的重量胜过美国的火箭。看起来，美国要迎接苏联的挑战，仅能像欧洲一样走更精致的路线，集中力气发展更精密的电子仪器与更精准审慎的导航，并致力于微型化，以更轻的重量完成更多任务。

---

① 在这项讨论中，更值得注意的是，美国在战争期间生产了40000辆薛曼坦克，相较之下，德国只生产了600辆虎式坦克，而德国所有坦克车加起来也仅有2100辆。

如今，人口结构使得美国更远离过去的年轻面貌以及青春形象代表的一切。中国、印度的文化虽已古老，但拥有许多尚待开发的领域，这些都是现代美国所没有的。中国、印度等新兴国家可以吸取美国、欧洲与日本的创新长处，用在就算称不上处女地、也是现代发展触角有限的领域。它们拥有年轻、热情的人口，大可从事积极的开发。

中国有 9.65 亿的人口属于劳动年龄层，比美国多了接近 5 倍。虽然中国人口的平均年龄中位数为 35 岁，仅比美国的 37 岁略低，但两国却逐渐拉开距离。印度目前的人口平均年龄中位数很年轻，为 26 岁，其劳动年龄层人口则有 7.44 亿人，比美国多了 3.5 倍。让整幅图像更完整的巴西，虽然劳动年龄层人口数少于美国，但其人口平均年龄比美国低，平均年龄中位数为 29 岁。

在这样的条件下，美国再也无法依靠旧式的青春取向。能源与机会，再加上具有优势的数量与力量，都会逐渐移转到新兴经济体。就像和苏联之间的太空竞赛一样，现代的美国也必须适应以迎接来自中国、印度和其他新兴国家的挑战，一如过去欧洲应对美国的挑战。美国必须认识到，自家的优势越来越来自于精益求精、发明创新，而不是大量生产；虽然此话无法完全一体适用，但大致成立。

20 世纪 20 年代有一则城市传说，巧妙地捕捉到了这股差异。这个故事说，在第一次世界大战之后，美国的工业家比起欧洲同业者，虽然产业规模更大、更为富有而且更有权力，但很恼怒自己的名声是建立在量大而非质精。康涅狄格州有一处铜矿场便挑战其英国对手，送去一段铜管，展现他们能做出厚度仅有一厘米却又极为坚固的产品。收到英方的回应时，这些美国人一开始以为对方只是把原本的管子送回来而已，他们过了一阵子才发现，英国的同行把更薄的管子套在里面。[1]

就算不想改变，人口结构也会施加压力

到了现代，事物更为复杂，问题早已不限于铜管而已，美国的生产者必须迎接新兴经济体的挑战，就像过去英国对手要面对康涅狄格州的竞争者一样。以前用过的态度与方法，已经没用。

就算人很难接受改变，人口结构本身也会把变化强加在众人身上。当发达国家的年轻人太少，导致相对劳动力（与过多的退休人口相比）大为短缺时，这些国家将会做出调整，不然的话，过重的负担将会损害他们的生活水平。毋庸置疑，企业界将会试着减轻这股压力，让目前仍在职的员工延长就职期间，并把眼光转向移民劳工；但由于这些做法的效果有限，生产者必须更放眼海外，才能舒缓压力。企业界会发现，新兴经济体有大量年轻、廉价的劳工，即使不是训练特别精良的人力也无妨。通过从这些国家进口比较单纯的产品（这些是需要投入大量劳动力的产品），发达国家可以缓解国内劳动力有限所造成的负担，当然，也可以降低生活水平面对的压力。要能拥有可用于交换进口商品的筹码，发达国家国内的生产者将要借助自身优越的训练与生产设施，把重点放在更精致、复杂且高价值的产品上。

值得赞扬的是，美国的产业与商业界在这方面的调整已大有进展。在没有任何整体性的观点或指引之下，市场信号与利润压力已开始让情况

---

[1] 这个故事未经证实，但当作者和工业家及经济史学家相谈时不止一次听闻此事。就算并非真有其事（这有可能不是真的），它也捕捉到了相对的环境条件。

改弦易辙，把纯粹的大量制造留给新兴经济体，美国转向生产更精致、复杂的产品。比方说，美国本土不再生产廉价成衣、塑胶玩具，甚至也没有钢梁和混凝土钢筋条。这类大量生产的产品来自韩国、印度、中国以及其他正在兴起或已兴起的国家。在美国，他们更强调的是科技、专业性产品以及其他高价值产品，另外就是服务。说起来，就好像美国的生产者把自家更精细的铜管套进中国、印度等国家生产的产品一样。

随着调整的范围不断扩大，美国、欧洲与日本等经济体的行动将会越来越符合其人口年龄。以近几十年来的记录来看，我们很有理由相信，这些国家会放下更需要劳动力、简单明了的生产流程，把资金大举投资在生产需要更专注、更多训练与耐性的产品上。而这番转变也会牵动态度与行为。企业界将会在利润压力之下有所行动。各国的政界，以及一般的大众，则比较麻烦。老化中的婴儿潮世代，越来越无法和年轻人的精力和体力抗衡，到最后或许会更看重耐性、勤勉和以这些成熟美德为重的产品。婴儿潮世代一向坚持大型社会才让他们安适自在，因此他们也很可能扭转整体社会的走向。但改变并非如水到渠成般轻松。

在这套剧本里的所有演员中，美国及各国的政治人物，显然是最难适应改变的一群。他们一直都身处权力世界。他们能理解的，是在产出、资金以及投票上拥有压倒性的优势，而有时候，这也就是他们所知的一切了。参、众两院都很乐于接受美国在每一方面都是最大、最强的这个想法。他们可能也会喜欢生产更精致产品的概念，但他们显然认为，无论经济形势有多明确，也并不需要放弃生产钢梁、混凝土钢筋之类的产品，他们将会本能地抗拒改变。就像日本和欧洲的政界同行一样，美国的政治人物也很容易因为选民频频抱怨相关调整带来的实质痛苦而受责难，再加上调适得很好的人根本不需要政治力量的帮助，这些人将继续沉默，冷眼看待变革，与其他各国议会、国会与行政机构里的人相形之下，基本上沦为隐形了。

不论美国与其他发达经济体将要如何苦苦挣扎，新兴经济体却都应乐于迎接新的变局。贸易是新兴国家的主要成长动能。少了贸易，这些经济体就很难让国内越来越蓬勃的人口就业，将会面临严重的社会纷扰。虽然最终它们的国内消费也会成长到足够大的规模，足以为自家优越的生产潜力提供市场，但这得花上好几十年。在此同时，这些经济体还需要进入日本与西方等富裕市场。它们也需要通过贸易，购置发展所需的复杂产品与服务；虽然新兴国家到目前为止已经大有进步，但在这方面仍无法自行生产，自给自足可能需要几年、甚至几十年。这些国家也希望看到它们所仰赖的跨国投资资金流入，以取得建设工业基础必要的资金，并获得发达西方国家和日本才有的必要管理与金融专业。

产业要转型，得先修补就业薪资和金融问题

但这些撼动全世界的经济变动本身就会造成新的分裂，而且并非所有都是可喜的，有些甚至可以说很危险。转移产业重心，虽然大致说来是保证全球人民生活质量的必要条件，但会在特定的部门、产业与地区引发可观的痛苦与混乱，不管是新兴或发达经济体，均无法幸免。这些难题将会导致世人越来越抗拒全球化，其实现在已经是这样了。低估这些痛苦感觉的强度是一个错误。在最高的政府部门层级，已有很多信号显示这股影响力正在发生作用。比方说，美国一直威胁要用关税壁垒来打击中国的产品，而中国则信誓旦旦要施以回应。低估这些趋势当中潜藏的危险，是更严重的错误。保护主义有时可以帮助经济体中的某些特定群体，但永远都

有碍整体的经济成长,若考量未来的人口结构变化,更是如此。各个经济体,或者至少是各个希望能蓬勃发展的经济体,都需要解除这种紧张的氛围,解决过渡期的痛苦,以满足新经济环境下的发展需求。

有两个领域特别需要修正弥补:一是和就业及薪资相关的部分,二是金融。不论贸易已经带来、未来将持续带来多大的益处,各国都不能再忽视贸易通常会害某些人丢掉做了一辈子的工作,并且让中下阶层的薪资倒退,这样的倾向显然已经扼杀了美国、日本以及欧洲中产阶级的美梦。各国必须觉醒,认识到全球化与近年来造成大患的金融体系盛极而衰循环模式息息相关,其中最值得注意的就是2008年到2009年间的严重金融崩盘。除非全球各经济体能处理这些弊病,否则人们对全球化的抗拒将会抵消全球化缓解各国人口负担的效果。

有这么多的需求与危机,但到目前为止令人遗憾的是,多数国家在舒缓全球化造成的压力及社会紧张时,都是头痛医头、脚痛医脚。美国坚守传统,听任国内各金融市场在全球资金流动影响下动荡,几乎完全不受控。它任凭多数因全球化而被淘汰的员工自谋生路,自行进入新经济架构。受控程度较高的欧洲与日本经济体,表现也高明不到哪里去。它们的金融市场也陷入盛极而衰的模式,同时它们广泛的社会福利政策也无法将劳工重新整合纳入新经济架构中,甚至更不如美国的忽略式做法。欧洲与日本的福利方案只是安置这些劳工,浪费了他们的才华。这些国家也挥霍了大量的公共资金,去补贴遭受威胁的产业或地区,用大钱去打一场正在失败的战争。各国不能再持续陷入这些已经失效的模式了,必须找到更新、更好的方法来处理全球化带来的困境,在处理金融领域与面对因生产流程变革而遭淘汰的劳工时皆需如此。

第 1 章
产业调整，让社会老得好优雅

从金融方面来说，虽然做法不简单，但方向很清楚。恶性循环的过程累积出力量之后，经过几次痛苦且造成大患的周而复始循环，我们看到何谓全球化的负面效果。20 世纪 90 年代中期的亚洲金融风暴中模式第一次清楚浮现，一直延续到 21 世纪的科技泡沫破灭，最近则导致了 2008 年到 2009 年的房地产崩盘与大量金融业倒闭。新规范无疑将会是解决方案当中的要角，在国际整合时更是如此。但光是规范改革绝对无法备齐让金融稳定的必要条件，因此解决这些问题显然需要改革货币管理，控制国际资金流的交替流动（先喂饱市场，之后抽离，两者轮流出现）。还好的是，在这方面，多数央行已经拥有必要工具，可把这些效应阻隔在自家金融市场之外。但要进行控制，美联储、美国财政部以及其他海外的对等单位都将需要有崭新、更为全球导向的政策以及标准操作模式。

从经济方面来说，就业、薪资以及中产阶级的消失，都是更微妙、隐晦的议题。即便经济转型会导致某些劳工被取代，但转型本身上也是一个舒缓压力的途径，因为它会创造出新产业以及新的工作方式，而且在转型过程中也会导引另一股强大需求，对象是具有必要技能的劳工。要加速调整，需要强力聚焦在科技进步以及有利于创新的环境上，好让这些经济体能够善用新机会。至于协助劳工、发展新产业以及集结社会凝聚力，要有所成就，则要更坚定投入培训与教育，为劳工做好面对新工作环境的准备。公家与民间的合作在大局中也很重要，政府的税制以及其资金诱因亦然，但调整更需要政府拿出一定的敏感度，知道何时功成身退。

新兴经济体也要改变。目前，它们绝大部分仰赖出口作为成长引擎，中国的情况尤其明显。这样的经济发展模式无疑将维持好一段时间，但就像所有发展模式的经济法则一样，出口导向的增长报酬率也将慢慢递减。

之后，新兴经济体在发展时必须放宽眼界，开拓各自的增长来源，不再局限于目前的出口导向，更要预测出何时会需要更仰赖自家的国内消费市场。就算目前仍属相对早期的阶段，这些经济体此时都需要先配置资源去支持国内市场的成长。其中的部分做法，是必须从正在成长的财富中拨出更高比例，重新分配到大多数国民身上。这些国家也必须设法整合经济体中的每一个环节，才能让收入大幅度提高，超越仅靠少数国民直接参与贸易时能创造的收入。

无法妥善调适，将威胁到各国的扩张，与它们未来在全球经济系统中的角色。而这股威胁甚至还会波及邻国，因为全球经济系统具有相依性，因此不管是任何地方出现失灵现象，都会让整个体系很脆弱。当然，规模较小的新兴经济体，比方说开发程度相对较高的新加坡与较低的越南，或许可以继续向前迈进，不太需要顾虑这股可预见的改变。它们的长期经济利基可能蕴藏在进出口以及货物转运上，好比中国香港多年来的运作，新加坡亦然。

但中国、印度、巴西、印尼以及其他大型新兴经济体，在发展时就必须考量这股终会发生的转变。在这方面，印度与巴西较仰赖国内自发性成长（但速度较慢）发展模式，再加上它们持续关注国内的发展，长期前景将优于中国大量出口导向冲刺快速成长的模式。

产油经济体则面临特殊的困境，这并非因为它们可以把持珍贵的资源（它们有时候确实会这么做），而是因为它们虽然富有，却似乎无能力整合国内经济并进入全球贸易系统。石油似乎诅咒了某些国家，因为石油创造了足够多的财富，引诱它们远离必要、广泛的发展。从卡塔尔、俄罗斯到委内瑞拉，这些国家完全忽略自我发展，仅仰赖销售单一资源（也就是石油），以购入其他国家生产的产品。

结果是，它们的财富与收入来源仍完全仰赖油价，并全系于其他经济体。除了石油之外，它们少有其他经济选项可从事大格局发展。但俄罗斯和委内瑞拉没有借口。它们的潜在发展路径很多，然而悲哀的是，它们选择忽略大部分的选项。这些国家在削弱自身经济前景的同时，也削弱了全世界的调整能力；或许还不到致命的地步，但影响甚巨。

自由贸易成不成功，未来 30 年是关键

如此说来，这个世界要面对两种可能的未来：一种是顺利调适迎向全球化以及充分利用各国的比较经济利益，从而获得成长；另一种则是无法调适，成长因此停滞甚至更糟。每一年都会有大量的新选项，让这个预测未来的计划在未来 30 年里每年都有新意。确实，很多方面上都会出现新选项，要更准确描绘出未来特色，在未来 30 年可能一年里就要展望未来 30 次。然而一边是带来无穷希望的选择，另一边是引发痛苦的选择，若你还未屈服于狭隘的利益，该选择哪一边，答案昭然若揭。

但成功还是要靠领导。以必要的调整而言，有很多会水到渠成，由众人根据长期的自利导向做成个人经济决策，齐力完成，有点像是英国哲学家和经济学家亚当·斯密（Adam Smith）所说的"看不见的手"①。但同样自然而然的是，这个过程也需要有远见和能坚持、富有影响力的人出现，将焦

---

① invisible hand，用以形容充分运作时的价格机制。在价格机制充分运作下，自由市场里的供给和需求将会自然而然达到均衡，价格与数量都是最适当的水平，仿佛市场运作在冥冥之中受到神的指引一般，因此也有人称之为"看不见的神之手"（invisible hand of God）。

点放在企业、个人与政府的长期利益之上。政治界与产业界的领导人必须摆脱保护主义的煽动性诉求，改而扶植培养出有弹性且适合创新的经济环境，把在调整过程中遭到取代的劳工重新整合纳入系统，并协助各国尽可能进入全球经济体系。

在这方面，美国又再度成为无可卸责的国家。日本太弱，中国与印度的开发程度太低而且太过偏颇，欧盟则是内部冲突太多，难以担此大任。美国一直以来也已经这么做了。如果美国无法一直凭着自己的理念找到方向，也可以善用过去六十余年来的经验；在过去这段时间，美国比任何其他国家都更努力鼓动大格局的全球经济发展，培养自由贸易与扶植自由资金流，并(偶发性地)发奋图强以说服其他国家起而效仿。美国必须保有这种长期焦点，促成各国进入全球贸易体系，并找出方法进行调整，帮助国内因为环境变迁而被取代的劳工，为其他发达国家以身作则。

第 2 章

冲击人口结构

高龄少子，劳动力大减，

就算人口结构并不全然等于命运,但从经济与金融来看,这个说法也非常接近事实了。在未来几年,日本和发达西方国家在经济与金融上感受到的拖累将越来越沉重,这是因为过去几十年来生育率节节下降,加入劳动人口行列的年轻人便少了,但越来越长的寿命却导致身为依赖人口的退休人士群体越来越大。退休人士即便不再活跃于生产活动,但仍会积极消费,可观的生产重担将会落在相对较少的劳动人口身上。就算每单位劳工的产出持续成长,人口的压力也会抑制成长潜力,让这些国家相对于新兴经济体居于更严重的竞争劣势地位,因为后者无须面对这种人口结构压力。无疑日本、欧洲和美国都会试着调整国内经济以应对新局面,但说到底,高龄化的人口会迫使它们外求纾解之道。

没有一个国家能幸免

人口结构变化的其中一道主要谜题,永远纠结在为何生育率会如此快速下滑。有人指向 20 世纪 60 年代时发明了避孕药,以及女性重返职场。有人则说是财富大幅度成长,为发达、富裕国家的人民带来大量的自我发展机会。还有些人则说,有一种精神上的骚动不安,导致日本与西方发达世界里的人民对未来越来越无感,或者说越来越没信心。这样的模式或许会改变。纽约曼哈顿区最近出现某种形式的婴儿潮,儿童时尚也正在流行。但就算生育率明天急速飙升,也要花掉至少 20 年到 25 年才会看见变化,新的一代才会加入劳动人口群。未来 20 年到 30 年的经济现实是,能够找到多少劳工,将会由过去 50 多年来不断下降的生育率决定,最后 30 年的力量尤大。

表 1　主要发达国家生育率

	生育率 *					
	美国	日本	英国	法国	德国	意大利
1950	3.5	3.0	2.2	2.7	2.2	2.4
1980	1.8	1.8	1.8	1.9	1.5	1.5
1990	2.0	1.5	1.8	1.8	1.4	1.3
2000	2.0	1.3	1.7	1.9	1.4	1.3
2010	2.0	1.3	1.8	1.9	1.3	1.4

资料来源:联合国世界人口前景人口数据库(United Nations World Population Prospects, Population Database)。

* 指每名妇女一生生育的子女数。

　　上方表 1 的数据说明生育率的变化。在整个发达世界里,女性一辈子的生儿育女人数急速滑落。英国的变化最小,但即便在这里,女性一生中生育子女的人数也从 1950 年的 2.2 人掉到最近的 1.8 人,减少幅度为 18%。法国的生育率比英国略高,为 1.9 人,但法国的减少幅度更大,从 1950 年的 2.7 人算起,减少了 30%。德国、意大利和美国的减少幅度超过 40%,日本的生育率下滑程度几乎达 60%,从 1950 年的 3 人降到 1.3 人。在这 6 个发达国家中,只有生育率达 2 人的美国,还保有可维持现有国内人口结构的生育率。

　　另一个不那么神秘的议题是为何人的预期寿命一直延长。公共卫生的改善,人们更了解何谓健康的生活方式,大量获得各式各样的医疗服务,再加上医疗制药科学的长足进步,都让人们的寿命延长到之前连做梦都想象不到的地步。

表 2　主要发达国家预期寿命

	出生时平均预期寿命 *					
	美国	日本	英国	法国	德国	意大利
1950	69	64	69	67	67	66
1980	74	77	74	74	73	74
1990	75	79	76	77	76	77
2000	77	81	78	79	79	80
2010	79	82	79	81	80	81

　　资料来源:美国人口普查局(U.S. Bureau of the Census)、日本统计年鉴(Japan Statistical Yearbook)、美国中央情报局(Central Intelligence Agency)之《各国国情》(World Factbook)、联合国人口年鉴(United Nations Demographic Yearbook)与联合国世界人口前景人口数据库。
　　* 单位为年。

　　正如上方的表 2 所示, 美国与英国的出生时平均预期寿命已经延长 10 年,从 1950 年的 69 岁增加到最近的 79 岁,延长的幅度超过 14%。其他发达国家的预期寿命延长的幅度更大。德国延长了 13 年,法国 14 年,意大利 15 年。日本原本属于预期寿命最短的一群,1950 年出生时的预期寿命为 64 岁,到了最近已经一跃达到 82 岁的水平,跳升了 18 年,平均预期寿命延长幅度超过 28%。

表 3　主要发达国家人口分布概况

	16 岁以下人口占比(%)					
	美国	日本	英国	法国	德国	意大利
1950	26.9	35.5	22.7	23.3	23.3	24.5
1980	22.5	23.6	20.6	22.3	18.1	22.0
1990	21.5	18.5	19.2	20.1	14.9	16.7
2000	21.5	14.8	18.9	19.4	14.3	15.2
2010	20.2	13.5	17.0	18.6	13.6	13.5

	劳动年龄人口占比(%)					
	美国	日本	英国	法国	德国	意大利
1950	65.0	59.6	66.1	64.6	67.3	65.9
1980	66.2	67.3	64.3	63.6	66.4	64.5
1990	65.9	69.5	65.0	65.1	69.7	68.8
2000	66.1	67.9	65.5	65.6	68.7	67.6
2010	67.0	64.3	67.0	65.0	66.1	66.3

	65 岁以上人口占比(%)					
	美国	日本	英国	法国	德国	意大利
1950	8.1	4.9	11.2	12.1	9.4	9.6
1980	11.3	9.1	15.1	14.1	15.5	13.5
1990	12.6	12.0	15.8	14.8	15.4	14.5
2000	12.4	17.3	15.6	15.0	17.0	17.2
2010	12.8	22.2	16.0	16.0	20.3	20.2

资料来源:美国人口普查局、日本统计年鉴、美国中央情报局之《各国国情》、英国政府精算部(U.K.Government Actuaries Department)、联合国人口年鉴历史补充资料。

不管所有特定的差异,这些趋势的共同之处,说明了每一个国家都出现相同的剧情发展。人口的分布,如上页表3所示,在结构上已经从年轻转向年老。老年人口增长的速度远比年轻人更快,而代价是未来的劳动力大减。举例来说,在美国,年轻人的占比从1950年的约27%一路滑落,到了最近的资料中仅剩20%出头,已届退休年龄的人口占比则从1950年的8.1%逐步增加,达到接近13%。日本的变化幅度最大,其年轻人的占比从1950年的35.5%不断减少,最近的数据为13.5%,而退休人士的占比则从占总人数的不到5%开始增长,到现在已经超过22%。同样的模式也在欧洲各国不断出现,只是程度不同。

表4 抚养退休依赖人口的负担渐重

| | 抚养每名超过65岁以上人口的劳动年龄人口 | | | | | |
	美国	日本	英国	法国	德国	意大利
1950	8.1	12.2	5.9	5.6	7.1	8.0
1980	5.8	7.4	4.2	4.5	4.3	4.8
1990	5.1	5.6	4.1	4.4	4.5	4.7
2000	5.3	3.9	4.2	4.4	4.0	3.9
2010	5.2	2.9	4.1	4.1	3.3	3.2

资料来源:联合国世界人口前景人口数据库。

随着各国的劳动力相对规模缩减,生产能力将越来越受限,与各经济体的需求对照之下更是如此。人口结构学家以所谓的“抚养比”(dependency ratio)指标来描绘这样的经济效应;这个比率指的是各国有多少处于劳动年龄层的人口可以抚养1名退休人口。上方表4显示,举例来说,日本过去的抚养比是由超过12位劳动年龄人口来抚养1名退休人士,但到了最近,这个数字掉到低于3个人,与该国在1950年时,拥有的劳动力相较之下仅剩 1/4。德国和意大利的劳动年龄人口相对规模在这段时间内缩小超过一半,最近的数据只剩超过 3 个人抚养 1 名领取年金的退休人士;英国和法国的劳动力相对规模幅度缩小超过 30%,从将近 6 位劳工抚养 1 位退休人士,减为 4.1 个人。美国的数据最漂亮,有 5.2 个人抚养一位退休人士,但与 1950 年的 8.1 个人相比之下,仍减少了将近 36%。

相较之下,新兴经济体几乎没有这方面的压力。当然,全球人口都在老化之中;公共卫生与医学的改善进步是全球性的(至少某种程度上是如此),几乎每个地方的预期寿命都延长了,而在此同时,新兴经济体也出现生育率下降的趋势。但这些经济体面对的环境不像日本及发达西方各国这么严峻。

表 5 新兴经济体的人口结构指标值

	中国	印度	巴西
年龄中位数	34.1	25.3	28.6
生育率 *	1.8	3.1	1.9
出生时的预期寿命	73.0	64.0	72.0
超过 65 岁以上的人口占比	8.1	4.9	7.0
劳动年龄人口占比	72.1	64.3	67.3
抚养每位退休人士的劳工人数	8.9	13.1	9.6

资料来源:美国中央情报局之《各国国情》、联合国世界人口前景人口数据库。
* 指每名妇女一生生育的子女数。

表 5 清楚说明了事实,中国、印度与巴西人口的年龄中位数依然年轻,这些国家的退休人口占比也甚低。在整个新兴世界里情况也都如此。仅有中国,在经历几十年一胎化政策之后,年龄中位数已经高于 30 岁,但 65 岁以上的人口占比仅有 8%。新兴经济体的抚养比与发达国家相比之下显然

有利许多。举例来说,中国抚养一位退休人士的劳动人口数就比美国多了50%以上,与日本或欧洲相较起来差距甚至更大。印度的比率几乎是美国的 3 倍、日本的 5 倍。

表6　预测未来抚养超过 65 岁以上人口的劳动年龄人口数

	美国	日本	英国	法国	德国	意大利	中国	印度	巴西
2010	5.2	2.9	4.1	4.1	3.3	3.2	8.9	13.1	9.6
2015	4.3	2.3	3.6	3.3	3.1	2.9	7.6	12.5	8.7
2020	3.7	2.1	3.4	3.0	2.8	2.8	5.9	10.6	7.3
2025	3.7	2.0	3.1	2.7	2.5	2.6	5.1	9.3	6.2
2030	3.3	1.8	2.9	2.4	2.1	2.3	4.2	8.3	5.1
2040	2.8	1.5	2.6	2.2	1.8	1.7	2.9	6.5	3.6
2050	2.8	1.3	2.5	2.1	1.7	1.6	2.6	5.0	2.8

资料来源:联合国世界人口前景人口数据库。

这些差距在未来几年仅会越拉越大。过去的生育率下降,会使得发达经济体的相对劳动力更受限制,而各国的婴儿潮世代退休人口也会把老年抚养人口的比例拉高。如上方表 6 所示,联合国的估计值指出,到了 2030 年之前,美国将变成仅有三点多个劳工抚养一位超过 65 岁以上的老年人。英国、法国和德国将少于 3 个人,日本更将少于 2 个人。虽然新兴经济体也一同老化,但过去高生育率遗留下来的成果丰硕,未来几年仍可供应相对大量的新进劳工。中国在 2030 年时抚养退休人口的劳工人数比,将仍比美国高 30%,比日本与多数欧洲国家高 50%。印度和巴西的劳工资源甚至更丰沛。联合国的推估数字,确实点出在 2050 年之前的后期两边的差异会逐渐收窄,但在这么长的期间内有太多其他因素会改变趋势,使得这些推测不具备太多的实际价值。但 2030 年之前的数据,确实反映了已经发生的生育模式。

人口老化,造成经济大危机

各国人口结构相差了十万八千里,在经济上一定会造成深远的影响力。劳动力不足,必会减缓美国、欧洲和日本等发达国家的经济增长步调,与过去的趋势相比之下是这样,与新兴经济体相对照更是如此。以美国来说,学术方面的研究结果认为,在 2020 年之前,经济增长率将会慢慢减缓 1/5,美国的经济竞争优势也会因此受到影响。欧洲和日本的人口结构条件更为严峻,其他的估计数据显示,这些地方将会遭逢更大的压力,前景更堪忧。

当然,总是有人会忍不住夸大其词。举例来说,美国前商务部部长彼得·皮特森(Peter Peterson)从来就不是乐观的人,他主张"人口老化可能引发吞没全球各经济体的危机,(而且)很可能会威胁到民主体制本身"。新闻记者也常常推断臆测这些隐性压力的意义,勾画出反乌托邦式的未来景象。例如,有一篇文章预测"以自我为中心的(老)一代正在吸光所有资源"。虽然我们可以轻易驳斥这些夸张之词,认为那是不太可能出现的场景,但人口结构条件造成的经济意义仍在。

不管是否合理,所有评估背后的立论,都在于劳工相对短缺。抚养每一位退休人士的生产劳工人数变少,将会导致这些经济体要苦苦挣扎,才能勉强满足人数过于庞大的退休人口消费需求。就算退休人士已经替自己未雨绸缪,但目前正在运转的经济体仍必须要产出供他们消费,而且必须要通过现有的劳动力去做。那么,请想一想,到 2030 年之前,美国每一位劳工必须为自己、家庭生产出消费所需,还要负责一位退休受抚养人士的 1/3 消费。在日本与欧洲某些地方,每一位劳工必须从事生产以支撑自己和家庭消费所需,再加上一位退休人士的一半消费。

这意味着压力明显易见。在还未考虑人口结构造成的其他经济与金融影响之前,光是这些基本的相对劳动力资源短缺问题,就让人不禁要问这些经济体还有多少成长空间。当然,年长者可以持续工作,每小时的产能可以扩张,移民也可以成为一种纾解压力的方法,但以各国国内一般性劳工短缺愈发严重造成的隐含压力来说,这些解决方法只能减缓,无法抵消。

今日的欧美失业率极高,使得我们很难想象出怎么会劳工短缺。人口结构趋势需要一段时间才能发挥效果,但无疑的是,目前居高不下的失业率(代表劳工过剩),未来也不会变成化解人口结构基本强制力量的方法。现今的失业,根源在于这是周而复始的循环现象,问题当然严重,而且也僵固难以化解,但就像其他周期性问题一样,时间到了情况自会反转。目前经济体在循环周期中正处于向上发展的阶段,虽然成长幅度温和,但失业率将会慢慢往下降。在此同时,景气循环之下的更基础层面——人口结构效应(有时这些效应甚至会被误当成景气循环影响本身)将会开始发酵,让劳工短缺的情况不断延续,时间远远长过世人对失业问题的记忆,就像现在的我们早已不记得过去劳工过多、劳工不足的周期性循环。

不管以绝对值或劳动力比率来说,就算失业率真的再也无法回到历史低点,其原因将不是因为基本上劳动力丰沛,而是某些劳工缺乏雇主需要的技能。确实,如果部分的劳动力缺乏必要技能,那么有效的劳动年龄人口就会减少,使得实际上的劳工短缺将比单纯人口统计数字所指的更严重。无法就业的那一群,只会拖累人数已经更少的具备经济体所需技能的劳工。而且不论经济体如何设法以获得最大实际劳动力,劳动人口短缺的问题都仍会造成经济发展的限制。

很难精准估计人口结构造成的经济负累。就像之前提过的,学术界的研究结果估计美国的增长率将会比历史水平少1/5,但如果瞧一瞧抚养比,就会知道这个估计值太客气了。因为在未来20年,美国将会看到国内的劳动年龄层人口下降,抚养一位退休人士的劳工人数从5.2位减至3.0位,相对劳动力下降48%,代表每一年都会导致纯劳动生产力减少2.5%,就美国经济体过去的年增长率3%到3.5%来说,这个数字已经抵销了其中的约2/3。当然,提升生产力(通过提高每位劳工每小时的产出量来达成)可以缓解不利因素。但要创造出不同局面,生产力得超越过去每年1.5%到2%的趋势增长水平,而且正在老化的人口能不能维持过往的生产力水平,都还是一个问题。这些估计数据也并未考量劳动年龄层人口中未受训练、无法就业的群体未来可能越来越多。至于其他发达国家,限制看起来同样束手束脚,甚至更糟糕。

但劳动力数量并非唯一的问题。缺乏有效的劳动力,还会造成另一项负面经济效果,那就是薪资高涨。这固然会提高劳工的消费力,尤其是那些处于薪资范围下端的人①,但薪资上涨也会慢慢地拉高生产成本,物价从而水涨船高,带动一般人的生活成本。薪资提高,也会进一步降低发达经济体面对低工资新兴经济体时的竞争能力。同样的,很难精准估计其效果。但通过针对另一段人口结构发展方向相反期间所做的研究,或许能透露一些端

---

① 这一群人最近几年已经失去了薪资议价能力。

倪,让我们了解有哪些可能性:回到20世纪70年代,当时正值青壮的婴儿潮世代刚要开始加入劳动力的行列,他们造成了劳动力过剩;研究发现,劳动力过剩导致起薪大约比长期趋势低了6%。未来的劳动力短缺,再加上同样这一批婴儿潮世代退休,会不会出现和上述完全相反的效果,仍有待探讨,但生活费用成本逐渐提高,以及随着这股趋势而来的竞争劣势,却明确之至。

老化趋势也引发了和未来创新能力相关的问题。许多科学家与社会学家,包括爱因斯坦(Albert Einstein)和伟大的数学家冯纽曼(John von Neumann),都主张只有年轻人才能创造出让经济增长的伟大科学进步。爱因斯坦自身的事业生涯发展为他的主张提供了见证。毕竟,他才26岁时就已经发表突破性的理论了。大量的研究证明,最出色的概念艺术家与思想家都在还不到30岁之前就创作出了杰作。其他研究也发现,多数诺贝尔经济学奖得主在25岁之前就已经在概念上有所进展了。研究更多生活领域之后,人们发现年轻劳工比年长者更能快速且完全地调整适应新情境,比较愿意迁移,也比较能调适以帮助经济体甩开不利因素、善用新契机。

从这个观点出发,虽然创新的前景看来不太光明,但年轻人也并未抢占所有优势,毕竟美国知名建筑师兼室内设计师莱特 (Frank Lloyd Wright)、挪威剧作家易卜生(Henrik Ibsen)以及许多其他创意工作者都在60岁之后才创作出最重要的作品。针对化学、物理学以及其他自然科学领域的诺贝尔奖得主所做的研究,指出这些领域的创新高峰集中在大约40岁的人身上,只有1/3出头的科学领域诺贝尔奖得主在35岁之前即有重大成就(这或许隐含了经济学是一个尚未成熟的领域,不像其他自然科学,因此比较可能在年轻时就有所突破)。

也有些研究,把概念上的进展(看来年轻在这方面较有利)与分析上的进展(看来成熟在这方面有优势)分开。然而就劳动力来说,年长看来有其优势,因为目前找得到的证据总结,认为年轻的劳工需要一阵子才能具备工作上需要的技能,他们也会做出年长劳工会避免的无效率之事;年长者已经一再地学习并培养出技能,更可以利用丰富经验和训练的优势面对挑战。

然而如果说劳动人口减少对于创新和弹性造成的效果仍不明朗,其对于企业重要决策造成的负面效果可说是非常清楚。企业花钱购置新设备,能扩充生产设施并跟上时代,同时提升劳工的效率,因此总是能推动企业成长。某种程度上,薪资增长也会激发这类的支出,因为企业会设法节省昂贵的劳工成本。但伴随劳工短缺而出现的薪资水平上涨,也会促使企业将生产设施移至海外,聘用更廉价的劳工。薪资上涨会压缩国内企业的获利能力(根据几项研究指出,影响可达 10%)[1],之后会进一步阻碍企业扩张的意愿,以及企业融资以支撑扩张的能力。储蓄不足会让问题更为复杂。由于人们在退休之后就不再储蓄[2],也会开始动用储备资产,企业将失去一个本来可以(透过银行借贷、发行债券或发行新股筹资)融资资本支出的重要资产库。遗憾的是,目前尚无研究针对这些冲击企业的效应提出可靠的估计值,但影响的方向毋庸置疑。

---

[1] 根据美国经济分析局与美联储之"资金流动"(Flow of Funds)的数据,在截至 2009 年的 5 年期间,平均资本报酬率约减少了 10%。

[2] 一般而言,人们在 40 到 70 岁时存钱最多,在 70 岁之后就不再存钱,通常还会动用资产库。

让融资问题雪上加霜的是,老化的经济体将要抽走资本投资,把这些资金用在不断扩大的大众年金与医疗照护需求上。美国社会安全(Social Security)与联邦医疗保险(Medicare)系统的受托管理人早已提出警告,指出随着退休人口增长,未来需要更多额外资金才能维持福利。

最可信的估计数据指出,这方面的需求将会使得美国动用高达 1/3 的财务资源。在日本,老化趋势更剧烈,可靠的估计指出,年金与医疗照护要动用的原本可用于投资的资金,将从目前占日本国内生产总值的 28%,到 2040 年之前提高到约 50%。欧洲也浮现同样的局面。这些需求,不管多必要或多符合人道,一定都会干扰企业进行扩张与追求现代化时的融资能力,对成长造成的负面影响非常明确。

同样值得注意的是, 这些社会福利系统会通过提高劳工的税赋来取得额外的资金,这也会抵销劳工本来可以享受的薪资上涨(因为劳工相对稀少而推高)好处,使得他们撙节开支,生活水平也因此压低。

亚洲四小龙、爱尔兰,曾因人口成长,经济崛起

最能说明一般效应的, 或许是亚太与爱尔兰这两个地区截然不同的人口结构经验资料。在这两个地区,人口对于经济增长造成的效应都极为显著。两地的发展几十年来都一直落后,之后,20 世纪 60 年代的亚洲及较近期的爱尔兰忽然间起飞(有好一阵子让人摸不着当中的理由)。

举例来说,在 1960 年到 1980 年期间,中国台湾经济成长步调比美国快了 3 倍,以实际条件来算,每年扩张幅度几乎达 10%,进入 20 世纪 90 年代之后,一年则成长超过 8%。随着亚太地区各处出现类似的模式,其中

最突出的包括韩国、新加坡、马来西亚、中国香港和印尼①,这些本来很随兴发展的社会,突然之间变身成强大的贸易竞争对手。爱尔兰的经济则在20世纪90年代初期开始起飞,以实际条件计算每年成长8%,时间超过10年以上。外交界与投资人把亚太各个成长快速的国家或地区合称为"亚洲四小龙"②,爱尔兰则是"绿国"③或"凯尔特之虎"④。

自此之后,爱尔兰陷入的艰辛奋战时期,主要是因为2006年到2008年之间太过仰赖举债所致。这次经济的崩盘虽然痛苦,但除了该国金融体系确实失灵一段时间,造成了一些影响,除此之外基本形势仍然稳健,完全无损之前的成长基础。在亚洲与爱尔兰,基本的影响力量反映的是各项发展要素的汇聚效应。诚然,各国都有其特殊的历史因素。亚洲搭上当时日本长期超快速发展的顺风车,爱尔兰则在加入欧盟后获得大量的投资涌入,并从加入欧洲共同货币(欧元)联盟中取得廉价的融资(但这么做后来导致了爱尔兰的债务问题)。然而在这所有历史因素当中,各国大体上的快速成长,显然都和该国家有类似的人口结构趋势有关。

这些效果分好几个阶段出现。财富慢慢增加再加上公共卫生改善,降低了儿童死亡率。为人父母者不再需要多生小孩以确保能有小孩活下来

---

① 新加坡的经济在长期经历了每年增长5.5%之后,20世纪60年代中期开始起飞,在接下来的20年内每年增长率约为10%。韩国经济经历几十年迟滞增长之后,1980年后开始起飞,平均年增长率接近9%。一直到20世纪90年代末期为止。泰国经济则在20世纪80年代开始急速增长,一直维持到20世纪90年代初期,其经济体也是每年扩张将近10%。类似模式普遍见于这些亚洲经济体,只是有些先发展,有些比较慢。

② 自20世纪70年代起经济迅速发展的四个亚洲经济体:中国台湾、韩国、中国香港、新加坡。

③ Green,在海外股市中,绿色代表上涨。

④ Celtic Tiger,爱尔兰人多属于凯尔特族。

养儿防老,生育率于是下降,让这些国家的劳动人口不再需要负担大批的受抚养幼年人口,现有的劳动力最后终于可以大力投入生产,远超过国内每日消费所需。

在此同时,过去高生育率留下来的成果,让劳动年龄层人口相对于老幼受抚养人口来说呈现成长态势。他们创出的崭新、过剩产出,让人们能为了退休生活先预做准备,而不是只等待养儿防老。当储蓄率提高时(以中国台湾为例,储蓄率从 20 世纪 50 年代占总收入的 5%,到 20 世纪 80 年代提高为占 20%),也让资产库随之扩大,使得企业得以、也确实投资在能提高生产力的资本强化活动上。政府部门也善用新出现的丰沛财务资源,投资道路、港口以及其他设施,让基础建设更现代化。这些"人口红利"提高了经济增长潜力,也强化了这些经济体的全球竞争优势。

意外的缓解力量:改善老人健康状况

目前发达经济体的人口结构和前述的经验完全相反,这些经济体面对的限制,力度就和亚洲与爱尔兰曾经享有的优势一样强大。虽然如此,但如果就此屈服在某些人的危言耸听之下是不对的。环境本身确实有一些自然就会出现的缓解力量,可以反制老化趋势所加诸的一些成长限制。

比方说,我们有理由相信,基于人口老化引发的财务压力,可能不像单纯由过去趋势推估的那么严重。预期寿命延长(与退休时光增加),很可能会刺激人们多存钱,并在退休时减缓动用存款的步调,这类倾向在未来会比过去更明显。前述行为至少可多释出一些资金;这些资金可以用来弥补缺口,投资生产设施。虽然现在仅有极少数的证据支持出现了这类的变化,但随着人们越来越清楚预期寿命延长的实际财务意义,预期储蓄行为会有类似的改变是很合理的。

各经济体可能会发现,更大(且是意料之外)的缓解力量,在于老年人口的健康状况改善。人口统计学家已经注意到,比起以往,有更多人能保持健康也更有活力;有人用一种不太好听的说法来描述这种现象,叫"疾病压缩"①。无须怀疑,医疗知识自然而然的进步在这方面举足轻重,未来也将如此, 而更长寿的未来预期无疑也导致人们比过去更注重自身的健康,不管处于人生哪一个阶段的人皆如此。

毕竟努力保有健康在几十年前几乎没有意义,因为当时的人类身边有许多无可救药的疾病和工伤意外,而且反正在青春活力消失之后,死亡没多久就会来临了。超量抽烟喝酒,对预计在 60 岁之前就会因为其他理由而死亡的一代来说,不是了不起的大事。但如果一个人预期可活到 85 到 90 岁,就像现代很多人的情况一样,个人就会改变抽烟、喝酒以及其他健康相关决策,从而改变自我保养的习惯,而未来几年"疾病压缩"的情况也会更普遍。

这类的趋势会缓和高龄社会本来该为越来越沉重的医疗负担;身体健康,让人们能从事工作的时间延长,或许也可以再减轻劳动相对短缺的重担。确实,由于认识到健康状况改善带来的整体经济益处(尤其是在人口正在老化的国家),联合国已经将慢性病防治当成一项重要的经济增长考量。几项学术研究也进行横向分析,记录健康状况改善带来的生产力优势。

---

① compression of morbidity,指基于医疗保健及其他条件有所改善,人们可以把年老时体弱多病的时间压缩变短,既活得久又活得好。

此外,人民更健康,也可以挪出更多有用资源,这也有助于舒缓劳工短缺的问题(至少有些作用),因为经济体可空出来需要从事专业医疗保健的人力,改投入其他从事生产活动。

预期寿命延长的同时也延长了事业生涯,舒缓之道或许也因此浮现。这样的发展方向不仅缓和劳工相对短缺的问题, 也减少了年金筹资的需求,把更多财务资源留给企业加强生产设施。美国已采用这类应对之道,把可以享受完整社会安全福利的年龄从 65 岁提高到 67 岁。其他发达国家的公、私性质年金方案也有类似的调整。将退休年限更往后延,可以放松更多限制。

美国主计处(U.S. General Accounting Office)曾计算,如果将可享受完整福利的年龄资格提高到 70 岁或 72 岁, 社会安全福利就不需要大举筹资,但这么做会让某些人处境艰难,并引发生命长度与质量权衡的问题。就算不采用这么激烈的变革,通过重新建构福利项目(就像美国社会安全制度的做法一样), 各种年金方案也可以降低融资的需求并鼓励人们多多工作,让延后退休的人得到更多的福利。

就必须缓和人口结构对其成长前景与生活质量造成冲击的经济体而言,还有很多有待挖掘的解决之道。劳工生产力增长是一个选项,整体人口中有更多人进入劳动力则是另一种。移民也有帮助。有些解决之道会自然而然出现。政府与企业政策的改革,或许可加快促成这些解决方案。

但就像之后几章会谈到的, 就算付出最大努力, 这些做法也有其限制。它们仅能缓和人口结构效应,无法完全克服。要达到后面这个目的,最终的关键仍系于贸易与全球化。

第 **3** 章

女人、老人、机器人齐出动

晚退休时代来了！

　　发达经济体将不会消极接受成长脚步的倒退。它们会竭尽所能,应付越来越严重的劳工相对短缺问题。即便没有整体性指引,企业也会自行设法调适,找到训练有素的员工并从他们身上榨出最高的生产力。政府政策无疑会强化民间在这方面的作为,以某一群出色研究人员的话来说,最好是政策有助于串联金融与经济资源,"导引其进入最能促成供应方面回应的生产性投资、劳动市场制度与政策,以应对劳动力短缺与(因此而起的)高薪资"。同样的,就算是最棒的政策和最有弹性的应对之道,这些经济体在国内能用来对抗越来越强大经济与金融压力的方法,也就只是这些而已。

全职妈妈越来越少、65 岁退休成过去式

　　想要缓解人口压力,最明显也最无风险的办法就是,提升既有人口的劳动参与率。在劳动年龄层这一群人口里,最大的一股力量是女性。劳动年龄层男性的劳动参与率已经很高,提升空间有限。以美国为例,劳动年龄层的男性已经有 81% 正在从事或寻找有薪职位,以就业的黄金年龄 25 岁到 54 岁来说,劳动参与率则达到 90%。

但反观女性，即便过去几十年来劳动参与率急剧提高，但只有 69% 的劳动年龄层女性正在从事或寻找有薪职位，而处于黄金劳动年龄的参与率还不到 76%。在美国之外，差距更为明显。在所有发达国家〔以经济合作暨发展组织（Organisation for Economic Co-operation and Development, OECD）的会员资格为准〕，劳动年龄层的妇女仅有 51% 加入劳动人口行列，远高于 1950 年的 41%，但仍低于男性约 80% 的劳动参与率。

更大的潜力蕴含在年长劳工身上，可大幅度提高他们的劳动参与率。这会在两方面产生助力：首先，这可以增加劳动人口数；其次，可以减少受抚养的退休人口。这个过程已经启动了。在美国，65 岁以上的男女性劳动参与率，已经从 20 世纪 80 年代的 15% 增加到最近的 21.5%。如果劳工能普遍将职场生涯年限由 65 岁拉高到 70 岁，相对劳动力将会大幅成长，在 2020 年时，抚养一位退休人士的劳工人数将由预期的 3 位增为将近 4 位。①欧洲和日本的缓解效果更好；在这些地方，老年人口的劳动参与率（若有的话）远低于美国。

将女性与老年人口劳动参与率提高的效果加在一起，可大幅度减轻老化效应。如果经济合作暨发展组织区内的劳动年龄层女性平均劳动参与率提高，拉到 70%（与美国、北欧相等），这些经济体的劳动力就能增加约 12%。②以美国来说，如果劳动年龄层女性劳动参与率提高到同龄层男性的

---

① 作者的计算方法，是假设 65 到 70 岁这一群人的劳动参与率（目前为将近 31%）将会提高，增至一般劳动年龄人口的平均劳动参与率（约为 75%）。再把这些劳工加入劳动年龄人口群，并把他们从退休人口群里拿掉之后，根据目前劳动参与率算出的抚养比如表 4 所示。

② 作者的计算方法，是根据女性的劳动参与率从目前的 51% 提高到 70%，这代表在既有劳动力中有 1/3 的人劳动参与率提高 37%，或者实际的劳动人口增加 12%。

一半,能用的劳动力就多了 800 万人,增幅超过 5%。如果再加上年长者持续工作到 70 岁而不是 65 岁,在美国抚养一位退休人士的劳工人口比到 2050 年前将会提高到 4.5,与本来的抚养负担相比之下,几乎减轻了 40%。[①]诚然, 这些辅助措施无法完全消除人口结构老化造成的所有坏处,但很能纾压。

有些改变会自然而然出现,因为越来越严重的劳工短缺问题会拉高薪资,使得有薪职位变得更有吸引力。从个人方面来说,人们会自然而然选择延长工作年限,这是因为他们活得更久,而且享有健康活力的时间也更长了。必须存更多钱好为更长的退休生活做准备,这股需求将会强化上述的趋势,带动女性重返有薪职务,并让男女两性都延长工作年限。长期下来,家庭主夫或主妇会比今天更难得一见,与此同时,通常在 65 岁就退休也会变成过去式。除了自然的应对之道以外,政府与企业也会让职场更能适应女性与年长劳工的特殊需求,以有助于提高劳动参与率。

在女性方面,最有效果的政策,是找到方法解决她们的家庭责任,尤其是照顾小孩。虽然现代社会多半不再把养儿育女视为母亲一个人的事,但现实是为人母者仍担负大部分的家庭责任,因此她们感受到的拉扯最强烈, 在家庭需求与全职甚至兼职工作需要投入的时间当中徘徊。多数时候,这个议题足以解释为何即使是现代,妇女的劳动参与率仍比男性低这么多。[②]要解决劳动不足的问题,与其深究政策要解决男人还是女人的家庭责任,不如着眼于能否促成主要照护者重返职场。平

---

① 作者用来计算的数据之前已经提过也特别标示了。
② 研究发现,女性的劳动参与率和照护小孩的设施之间有直接关联。

价、优质的幼儿照护体系是一项很清楚的解决方案，也是政府和企业可以合作的。

企业本身就非常想去解决劳工的幼儿照护需求。当然，企业会出手并非出于突然觉醒，或重新对女性主义主张抱持更开放的想法，而是期待在缺工的未来能尽量找到人。利用提供幼儿照护来吸引员工，企业的成本事实上比加薪更低廉。有几家企业已经开始做这样的安排了。比方说，美国食品业莎莉集团（Sara Lee）已制定了所谓的"回任政策"（returnship policy），让曾经"中断事业"的员工能更轻松衔接过渡期回到职场上；一般人离职的主因多半是为了育儿。如利欧普斯（Live Ops）这类公司也已经开始解决劳工的家庭需求，以客户服务为核心，展出一个允许劳工在家工作的产业。这些以及其他公司采行的类似政策，已经让很多本来没办法加入受薪劳动群体的人开始就业。

除了前述的解决方法之外，随着缺工造成越来越严重的发展限制，我们可以合理预期，不论是直接提供或是通过其他独立的供应商，雇主将发展出更正式的幼儿照护体制，以面对挑战。若是工厂或其他大型职场，聚集的员工动辄上千人，现场附设的育儿设施能提供极大优势，因为这样可以同时结合接送孩子的交通和上下班的通勤，在能顺便接送小孩的条件下，会让做父母的比较安心。就算无法进行这类安排，透过容许为人父母者能弹性上下班，方便接送小孩上下学与带小孩到公司附设或其他独立的课后照护机构，企业或许可引来本来得待在家的劳工。

政府可以辅助这类创举。每一个职务能有多少弹性，关乎这份工作的特质是什么，政府可以放宽国家整体劳动法规中的工时安排与薪资支付方式(以周数计、以小时数计)规定,以容纳相关的解决方案。现实中,美国的华盛顿州已经认同法律松绑的需求,但到目前为止尚未有实施措施。让企业由租税诱因去提供幼儿照护设施,也有帮助。直接奖助育儿照护机构或补助购买服务的买方(可以是雇主,也可以是劳工),是政府可以依循的另一种方法。广发执照广设育儿照护机构,解决许多为人父母者自然而然的焦虑,也可以促成这个过程。同样的,比较大的变革可能还是要修法,让小孩能进入父母职场附近的学校就读,而不是以户籍地为准。当然,这项的变动需要改变公立学校取得资金的方式。政府甚至能在这类变革之中找到新财源,比方说鼓励企业协助改善附近的学校环境,借此吸引员工,这种方法比祭出高薪便宜。

要说服年长员工延长留任时间,也需要做不同的安排。这一群人也需要更有弹性的工时安排,但要用不同的方式减少工时(不论以小时数或以周数计)。虽然现代的年长劳工已经比过去更健康,但还是不能像年轻劳工这样长时从事高体力要求的工作;就算体力耐力不是问题,已经接近职涯尽头的年长劳工,也不像年轻劳工愿意为了升迁发展负担大量工作。到目前为止,企业在这方面只做了小幅度调整,但随着对劳工的需求越来越强烈,管理上无疑会越来越有弹性。

最难调整的部分,或许和员工对薪资标准的态度有关。企业界和政府部门一向根据年资叙薪。最高薪资通常落在年资最长理应也是最有经验的员工身上。但随着越来越多年长劳工寻求从事工时较短的职务,薪酬系统也必须学着在员工进入职涯后期阶段时调整减薪。

有些企业已经开始做起暂时性的实验,用各种不同的方法克服抗拒,引导制度与劳工顺利过渡。方法之一,是把年长劳工从一般员工中区隔开来,变成临时性质的工作,或者订出内部顾问制,安排年长员工转任兼职以善用他们的丰富经验。国际商业机器公司(International Business Machines Corporation, IBM)比利时分公司和其合作的顾问公司思技团队(Skill Team)就立下了可圈可点的典范。这家特殊的顾问公司善用经验丰富的年长员工(多半来自 IBM 比利时分公司),容许他们缩短工时而且工作时间更有弹性,但薪水较低。通常他们的工时仅有过去的 60%,收入则是过去全职时的 88%。IBM 调降他们的红利以及替员工支付的年金,抵销差额。不见得所有企业都能轻松创造出这类"衔接性工作",但老化趋势与因此而出现的劳工短缺问题,应有助于推广这类解决方案。

年金架构的变革,也可以让年长员工任职时间拉长。显然,延后任何请领福利的合格年龄,将会让人们多留在职场(同时也减轻年金方案计划的财务负担)。目前的退休年龄,在多数发达国家都是 65 岁至 70 岁之间,若往后延到 70 岁至 72 岁,将可以快速地达成提高年长劳工劳动参与率的目标。但请把以下的效果谨记在心:联合国指出(有人说联合国这么说很残忍),环境条件最后会让各国取消公共年金福利政策,而且为了提供继续工作的诱因,会以最基本社会福利金(也就是让无法工作的长者脱离贫穷线即可)取而代之。当然,企业和政府在这方面会做到什么程度,自然会有一些政治和法律的界线,但如果这些界线限制了年金架构能够变革的幅度,政府和企业自会另觅他途,诱使年长员工继续留任。

举例来说,年金计划可以设计得别再惩罚劳动。美国的社会安全制度一度调降仍在职请领福利者的福利,他们每多赚一块钱,就得少领 50 分。

再加上其他税赋,这样的惩罚制度使得年长劳工只能保有 20% 的薪资所得,不太能鼓励人们多工作。虽然社会安全制度早已经废止这些规定,但有些企业的年金计划仍留有这类的反面诱因,在美国之外的许多公家与私人的年金计划亦然。举例来说,在比利时、德国、法国、意大利和荷兰,年长劳工失去的福利与要多缴的税金,约占他们赚得薪资的 60%。当然管理年金的经理人会抗拒,不愿制度改革成年金请领者在重返职场之后仍保有福利(他们的期望理应为拒绝多发放福利以减缓部分的年金财务负担),但由于必须从既有劳动力之外吸引到更多劳工,这股需求一定会强过前述的排斥。欧盟已经认同必须跟上美国社会安全制度的范例,有所改变。

除了鼓动年长劳工积极就业之外,改变医疗保健政策也可以减少该产业的人力需求,从而释出稀少的劳工资源,投入其他工作。同样的,联合国在这个方面也提出堪称严苛的建议:各国支付最基本的医疗保健开支即可,以此取代传统的福利制度。联合国主张,这样的政策会促成以家庭照护取代医院与安养院,有助于减少必要的医疗保健工作人员。这类规划或能节省医疗保健的经费,但能否对缓和劳动短缺有所帮助,则不甚明显,因为家庭照护负担加重一定会使得某些人必须留在家照护长辈亲人,因此阻碍了劳动参与。

如果说联合国的这些建议有利有弊,那么日本发展出来的科技化解决方案则前景大好,既可降低医疗保健成本,又无须从有限劳动力中抽出医疗保健人力。以日本的医疗服务为例,他们将整合性的电视与当地网络安装到长者住家,让长辈有能力自行从事基本医疗照护,比方说测量血压、体温,甚至血糖值,之后再把数据自动传输到医疗中心。而且通过冰箱以及其他家电上的感应器,比方说冲茶机或咖啡机,可以监看日常生活的规律,日本式的服务可在无须过度侵犯隐私的前提下监看长者的居家活动,只要在看来有状况时才提供协助。日本也做起实验,用机器人替年长者与病弱者做家务,并与他们做伴。这类创新不仅能降低医疗照护成本,更重要的是,能减少对医疗照护人员的需求,缓和劳工资源有限造成的压力。

把终生教育当成解决方案,增加生产力

除了前述提到的所有舒缓之道,各个经济体还可以想办法提高每位劳工的每小时产出,进一步减轻劳工短缺造成的效应。显然,如果经济体中每位劳工都能提高产出,那么即将出现的劳工短缺问题造成的产出、成长前景以及生活水平的冲击,就会小很多。仍在工作者的生产成果足以供应自己、家人所需,以及经济体中许多不再积极生产活动的退休人士。这里蕴藏的纾解潜力,实际上会比最初所想的更高,因为若把每一位劳工增加的产能加总起来,将会出现倍数效应。虽然某些方面的产能成长会在劳动力短缺的条件之下自然出现,但政府的协助与政策的安排将可加速趋势发生,有助于解决问题。

随着年长员工在职的比例提高,在职场上善用经验的时间更长,必定能嘉惠每位劳工的单位产出量。在职年限延长会让更多员工愿意投资在教育训练上,因此能带来更多助益。企业早已认识到员工在职期间越长,教育训练的报酬便更大。随着越来越多员工计划延长职场生涯,并努力培养让他们在青春逝去后仍能留在职场上的技能,想要接受教育训练的动机就会越来越强,提升质量与生产力是必然的附带产品。哈佛促进全球医

疗行动(Harvard Initiative for Global Health)认同这方面的生产利益,鼓励政府官方支持各项相关政策,以促进"把终生教育方案当成解决方案,减缓人口老化造成的整体负面经济影响"。

顺着这样的逻辑,通过扩大投资新式企业设备、研究与创新,美国经济体可获得更多的生产效益。生产力增长与企业资本支出之间的关联性极为明显,少有其他方面的统计数据能与之相比。从二次世界大战后的生产力飞涨之中,便可看出极明显的证据。由于战争期间美国付出大量心力建设生产产能,之后也努力把军事生产设备转化成民间用途,因此每一位员工的生产力在 1943 年到 1955 年的 12 年间三级跳。以企业在工厂与设备上的实际支出(经过通胀调整)来说,成长超过 6 倍,换算成年平均增长率则高达 16.5%;而在短暂的停滞之后,出现了现在的更强力生产设施,每小时的单位产能也因此提升, 在 1949 年到 1962 年之间每年都增长 3%,是过去 30 年来平均增长速度的好几倍。

说起来,欧洲和日本早些年的增长证据,更是惊人。日本和欧洲的企业产能因为战争毁于一旦, 这些经济体在 1945 年之后开始投入大量资本支出。到 1962 年之前,欧洲大陆在这方面投入了 25% 到 30% 的国内生产总值,日本则投入了 35%,与战前的做法相比高很多,也高于美国;美国的资本支出也增长到仅约达总经济规模的 9.1% 而已。也因此,欧洲和日本的每小时产出大幅增加。东京在 1950 年到 1960 年的平均年增长率为 8.6%,法国为 3.6%,德国为 7.6%。英国工业的复苏需求较低,因此新设备和架构方面的投资相对为少,故英国劳工的产能扩张幅度平均只有一年 2%。①

---

① 这些都仅为制造业的数据,制造业的产能增长通常会使经济体中的其他部门提速。

近年来的增长幅度就没这么大了，但相关的证据讲来却更有说服力。以 20 世纪 80 年代和 90 年代为例，美国在科技应用方面有长足进步，企业增加添购设备与软件的支出，从科技进步当中获益。设备、系统与软件支出的每年平均增长率为 7.1%，金额从 1985 年占整体经济规模的 7.8% 扩大到 1999 年占比将近 10%，每小时的产出量从而大幅提高。

资本支出的效果要经过一段时间才能发酵，之后，成果就显而易见。在 1990 年到 2005 年之间，美国的制造业生产历年增长率达惊人的 5.1%，比过去 20 年的增长率多了五成以上。[①]欧洲和日本因为较晚才添购与应用新技术，它们的每小时劳工产出增长速度就比美国慢，日本从 1990 年到 2005 年间的平均年增长率为 3.7%，同一期间法国为 3.9%，德国为 3.2%，英国则为 3.4%。

就像教育训练一样，即使无整体性的指引，企业也会因为要应对人口结构加诸的强制力道而自主提升生产力。在劳动力短缺的未来，如果企业可以取得财务资源从事这类资本支出的话，高涨的薪资应能诱使企业添购可节省劳动力的技术，在生产流程中以设备替代人力，并寻找强化效率的创新方法。政府可以协助推动这个过程，为花钱添购设备、系统、软件或从事研究的公司提供租税诱因，过去有很多政府这样做，现在仍有。

直接的研究奖励也有用。举例来说，冷战期间就积极采取这些做法，虽然目前纯粹瞄准国防或航天，但仍带来极大的意料之外经济效益。毕竟，

①1980 年到 1990 年之间，制造业每小时的产出平均增长率为 3.3%，在 1970 年到 1980 年之间，平均年增长率则为 2.7%。

1947年12月时,原为美国电报电话公司(AT&T)研发单位的贝尔实验室(Bell Labs)在一项政府国防项目里发明了晶体管,此一重大突破日后导引出现在已经是众所皆知的重要创新,无须在此赘述了。政府若想要扩大研发效果,可以取法过去的大力促成,回过头和大学缔结合伙关系,并鼓励学界和业界结盟合作从事研究和创新,同样的,也是透过奖励和提供租税诱因来达成。

政府支持的重要性,比起过去或许有过之而无不及。就像之前提过的,正在老化的人口将会导致社会整体存款不足并吸走其他资金,从营运用途转入年金与医疗保健,企业会因自主资源而难以进行相关投资。政府除了直接奖助与减税,也可以制定能促进民间财务资源自由流动的政策。当然,任何政策只要能便于企业提供取得的财务资本,鼓励业界投资更新颖高效的设备、系统、软件和研究,都有助于提高每小时的产出。更开放、活络的金融市场,有助于找出最可能创造最大报酬的项目和活动,从而让经济体能以最高效率利用可用的财务资源,在环境的限制条件之下促使生产力以最大幅度增长。

虽然政府政策难以直接推动资金自由流动,但至少可以做到减少干扰。在这方面,政府需要省视所有规范,检测这些法令规章是否阻碍了资金的自由流动,以及当中释放出的讯息对哪些市场有利。就算是必要的法规,也应该尽量减少干扰。2008年到2009年间的痛苦经验无疑创造出一种气氛,让多数人认为自由资金流动是很危险的,并认定只有当规范能限制这些流动时才是有效的规范。这样的反应可以理解,但如果抱持这种想法,将会误导政策,压抑必要的生产力增长。规范可以提供必要的保护,但同时也避免不必要的干扰。

举例来说，爆发财务丑闻的安然公司（Enron，2001 年倒闭）以及其他在 21 世纪初一度广受欢迎的投资标的发生毁灭性的破产之后，出现了意在强化企业内控与公司治理的沙宾法案（Sarbanes-Oxley）。这套被戏称为"紧箍咒"（Sybox，与 seal box 谐音）的法案努力阻止企业提出误导世人的财务报告，规定执行长要签署所有要给股东的报告，如有任何不正确之处就要受罚，甚至会有牢狱之灾。这套法案掌握到当时盛行的"凡事都要有报应"的氛围，但法规的严酷特性，以及无法把纯粹的无心之过和有意的欺瞒诈骗分清楚，最后的结果徒使企业高级主管们只愿在报告中提供最基本的信息。不论立法的意图有多良善，都妨碍了重要的商业情报流动，并导致金融市场更无效率。

这类的限制变本加厉，在美国、英国、欧洲大陆以及日本的金融规范体制内无处不在，要详细列出会占去很大篇幅。但撇开无穷无尽的细节不谈，这些法案通常都是通过重新制订规定来解决问题，而不是让高级主管和企业免受惩罚，鼓励他们促进更自由的资金与信息流动。确实将规定的重点放在解决诈骗和滥用，并坚持信息公开透明（这些要求的用意通常与活络资金流向相反），实际上也可以强化流动。若相信规范能确保信息准确与诚实交易，投资人就无须耗时从事查核和验证。这可促成信任、承担合理风险以及有效率的交换，实际上能强化金融市场的动态与效率。

这方面的努力虽可大幅度提升生产力，但同样也无法完全解决人口结构的不利之处。前述这些做法都能缓解劳工短缺造成的人口结构负面效果，一如提升劳动参与率、强化教育训练等等。但正在老化的经济体若要维持增长与保有生活水平，必须放眼海外，寻找非限于本国内部的其他做法。就像接下来两章要讨论的,移民也有其明显的限制,但越来越蓬勃兴盛的国际贸易则是前景一片大好,几乎可以完全解除人口结构造成的困局,但并不代表就没有其他并发症。

第 4 章

移民，是劳动力短缺的解药，

还是造成对立的毒药？

对发达世界来说,移民似乎是解决相对劳动力短缺的强效方案。全球移民人数已然庞大,而且随着世界更加殷殷需求受过训练的员工,移民人数还会再增加。就算某些政策阻碍移民,更高的薪资与更好的工作是强大的诱惑,将会促成非法移民;现在某些国家已经是这样了。联合国预测,在接下来45年内,会有约2200万移民从贫穷国家移出,进入日本和西方国家等发达经济体,但移民有其极限。要能多到填补劳工缺口,这么多的移民会立即造成社会负担,让移入国早已沉重的公共服务重担无法承受,让高龄社会的财务压力更吃紧,非但如此,大量的移民涌入还会让紧绷的社会更紧张。

族群、文化差异,反而造成社会问题

要通过移民来抵销人口结构劣势,所需的人数极大,会造成的社会问题很明显。根据美国声誉卓著的兰德公司(RAND Corporation)计算,欧洲大陆若要抵销劳动力老化的效应,未来25年必须增加30倍的移民。在面对如此庞大的移民人口时,少有社会能维持稳定。日本估计,就算移民人数倍增,也难影响整体劳动力需求。韩国的数据认为,移民人数必须增加到 600 万人(占总人数比例超过 12%),才能抵销本国劳动力的老化效果,但这个人数会让社会骚动。有一份研究分析老化趋势对德国财政造成的影响,结论指出即便目前的移民率增加一倍,也无法弥补老化造成的储蓄不足,在最好的情况下,只能为国家储蓄流入多贡献 1%;即便单考量储蓄效应,移民也难造成明显差异。

现有的移入人数已经非常庞大,这一点让问题更复杂,而且很可能造成更多阻碍。以德国来说,在海外出生的德国人口已经约有 700 万,大概占总人口的 8%,而且这个数字还没计入由前几代移民所生的小孩、20 世纪六七十年代移入的土耳其人,以及尚未融入、仍生活在种族小圈圈里的人们。海外出生的法国人口已经超过其劳动人口的 8%。

有人估算,比利时的移民总人口已经几乎占现有劳动人口的 12%,北欧的占比则是 24%。在西班牙,光是取得西班牙公民身份的移民,就已达总人口的 12%;以 10 年前左右这个比例不过 3% 而已相比,这会干扰社会的突发性快速成长。

已经意识到人口正在老化的日本,在 1990 年到 2010 年间让移入人口增加了 4 倍,因此移民约占其总人口的 1.2%;日本素来对外国人避之唯恐不及,也无任何移民传统,这对日本来说是很庞大的数字。美国移民人口的估计数字(包括合法与非法)约为 3500 万人,换算下来占总人口的比例超过 11%。

就算没有更多移民涌入,各国早已发生族群不和的状况了。虽然美国拥有扎实的移民传统,但整个社会也很紧绷,引发强烈、棘手且自我矛盾的全国性移民大辩论。政府已经决定要在美墨两国边境筑起一道墙,但实际执行上仍犹豫不决。民间的军队(民兵)巡逻边境,拦阻他们口中所说的

"由非法移民形成的人肉洪流"，在此同时，亚利桑那州则不像联邦政府这么强力执行移民法，彼此的立场有所冲突。

对移民的态度超越了一般的政治立场差异。支持移民、赞成自由市场理念者及企业团体，再加上人权组织以及提倡多元种族的群体，组成了不寻常的联盟，而保守文化卫道人士、工会与环保主义者则形成奇特的集合，一起反对移民。这些彼此交锋的意见阻碍了公共政策上的改革作为，包括不久之前由共和党籍美国前总统布什（President George W. Bush）与自由派的民主党籍已故参议员艾德华·肯尼迪（Edward Kennedy）联手的提案（这个结合也同样非比寻常）。以较近期来说，总统奥巴马（President Barack Obama）畅谈要铺展出"一条迈向公民权的康庄大道"，最后也屈服于给布什政府压力的同样环境，一样回到只是由各种执法政策凑成的大杂烩。近来的立法提案也是如此。

移民议题论证中的感情因素，在各层面引出了一些奇特的主张。典型的言论，如塔夫斯大学佛来契学院（Fletcher School of Tufts University）文化变革研究所（Cultural Change Institute）的说法，这个机构的立场通常很先进。说法的原创者是罗伦斯·哈瑞森（Lawrence Harrison），他说自己认同非本土主义者的善意，而且他家族有移民传承也有少数种族的根源，之后却话锋一转变成坚定的本土主义者，并提出以下要求：

一、制定一套移民法律，仅考虑国家的经济需求，并纳入各个不同移民族群过去的"文化适应"成绩；

二、美国要宣布英语为"国语"；

三、美国应该"阻止西班牙语媒体的传播"。

在政治态度的另一个极端，则有保守的记者佩姬·努南（Peggy Noonan），她过去是里根总统与布什总统的演讲稿撰稿人,同样屈服在移民的感性因素之下。讲到她的爱尔兰祖先时,她说他们得"排排站好"等着"接受检验",希望"获得许可"得以离开艾利斯岛①。事实上,美国在 1918 年之前甚至没要求必须使用护照,因此"非法移民"一词在这之前并无意义。但不管这种感性主义是理性、是准确或是两者皆非,都凸显了为何即便目前移民人数根本还不足以弥补劳动短口,以移民解决问题对美国来说都已经是双刃剑。

欧洲抵制移民,视如仇敌

欧洲的问题更严重、更混乱。欧洲对于移民的敌意,比美国更深。美国人只有某些群体会抱持敌意,从来不曾全面锁国;但欧洲不一样,他们曾经这样做。举例来说,欧洲在 20 世纪 60 年代采取相对开放的政策,但之后在 20 世纪 70 年代却大致上封锁边境。当时有很多政府甚至试着说服移民返回母国。有一位德国官员不假思索地打发了移民,直言德国"并非一个移民国家",完全反映了当时的气氛,或许到今天仍是如此。虽然欧洲于 20 世纪 90 年代再度放宽移民法,但过去的忧虑最近又卷土重来,在官方与民间都看得见。在这股新的敌意之下,爱尔兰的社区、乡村与爱尔兰事务部部长欧凯夫(Éamon Ó Cuív)不久前对《爱尔兰时报》(The Irish Times)说,不管基于什么理由,更多的移民只会引起"一百万再加一个"问题。

说起来,欧凯夫部长还低估了欧洲各阶层的人民对移民的厌恶感。英

---

① Ellis Island,此地曾是美国移民局所在地,移民必须在此先接受身体检查。

国与欧洲大陆的大多数人不仅反对新移民,而且期待把目前的境内移民送回老家,心态一如过往。在英国一项调查中,3/4 的受访者认为政府应该强制失业的外国人离开英国。一项针对整体欧洲的调查显示,绝大多数的欧洲大陆人民也抱持相同的态度。在意大利,反移民的情绪比英国更强烈。西班牙素有欧洲最欢迎移民的国家之称,但就算是这里,回答全国性调查的受访者中,将移入移民视为正面因素的人不到一半。西班牙的劳动与移民事务部部长柯尔巴恰(Celestino Corbacho),最近将移民和失业画上等号,威胁要完全停止外人移入。虽然他之后收回这些话,但西班牙在打击非法移民上和其他欧洲国家如出一辙, 而且如果合法移民愿意马上回到母国,国家也会先支付其失业补助金。

投票行为也依循这样的态度。比利时荷语区福来米须(Flemish)的选民,已经有 1/5 回归极右派、反移民的法兰德斯利益党(Vlaams Belang Party),丹麦的选民最近则帮助反移民的丹麦人民党 (Danish People's Party)在国会赢得更多席位。在瑞士,厌恶外国人的瑞士人民党(Swiss People's Party)赢得全国近 1/3 的选票。2005 年 5 月法国否决了欧盟宪法,对移民的敌意不证自明。法国选民很怕俗话所说的"波兰水电工",他们说这些人会抢走工作且伤害法国现有的社会默契。投完票之后不久,对于民心敏感的法国总统候选人萨科齐(Nicholas Sarkozy)因此转变政治立场,在认可右翼的民族阵线党 (National Front Party) 大部分的反移民论调之后赢得了选举。他大声疾呼要"大力灌输法国价值"。法律自然是顺应社会和政治气氛。荷兰与德国加入法国的行列,对穆斯林的头巾制定更严苛的限制。梵蒂冈实际上也为这些做法背书,把这类服装说成代表"不尊重本地的文化与感受"。英国的国会议员兼前任外交部部长史绰(Jack Straw),以传统穆斯林服装"隔开人们"为理由而大肆批评时,也就等于认同了梵蒂冈的说辞。德国也扭转了一度宽松自由的移民政策,大致上封起劳动市场将移民拒之于门外,甚至连其他欧盟国家的劳工也不欢迎。

2007 年,中欧与东欧各国政府抗议德国的立场,柏林当局能提出的最佳回应,就只有承诺之后会重新考虑。德国仍坚持移民在进入该国之前必须先通过语言测验。德国移民门槛要求十分严格,有人宣称,就算是受过教育的外国人,想要进入德国,唯一的方法只有证明自己得到公司的承诺,拿到的薪水高于一般的德国籍董事总经理。意大利也订出新法,好让国家更轻松就能将移民驱逐出境,连其他的欧盟公民也一样,而法国新任的国家认同与移民事务部部长也提议要对移民人数订出配额,并限制依亲移民,有时候甚至坚持要检验 DNA。

敌对的气氛与更严峻的法律,引出更激烈的执法。光是 2008 年,意大利官方就大致驱逐了约 12000 名非法移民。同年,法国也提高了驱逐出境的人数(大约多了五成),将约 24000 名非法移民赶回老家,最近更把矛头对向境内的吉卜赛人。西班牙在 2005 年核准更多合法移民,到最近则替欧盟的"返乡指令"(Return Directive)背书;这项指令让欧盟会员国可以拘留未有旅行文件的外籍人士(包括未成年人)最长 18 个月。2007 年时,欧盟境内自由旅行与移民的规定生效〔这是所谓的申根公约(Schengen Agreement)〕,有约 40000 名德国警察抗议,警告将会出现"移民与犯罪潮"。

戒慎恐惧的气氛也为之升高。来自意大利的报告说,在罗马、米兰与那不勒斯等地有新纳粹、反移民的团体频频活动。在罗马近来某次的攻击事件当中,看到带着"丂"字标记的帮派在新潮时尚的皮格纳图(Pigneto)区出没,殴打中国与印度籍的店家,并对着他们大肆咆哮:"外国人滚出来。"当时的意大利总理贝卢斯科尼(Silvio Berlusconi)言辞中大力反对移民,并因此眼见自己的支持率攀升 17 个百分点。在这些占据新闻版面的消息中,有一项是欧盟基本人权机构(Fundamental Rights Agency, FRA)主任摩坦·凯莱恩(Morten Kjaerum)最近针对该机构主办的研究所做的结论,提道"起于种族动机和歧视的犯罪行为,在欧盟已严重泛滥,超过各会员国愿意承认的程度"。

这一切,都暗示了欧洲人有多讨厌移民。敌意最强的是反穆斯林情绪。举例来说, 在英国和欧洲大陆, 将同情穆斯林移民的人称为 "齐米人"(dhimmi),已经是司空见惯的说法。若将这个阿拉伯文词汇用在伊斯兰国家,指的是那些非穆斯林的二等公民,用在欧洲则暗示对穆斯林抱持任何安抚怀柔的态度,便是贬低本地非穆斯林人民的地位。

德国女性主义先锋爱丽丝·史瓦泽(Alice Schwarzer)最近在《艾玛》(Emma,一份著名的女性主义期刊)杂志上忧心忡忡地揣测,"很可能,而且很遗憾的,仅以民主手段或许已经无法阻止"极端伊斯兰主义恐怖分子了。反伊斯兰的网站, 如雨后春笋般在欧洲大陆遍地冒出头。其中一个名为"强大欧洲盛世反欧拉伯一体化"(Pax Europa Against Eurabia) 的网站,敦促人们在穆斯林聚居区发起挑衅式的抗议活动,获得类似网站的喝彩,例如 Deus Vult Caritatum(该网站以拉丁文为名,意为"神的善意");这个名称取自十字军第一次东征时的号召口号:Deus Vult(意为"神的意旨")。另一个网站"维也纳之闸"(Gates of Vienna)则发送印有(几种不同语言)标语的帽子,写着:"我讨厌伊斯兰,并以此为傲。"

靠移民解决劳动力短缺,得先整合

无须讶异,这样的环境会让现有移民难以融入大经济体中;但如果期望移民有助于解决劳工短缺问题,整合是必要的一步。指标性的情境,当然要算是 2005 年时的巴黎暴动了。法国官员与国际媒体最初试着把这些暴力事件扯上伊斯兰种族主义。法国国会议员贾克·米亚(Jacques Myard)指称这些动荡"是在法国土地上生根的外国社会引发的反法国、少数文化偏见"。但形势很快明朗,动荡的源头多半是因为移民觉得被隔离以及缺乏机会而遭遇的挫折;类似问题也不仅限于法国。

在德国,一半以上的土耳其裔居民说,外国人遭歧视很常见,阻碍了他们争取就业机会,也使得他们无法为经济发展大力贡献。当德国总理默克尔(Angela Merkel)试着解释移民法规时,德国的土耳其裔找到了发泄挫折的出口,把她的话解读成"默克尔为歧视土耳其人辩护"。土耳其四大主要组织拒绝参加默克尔总理的第二次全国整合高峰会(National Integration Summit)。她的回应是,终归一句话,多元文化在德国的发展"彻底失败"。

在这样的背景条件下,不管基于什么理由增加移民,就算在最好的情况下都会有问题,更别说需要极大量的移民才足以解决劳工短缺问题。即便小幅度增加移民人数,看来都会造成威胁,撕裂欧洲的社会脉络,对于成长和财富造成的冲击远高老化趋势。甚至由于移民比例太高使得本地欧洲人觉得格格不入,或者因为移民人口太多(尤其是穆斯林族群)而引发当地社会严重的反扑,导致地位较高的欧洲人纷纷出走,因此推广移民还可能使欧洲的人口条件恶化,导致问题更严重。

确实,已有诸多迹象显示这类效应。2006 年时,离开德国的人比移入的多了 155000 人。有约 52%的德国大学生说他们想离开德国,抱怨着"社会沉沦",并且"不觉得这个文化面貌剧烈变动的国家是故乡"。同样的,2006 年(这是可以得到最新数据的年份),移出荷兰的人也比移入者多了 13 万人。出走的荷兰人和支持者在说明原因时,提到的是荷兰反移民政治人物平·佛图恩(Pim Fortuyn)与电影制片西奥·梵谷(Theo van Gogh)遭刺事件,这两人都被穆斯林极端主义分子所杀害。在比利时,外移人口的年增长率近年来已经提高了 15%,瑞典的增长率则提高 18%。2007 年,离开故乡的瑞典人比自 19 世纪以来的任何时候都多。2006 年则有 20 万名英国人离开英国。

一般欧洲人选择移居落脚地时,美国、加拿大与澳洲的现有移民法规无疑算是比较宽松的。这些国家早已是欧洲外移人口的主要目的地了,荷兰人则飞向南非。对这些移入国来说,离乡背井、远道而来的欧洲人很有吸引力,他们是解决人口结构恶化下劳工短缺问题的好方法,在此同时,他们也比多数其他族群容易整合到新国家。相对的损益不仅在可见的人数而已,因为,多数可能外移的欧洲人都是身怀能力与技术方法的人。德国不来梅大学(University of Bremen)社会学家古纳·海宁森(Gunnar Hein-sohn)提道:"真正有能力留下来的人却离开了。对法国、德国忠心耿耿的人,是那些依赖福利体系维生的人。"万一这类模式(从某些方面来说,类似二次大战之前与战争期间受过教育的欧洲人逃离纳粹与法西斯主义)积蓄出一股力量,会为移入国带来经济与文化益处,但对欧洲造成伤害。若在现代重演历史,由于人口结构老化,移入国能得的经济与财务益处更大,欧洲承受的不利也更严重。

前述的移民动态显然会为欧洲带来社会、经济与财务上的灾难。而且就算以上的推测太夸大,超过欧洲中产阶级移民潮的实际或未来状况,但问题发生在已经难容纳移民的欧洲, 明显不利于用更多移民来解决劳工短缺问题。虽然如此,欧洲以及其他发达地区也可以采取几个步骤来缓和局面,鼓励现有境内移民创造出更全面的经济贡献,不仅有助于开放更多人移入,也更有效舒缓人口结构的重担。

突破文化与历史障碍的重要途径——教育

在这方面,美国、加拿大以及其他移民国家的相对成功,或许值得借鉴。虽然不能说美国、加拿大或澳洲社会各种族间一片祥和,但这些国家却能让移民避开永不得翻身的命运;这种情况在欧洲十分常见,在德国的土耳其人大肆抱怨中,在巴黎郊区的暴动中,以及在欧洲本地大众的态度当中,都明显可见。

这些国家的相对成功, 也表现在美加两国的移民收入增长幅度高于可为对照的本地人士,也超越欧洲移民的相对成绩。美国独立民调机构皮尤研究中心(Pew Center)在近期一项研究中提到,与一般的美国人相较,在美国的移民小孩收入中位数更高、获得大学学位的人更多,而且贫穷的比率更低。最有说服力的,或许是移入美加两国的移民通常也更乐于和异族通婚,比欧洲普遍。有多达 25% 的美籍移民小孩和异族通婚。而证据也指出,移民融入北美社会的速度,不断加速。

就历史而言,美国会比欧洲容易应对移民。长久以来的移民传统,使得土生土长的美国人比欧洲人较不会以种族代表国籍。即便美国人忧虑移民冲击传统文化，但他们不像欧洲或亚洲人这么担心；在后面这两地，研究显示有90%的人害怕文化被掺和。在美国，主流的盎格鲁白人与最大宗的移民西班牙族群，两者的文化差距小，远不如欧洲与主要移民（来自土耳其、北非与东非）的穆斯林文化间的差异。再怎么说，美国这两个群体有同样的宗教道德根源（犹太教—基督教），欧洲本地人和穆斯林移民间彼此强烈的敌意，则可以回顾到几世纪之前。美国的西班牙裔与盎格鲁裔理解彼此的文化（就算没有真正的接触），胜过穆斯林与欧洲本地人之间的互动。

就算有种种文化与历史的障碍，欧洲还是可借用美式做法。教育是一种非常重要的办法。虽然美式教育体系不管是在整体上，还是与欧洲相较之下，都招来诸多批评，但是比较能容纳移民。举例来说，美国提供高中同等学力证明，让成人移民有一张证书，有助于增进就业竞争力（在大西洋的另一端几乎没有任何地方有这种制度），也让移民能对整体经济更有贡献。美国有更多弹性容许学生大器晚成，这一点让移民顺便受惠。欧洲各国通常在受教早期就把要进大学的和不进大学的学生分开，以德国为例，他们在小孩10岁就加以分类（柏林则是12岁），这一来便限制年轻移民的命运；在他们有时间克服语言与文化劣势（这些是明显但终究是暂时性的限制）之前，大局早已确定。美国学校体系则拒绝早期分类，万一真有这种事，也可以有例外，为移民扫除不利于发展经济成就（其中也隐含了他们能创造的经济贡献）的最大障碍。

语言方面的安排也有助于减缓社会紧张，使得美加两国的紧绷气氛不如欧洲。容许移民的学龄儿童就读以其母语教学的课程，在美国很常见。学校有时候也为移民父母提供语言课程。我们当然可以提出各种合理的问题来质疑这类双语方案的长期效果,但这种做法凸显了移入国愿为移民设身处地着想(在欧洲几乎看不见)。这些方案即便没有其他成果,至少会减少一个让移民心生怨恨的理由。在认同美国成就之际,德国实际上也在语言安排上谨慎行事,差别在于德国当局强调要特别加强德文;根据当时德国内政部部长沃尔夫冈·朔伊布勒(Wolfgang Schäuble)的说法,此举是为了避免创造出"平行的社会"。德式计划或许不如美式那样张开双手欢迎移民,但实务上的价值更高,而且很重要的是,这至少展现了为移民设想做更多事,比过去好多了。

容忍外显的文化差异,也是一种进步的象征,比方说,学校愿意接受不同文化的特殊打扮(像男子头巾或是女子的包巾),或者军警体系愿意修改制服款式(如加拿大接受锡克教徒的头巾)。再怎么说,法国的学校也可以做点安排,解决穆斯林要戴头巾的议题。当然,这个议题有其复杂性,涉及女权与其他取决性别的宗教性惯例相关问题。但安排不见得一定要正面解决问题,也不需要威胁到法国人200多年来主张政教分离的坚持(但其实严格的政教分离规则在法国实际上仅能追溯回1905年)。

举例来说,法国的学校就算不容许在教室里戴头巾,也要准许学生在从事社交的场合时佩戴。爱尔兰的折中之道,是容许穆斯林学生戴头巾,但前提是和学校制服的颜色一致。这些安排,从性质上来说,无法让任何一边完全满意,更别说还有更多更微妙的议题,但这么做可以降低不快,解除社会紧张,有助于创造出让人乐见的附带经济利益。

借用美国、加拿大的做法,由官方伸出手拥抱移民社群,包括推广平权行动,欧洲也能获益。确实,近来法国的政策频频参考美国范例,也开始实行这类措施。在巴黎暴动之后,政府随即制定了特别的优先教育区(法文缩写为 ZEP),以招募移民学生进入精英大学。法国政府也任命了第一任机会平等部部长阿泽欧·拜格(Azouz Begag),由他负责调查对移民的就业歧视。法国或其他欧洲国家(更别说日本)能否追上美国的脚步,有效地在一流学校或职场为少数族群保留一席之地 (若无特殊安排他们则沦为弱势),仍然存疑,但政府积极导引移民社群(他们从其他地方得到的可能是错误的信息)迈向教育与职场成功之路,非常有利于舒缓移民感受到的疏离感和压迫感;这些不舒服的感受会严重干扰经济整合,从而阻碍移民对经济有所贡献。

北美的其他做法,也能满足各国的整体需求。美加两国都投资相关计划协助移民读写识字,在道路上与公共建筑里使用双语标示,为移民以及其他弱势族群设立家庭医疗方案, 某些地方更让移民母亲参与学校早餐与午餐的备餐活动,让她们参与学龄子女的生活,借此促进整合。在美国和欧洲某些地方(但日本没有),通常会让移民有权利在法庭上请来口译人员,并让他们以母语考驾照或读选票。加拿大的做法甚至更有用,其移民安顿与适应方案(Immigrant Settlement and Adaption Program)为初来乍到的人提供了大量的协助,包括和志愿工作方案相衔接,帮他们找工作。法国和德国到目前为止仍忽视这些实例, 但也已经考虑要采取英美的做法,容许双重国籍,期望移民能在无须否定母国的前提下更愿意接受新的社会。许多人主张,移民应该为自己做更多,这无疑是正确的。他们当然很有经济动机要这么做。

移民面对文化的差异, 再加上弱势者的地位会带来一股的奇特舒适感,常会压过要努力追求经济报酬的强力动机,但很多人仍付出了绝大的努力。主张移民要自立自强的说法固然很有道理,但在政策上几乎没有重点。就算这样的论证完全合情合理,美国、日本和欧洲都不可能订出任何政策以驱使移民更努力。政府也仅能针对广大社会制订政策,而且之后必须处理的议题,大部分还是来自主流本地人民。不管多有道理,推着移民自助人助,也无助于减缓社会紧张,或让移民的劳动力与才华整合融入新社会的经济体,以创造出最大益处。更别提这种想法绝对无法化解紧绷,使得各国乐意开放更多移民以解决未来劳工短缺的问题。

除了之前提过的安排以外,另外还有一些政策也能发挥助力。发达国家可以设限,仅允许具备必备教育、技能水平而且有望融入的人移入。加拿大虽然一直以来欢迎移民,但在这方面的设限却领先各国。其移民审核采用积分制,根据移民的专业和语言技能,以及他们对加拿大文化社会抱持的开放程度做出差异取舍。联合国间接提出类似建议,强调移民政策要有利于年轻人、受过更多教育以及更佳训练的人。到目前为止,欧洲还排斥这种做法。但着眼于利益,欧盟执委会(European Commission)已考虑推出类似美国合法居留制(通常称为绿卡)的安排,以吸引、留住技能型的海外工作者。虽然不管任何一种做法都会导致新兴经济体流失它们最有才能、受过最佳训练的劳工,而且对于整体人类社会的进步来说也无益;然而确实能为发达经济体带来真正的经济与社会利益。

有想象力的欧洲、日本或美国决策者当然可以根据前述建议从善如流,并设计出更有效果的做法来降低社会紧张。他们能有些成就,移民流入的数量会增加,即使无法完全弥补劳工短缺,也可大幅度舒缓压力。本章的企图,不在于罗列一份完整的清单说明可以怎么做,而是提出全面性的想法来解释需要什么、以前做了什么、哪些有用以及限制在哪里。移民拉高生产力的水平,提高劳动参与率,综合效果势必能减缓高龄化的劳工短缺压力。但即便付出最大努力经营这些领域,也仅能减缓人口结构造成的经济与金融劣势,而无法消除。增进国际贸易、财务流动以及全面强化全球化,则可以达成更多目标,最终可保障生活水准。

第 5 章

国际贸易全球化，是化解之道

全球化可以完全化解问题。通过从新兴经济体进口商品与服务，美国及其他发达经济体能解开原本已经很紧的重重限制（这些都是由于人口结构造成的），满足本身庞大退休人口的物质需求。而且，就算投入生产的人仍各自留在母国，也可以达成上述的目标。在某些方面来说，这也是一个很简单的解决方法，因为新兴经济体会乐于接受这样的做法。

说到底，贸易是新兴国家用来让庞大、相对欠缺技能的劳工就业的最好途径，而且通过国际投资，也能为它们的成长与发展提供支撑。如果说这种发达与新兴经济体之间的共同依存关系已经大幅演变，那么人口结构的压力将会再火上浇油，使得改变不仅关乎程度，而要进入另一个完全不同的层次。

双方得利：进口补足短缺、出口带动成长

历史显然证明贸易长久以来扮演了重要角色，是各经济体隐弱扬强的好方法，不论各国的基本情况是什么都可适用。17 世纪的荷兰商人王国，握有的也不过就是横跨各国的往来关系而已。

第 5 章
国际贸易全球化,是化解之道

18 世纪英国的农业与工业革命虽然起于内部的创新,但之所以能有成果,还是要归功于英国能输出(一夕之间壮大的)制造部门生产出来的工业制品,进口原材料以满足产能,而且不时还进口食物,使得国内劳动力全面从农业部门转向工业部门。几百年后,德国也走上极类似的模式。

在这段时间的美国,大部分时候是英国农产品与原材料的供应国,并通过贸易以购入必要的工业制品。之后,到了 19 世纪后期,美国发展出了自己的工业基础,改以仰赖国际贸易作为主要的销售途径。粗略的说明显然无法说尽复杂的经济史,但本书在此要讨论的不是历史的细节,而是为何各经济体永远都会自然而然地转向国际贸易,借此发挥自身的优势并弥补劣势。

下一波的贸易潮,将会解决发达经济体的问题:它们的进口需求越来越急迫,必须从劳动力丰富的新兴经济体进口商品服务,以补足国内因缺乏劳动力引发的产品短缺。通过把服务外包出去并购入产品(尤其是需要投入大量劳动力的产品和服务),发达经济体就有办法满足庞大退休人口的需求,也能减缓有限劳动力的生产重担。通过将现有的生产力量转向更精致、附加价值更大、资本密集度更高的生产领域,将可善用教育训练与拥有精密设备的优势发挥到极致,换得劳动力密集的产品和服务进口。

就像过去,这样的过程能让双边都维持自己的成长轨迹,并保障各自的生活水平。要多大的贸易规模才能达成这些目标?当然,这取决于发达经济体利用其他方式来减缓劳工短缺不利效应的成效有多大。但基于扩大移民规模、提升劳动参与率与强化生产力等做法皆有其限制,大幅度增进国际贸易与全球化不可避免。

如果其他的舒缓方法失败，国际贸易将成为补足劳工短缺的唯一途径，那么，我们将可预见全球化脚步会以惊人的速度加快。以美国为例，预估相对劳动力长期将会下降40%（从目前每5.2个劳工抚养1位退休人士，到2030年时将减为3个），迫使进口与外包活动比例将不断提高[1]，从目前的占经济体18%增至30%。对照计算其他发达国家的数据[2]，指出日本经济体的进口量在2030年前要增至占25%，英国则要增加到35%。至于法国、意大利和其他欧洲大陆国家，这些地方国际贸易早已是大宗活动，其进口量在2030年前必须攀升到占个别经济体的一半以上。在早已经让人惊叹的进口增长动能当中再添柴加薪，人口结构的力量很容易就把进口拉到更高的比例。[3]

前述计算当然并未涵盖所有可能情况。[4]一方面，用其他方法来减缓高龄化的不良效应会有成果，会减缓部分贸易需求，抑制全球化的速度。另一方面，也有其他强烈、强大的趋势助长国际贸易。美国的进口量占经

---

[1] 请见第2章。计算所用数据，从国民所得与生产账（national income and product accounts）中的进口量在1980年占国内生产总值的10.5%算起，到近期比重则增至17.6%。

[2] 请见第2章。计算假设该章表6中相对于退休人口的劳动供给减少会导致进口等比例提高，以满足其退休人口（相对之下，其本地劳动人口供给量不断下降）的消费需求。美国的数据显示，劳动人口的相对规模从目前的5.2名劳动年龄层劳工对1名退休人口，到2030年会减少为3人，本地劳动人口的相对供给量减少42.3%。日本的数据显示，这个比例将从目前的2.9人下降，到2030年前降为1.8人，变动幅度为37.9%；其他经济体的数字以此类推，如表6所示。

[3] 每一个经济体的数据，计算过30年来进口比重的年增长率，并加入前一则附注中提到的计算，以决定2030年之前的整体进口额占比。

[4] 举例来说，历史趋势很可能已经反映了某一部分已经出现的本地劳工相对短缺数字。这些计算也没有考量这段时间内各国币值的汇价变动，亦未计入这些国家产能的加速提升或是劳动参与率的变化。

济体的比重,已经从 1980 年的 10.5%增加为近期的 18%。[①]在这股已然庞大的动能之上再加上人口结构引发的超大需求,很容易催动美国经济体的全球化脚步加快 3 倍。[②]同样的比较也可应用在日本和欧洲。这些预期解释了为何有些研究人员得出结论,归纳贸易量将从目前在全球国内生产总值的 30%出头持续成长,到 2030 年之前占比达到超过 50%,而且很可能比这个数字高很多。

发达世界要增进贸易的明显需求,对新兴经济体来说将会是一大利好。贸易的趋势让新兴国家得以增进成长、就业与发展。说到底,它们到目前为止多数的进步,都系于对日本、欧洲等地的出口,尤其是对美国。中国显然渴望着促进出口。中国经济体在过去 10 年来平均整体实际增长率达到惊人的 10.8%,这番成就全来自于其出口增长速度,年增长率达惊人的 25%。

从头至尾,贸易在中国发展上的比重越来越高。中国的出口额 10 年前占总经济规模的 18%,到近期已经增至 40%。印度的占比稍微低一点,但除此之外发展轨迹如出一辙。印度过去 10 年来年整体增长率达到 7.1%,背后的带动力道显然是出口增长速度达每年 18.6%,而贸易在印度经济中的占比从 10 年前的 7.8%开始增加,到最近已达 14.4%。同样的,以其他所有新兴经济体来说,就算有时候成绩没这么亮眼,模式还是很明显。[③]

---

① 美国国民所得与生产账中的进口量在 1980 年占国内生产总值的 10.5%, 到近期比重则增至 17.6%。

② 进口占经济体的比重从 1980 年的 10.5%增为最近的 18%, 平均的年增长率为 0.25%。在未来 20 年里,光是基于人口结构的牵引,就将增长到 30%,换算下来的年增长率是每年 0.6%。两者相加,趋势的增长将为每年 0.85%。

③ 许多国家能取得的数据都很有限。巴西经济总增长实际上胜过出口成长,但巴西经济大量仰赖出售矿产给其他国家。

为了出口而生产不仅是带动经济增长的引擎,在这段时间内,还是这些新兴经济体让人民就业的唯一方法。中国就是这种模式的典型, 约有50%的人口都还在农村过着赤贫生活。每个月有百万甚至更多的中国人移居沿海城市,以觅得工作以及更好的生活。这些新来的劳工既没有特殊技能,甚至还不识字,以汇丰银行(HSBC Bank)经济学家曲宏宾(Qu Hong-bin)的话来说,"劳动力密集的生产与出口"成为"中国吸收过度劳动力与提升农村生活质量和获得社会安宁的唯一方法"。中国政府明确认同且指出,出口产业牵涉的人数极为庞大,预估中国必须让2250万的农民工(他们过去是农民)持续就业,而"其中1400万人都是流动人口"(光是流动人口的人数,已经超过美国整体的劳动力规模)。中国对于出口依赖度,实际上超过这些让人咋舌的数字,因为中国经济体中还有大量的零售商和其他国内生产者,都仰赖销售给出口商和他们聘用的员工。

出口的直接增长与就业效益很重要,同样重要的是,出口也可以支撑更长期、更基本的发展方向。最低程度,靠着销售玩具、纺织品和经营客服中心赚得的收入,就让新兴经济体可以买下它们无法自行生产的复杂、精密产品,比方说高级电子设备、重型推土机、发电机、火车头、电脑,诸如此类;为了让经济现代化并替未来的成长与发展预做准备,这些都是必要的。

同样的,各国彼此间的贸易往来,也为新兴经济体提供了非常重要的信息。决策者可以了解全球的产品偏好,从而指导工厂要生产哪些产品、详细的规格又是什么。和日本、西方贸易伙伴间的往来,以及利用出口所得购入的精密产品与系统,扮演了很重要的角色,新兴经济体可借此接触到现代化的生产技术,增进它们的生产流程效率与产品质量。中国对外经济研究所所长张燕生,便以极富诗意的语言来捕捉这些极重要但大部分无法量化的益处, 他说国际贸易是一种手段,"开启 13 亿人民的眼界"。

有很多研究设法精准量化出口依赖度,彼此虽无法达成共识,但普遍的结论都是海外销售对新兴经济体而言至关重要。以最起码的估计来说,中国的惊人成长至少有 1/4 可归功于出口。某些研究总结,在中国创造出的新工作中,纯粹来自于出口的就有 30%,其他研究则纳入了间接仰赖出口产业与相关工作者的国内工作,推估海外销售大概创造出了 3.3 亿个工作,约占中国总就业人数的 1/3。[①]这些研究大致强调了中国越来越高的贸易依存度,并证明少了贸易中国经济将会停滞不前。如果说如此谨慎的研究还不算有说服力的证据,还无法证明出口的重要,那么每当贸易流动受到最轻微干扰时各国的反应,则透露出直截了当的讯息。

出口衰退,引发的严重后果

2008 年到 2009 年之间的全球衰退,是一个非常切题的案例。新兴经济体在这段时间失去日本和发达西方世界市场,因此陷入绝境。美国衰退,因此对中国的采购金额在 6 个月内就减少 26%。即便中国一贯发表乐观的预估数据,都无法忽略此一情势,致使整体经济成长减缓,从年增长率 12% 下滑至 7% 到 8%。虽然以其他经济体的标准来说仍属稳健成长,但以中国的

---

① 加州大学圣克鲁兹分校(University of California, Santa Cruz)做出的研究判定,中国每出口 1000 美元,就可以支持 0.242 就业人年(person-years of employment,每一个就业人年皆一个可维持一年的全职工作)。中国 2008 年的整体出口总额平均达 1.4 万亿美元,按比例计算即代表 3.3 亿个全职工作,换算下来占总劳动力的 1/3。

标准来说却如同牛步,而且,很重要的是,这样一来便几乎无法吸纳中国看来无穷无尽寻找新工作的人潮。种种的问题很可能更进一步恶化。

印度的情况几乎也同样急迫。同样这段时间,印度的出口年增长率几乎下滑50%,整体增长步调则慢了将近一半,仅剩每年4%。印度的工业产出甚至有一段时间出现衰退。至于其他的新兴市场,巴西的出口下滑幅度以年率计算达惊人的80%,让该国的经济成长陷入泥淖。亚太地区在经历多年快速扩张之后(其中最出色的包括韩国、马来西亚、中国台湾和泰国),面临了彻底的经济衰退。裁员人数几乎是马上飙升。中国让2000万的农民工返回内地农村老家。不管是从执政者或劳工的眼光,问题都十分严重。虽然中国随时都有可观的迁徙人数,但官方指出,在2008年到2009年期间,农民工随身带着电视机甚至电冰箱,暗示了他们想要就此离开沿岸的工厂。印度非常重要的成衣出口几乎下滑了30%,马上有150万人失去工作,而印度政府也很快地宣布,约还有1000万份工作岌岌可危。同样的大幅度裁员剧本,也在亚洲与拉丁美洲其他新兴经济体上演。

在此同时,暴力威胁也增多了。即便是在衰退之前,印度的中产阶级就已经很担心"暴力潮"。在2009年春天之前,在巴西里约热内卢(Rio de Janeiro)和圣保罗(São Paulo)都发生和就业有关的暴动,拉丁美洲其他地方也出现同样的模式。就算是发达程度较高的韩国、马来西亚和泰国,也因为劳动市场骚动造成的威胁而烦恼。

中国前总理温家宝的反应,应可代表所有的新兴经济体。他相信仅有通过"可持续的经济成长"才能维持中国的稳定,接下来他更确认了出口的重要性,誓言开发"新的(出口)市场"以回应成长和就业的需求。中国商务部前部长陈德铭再三凸显出口扮演的重要角色,不断强调中国有决心在规模一夕缩小的全球出口市场争取更高的占有率。中国坚决维持其出口优势,很快开始调整其货币政策。

在 2005 年到 2008 年危机爆发前,中国容许人民币在国际外汇市场中升值,不在乎这样的货币操作手法会推高中国产品的全球价格,温和阻碍出口成长。但随着 2008 年到 2009 年出现衰退,中国政府断然终止人民币升值。①中国急需促进出口,即便是最小幅度的升值引发最小幅度的竞争障碍,它都无法接受。

最后的结果是,这场发达世界最严重的衰退,比预期中更快过去。市场又活络了,某些对新兴世界最深沉的恐惧也从未成真。但忽然间出现的衰退,以及几乎是立刻出现的暴力,再加上企业界、政治界领袖铆足全力备战,就算不如统计分析更精准,却更明确显示新兴经济体多仰赖出口。过去有些人主张,中国和其他新兴经济体可以超越这样的依赖关系并继续成长,也就是它们可以和发达世界"各走各路",现在这些人也噤口不语。出口的依存度显而易见,使得中国、印度以及其他新兴经济体通常非常珍惜隐性的好机会;未来日本、欧洲与美国将出现劳动短缺,将衍生出贸易的契机。

发达和新兴国家互相依赖,将持续数十年

当然,随着时机成熟,这些条件也会改变,新兴经济体的国内市场将会拓展到够大的规模,内需将取代出口,成为经济增长与就业的引擎。到最

---

① 在 2005 年以后容许人民币对美元升值超过 20% 之后, 中国人民银行在 2008 年底时断然冻结人民币的汇价,并维持在当时的水平,一直到 2010 年出口开始有起色为止。

后，各新兴经济体的训练与生产能力也会有所进步，它们将会有能力为自己生产精密产品。当那一天来临时，它们就不会再如此需要日本和欧美国家等富裕经济体；发达世界不再是它们的产品市场，也不再是高级设备与商业专业的来源，但那会是很久之后的事。目前发达经济体与新兴经济体之间仍天差地别，要估计改变何时出现，我们可以合理地以十年为单位，而不是以年计。

收入的差距明确指出，新兴经济体劳工要能拥有足够的收入与财富、足以取代日本和西方的富裕市场，来日方长。即便近年来薪资涨幅惊人，中国仍然认为生产工人月薪若相当于2500美元，已是相当高的水平，他们的平均薪资比较接近一个月300美元；不管是哪一个，都远比日本、欧洲或美国的对应薪资低太多了。

整体性的发展透露出更大的差异。当然，我们很容易忽略北京、上海、孟买、海德拉巴、圣保罗或里约热内卢等示范性城市中心的发展落差，但只要稍微远离大型市中心，就会了解这些经济体需要很长的时间才能把交通、通信与生产设施带上来，提升到发达世界的水平。以一般的中国工人为例，可供他们自行使用的生产设备，约仅有美国、欧洲或日本工人的5%而已。中国本地乡村的多数道路都是没有铺设的路面。在印度，几乎有一半的乡村家庭没有电力。在其他方面表现很亮眼的亚洲与拉丁美洲经济体也有同样的故事，只是程度不同。

教育水平也无法和西方与日本相比拟。中国有91%的人口都识字，仍远低于发达经济体有99%的人口具备功能性识能①，但中国的数据已经是

---

① functional literacy，指在特定情境下能读、写、算。

新兴世界里最出色的了。巴西仅有 89% 的劳动人口能够阅读,印尼和越南则是仅达 90%。印度的识字率更只有 61%。一般的教育水平同样差距甚大。一般的中国劳工受过 6.4 年的正式教育,印度为 5.1 年,巴西为 4.9 年。在美国,一般工人接受 13 年以上的正式教育,欧洲为 8 到 10 年,日本约为 9.5 年。就算是具备充分发展认知技能的新兴经济体员工,对于现代化生产的系统、设备和做法,都不如日本和发达西方世界里最末端的劳工;在后面这两个地区,每一个人基本上从小就是看着这类系统与设备长大的。有一位杰出的观察家这么说:"多数发展中的地区拥有丰沛的劳工,但少有大量的技能型劳工。"

这并不代表印度、中国或其他新兴经济体缺乏有才干的人才。事实上大大相反。这些国家孕育出大量的杰出科学家、工程师、商业人才、企业家、艺术家与政治领导人。但和一般的劳工大众相比之下,这些特殊人才并没有代表性。举例来说,如果 10 名劳工里就有 1 名或更多人无法读懂自己的母语,就很难在更精密的生产领域提升能力。还有,虽然无人能否定新兴经济体中占大宗的传统手工业蕴藏着让人佩服的技能与训练,但这些特殊性极高的训练无助于现代化生产过程,事实上还可能妨碍个人在现代化环境下能发挥的能力。此外,当教育程度更低的新进工人不断从传统乡村社群(这类社群是新兴经济体的典型)涌进,将使得新兴经济体要花更多时间提升劳工的普遍技能水平,更难追上发达经济体。

因此,看起来,发达经济体与新兴经济体之间的互相依存贸易关系将会蓬勃好一段时间。新兴经济体急于生产大量简单、劳动力密集高的产品与服务,之后销售给发达世界;这有助于减缓日本和发达西方的人口结构压力。日本和西方发达世界也能持续握有资金进行采购,因为它们能把精密产品（这些需要精密的劳动力与产业结构才能生产）销售给新兴经济体；这些是发达经济体拥有、新兴经济体未来几十年都不会有的。

到新兴国家投资获利多，更能促进整合

在越来越强烈的全球化趋势之下，发达世界和新兴世界在财务和投资上会有很多相辅相成之处。日本、欧洲与美国的高龄人口，将会更转向快速成长的新兴经济体找寻高报酬的投资，以维持长期的退休生活；他们的母国经济成长已经受限，越来越难觅得好的投资机会。而且，就像贸易一样，新兴经济体乐见强劲的投资资金流入，以此支撑它们雄心万丈的发展目标。

以成长速度相对缓慢的日本、欧洲与美国经济体观点来说，一日千里的新兴经济体显然极具投资魅力，而且难以抗拒。当然，成长只是投资时要考虑的一个因素而已。资产价格可能和经济基本面背道而驰，背离的时间有时甚至长达数年。但以更长期来看，快速经济成长和优越投资报酬之间的强烈相关，少有其他关联性可以超越。事实上，在还没有数据证明之前，这样的关系已经存在了。当荷兰商人帝国于17世纪兴起时，当英国工业革命在18世纪发动时，当美国在19世纪与20世纪初展现惊人的快速发展时，都明显可见这种常见的趋势。这番局面也在现今的新兴经济体当中重演。

过去30年来的纪录确实支持快速发展带来的投资吸引力。不管各股票市场在各种困局下曾经出现哪些状况，当我们把时间架构拉长，快速成长新兴经济体的股票报酬率一向胜过增长较慢的发达经济体。比方说，我

们可以做个比较,美国主要股市指标标准普尔五百指数(S&P 500 Index),过去 35 年的平均增长率为 8%, 印度孟买股票交易所指数(Bombay Stock Exchange Index, SENSEX),平均年增长率为 16%,巴西圣保罗股票交易所指数(Bolsa de Valores de São Paulo, BOVESPA)平均年增长率为 20%。

即便是增长较慢的地区, 像中国台湾证券交易所发行量加权股价指数 (Taiwan Stock Exchange Capitalization Weighted Stock Index, TAIEX)的平均年增长率为 9%,韩国股价综合指数(Korea Composite Stock Price Index, KOSPI)平均年增长率为 9.3%,在这段长期间不断的复合增长当中,创造出比美国股市更可观的报酬。中国一直要到约 20 世纪 90 年代才开始有股市, 但在这段时间, 上海交易所综合指数 (Shanghai Stock Exchange Composite Index)以极快的 13.3%年平均增长率迅速崛起,远高于同期间美国股市的 6.9%。多数其他新兴经济体也创造出程度不等的优越报酬。

特别是, 当人口结构的压制力量进一步抑制发达经济体的增长潜力时,发达市场的投资人会发现,新兴经济体的快速增长率以及其资产市场的出色绩效,散发出更大的魅力。资金也会顺势流动,这样的趋势早已经显而易见。美国的数据便点出了这股正在发生的趋势,从美国人民、企业、基金会以及其他机构流向新兴市场的投资资金, 在过去十几年来增长超快,几乎胜过流入其他每一个主要投资类别的资金。自然,基于多数投资人的保守特性,多数的美国资金还是固守美国本土,但流向海外的新资金(不分来源),已经使得美国在增长快速的新兴市场里的投资比重大增,从 20 世纪 90 年代的微不足道,到最近已经超过 1.5 万亿美元了。美国投资组合在新兴经济体的曝险度,从 0 增为占所有投资的 7%。金额与比重目前仍快速增长当中。

　　更重要的,或许是企业界会持续在新兴市场追逐投资机会。由于认识到快速增长与发展的巨大潜力(在和因人口结构而受限的发达经济体相比之下尤其如此),企业界早已经大张旗鼓挺进新兴市场,在当地积极设置子公司与设立众多的合资企业。新兴经济体里属于美国人所拥有的企业,在过去10年来年增长率超过11%。在中国,这类企业的年增长率达14%;在印度,则以惊人的年增长率28%不断兴起。

　　说起来,欧洲企业展现了更大的热情,西欧企业在中国企业的所有权不断扩大,在最近的10年期间每年增长率达12.3%;在印度,欧洲的股权则以21%的年增长率增加。日本也共襄盛举,日本企业大致上集中在中国,过去10年成立了将近40000家新企业,投入相当于超过600亿美元的资本。2009年,流入新兴经济体的海外直接投资,实际上已经超过发达经济体之间的跨境投资金额。在这之后,趋势发展的脚步更快。

　　无疑的,随着这股力量不断壮大,新兴市场某些官员会对海外所有权、海外控制权感到迟疑,甚至用上"帝国主义"这类字眼来形容。但抛开明显的政治面动机,这些国家在经济和财务方面仍有充分的理由欢迎美元、欧元、日元或任何外币的投资资金,一如发达经济体的个人和企业想要投资那般急切。最低程度,投资能提供丰富的资金来源,以购买机械与兴建房屋、道路、铁路、港口、机场、仓储;这些全都是新兴经济体所没有的,更是某些国家急需、用以提升生产潜能和生活水平的基础建设。

　　但还不止如此,直接投资一如贸易,也能带来先进的科技、管理技能、财务敏锐度以及生产实践,这些也都是新兴经济体缺乏但需要的项目;以强化生产效率与效能来说,这些可以说比资金本身更重要。

　　技能移转的价值很容易被忽略,值得大书特书。投资就像贸易一样,有助于各国将生产聚焦在全球的趋势与偏好上，此外更能带入全球商业与财务人才的综合专业,从而加速发展脚步。虽然任何经理人实际上无法明确地咨询这个人才库，但通过决定哪一个项目能够从全球资本市场赢得资金,仍能透露出全球专业人才的判断。当然,在复杂度与不确定性皆高的世界里专业也会失败,最近让人痛苦不堪的金融危机,便明确点出这个事实。

但是比起新兴经济体通常仰赖的政治关系、家族人脉、所在地忠诚度以及经常出现的贪污贿赂等其他方法,前述的专业仍是更有效的经济决策基础。以美国为例,虽然美国的商业独立性高,胜过多数新兴经济体的国家,但美国的政治(相对于经济)决策也常常打造出"哪里都去不了的桥"①。凭借着通过海外资金流传递的洞见和专业,新兴经济体可望开始少犯点错,也少点浪费。善用经济与财务资源将其效用发挥到最大,新兴经济体的经济预料将更趋稳定,成长前景也更美好。

直接投资的资金流会为经济发展更添助力，因为它们能带来新兴经济体少见、但发达世界泛用的技术、管理实务和系统。贸易当然也起到同样的作用,但直接投资能促成更全面的整合。举例来说,当一家发达国家的企业到新兴经济体里设立简单的营运处所，不仅为这个经济体带来从其他途径难得一见的精致系统与机器设备，也培养训练本地员工把系统设备用在现代化的生产,包括如何应用全球通讯与交通运输。对于发达经

---

① bridge to nowhere,具体来说,这条"哪里都去不了的桥"指的是阿拉斯加州的葛拉文纳岛大桥(Gravina Island Bridge),2005 年时由联邦预算动用 3.92 亿美元税金建成,以取代渡船,往来仅有 50 位居民的小岛。这纯粹是为了讨好一位很有势力的阿拉斯加政治人物。后来引申为任何仅基于政治动机支出,完全没有文化、商业或军事的价值。

济体中的劳工来说,这些是司空见惯的寻常事物,但这类训练对于新兴经济体的劳工来说却十分宝贵。当这些受过训练的劳工带着新技能转往下一个工作时,其效应又倍增了。有些海外投资者,尤其是日本人,会动手创办学校以提升劳工、甚至劳工儿女的识字读写能力与认知技能,以吸引最佳的人才并预先培养劳工的下一代,在发展上更功不可没。

一如既往,这些影响力太过复杂,难以精准评估,但学院派的研究都同意,新兴经济体应该乐于迎接海外投资,以加速发展。最近一项大型研究是这么说的:就算"很难确立确实的因果关系"来描述这些影响力彼此间的互动,整体的模式"却清晰无比"。显然,在诸多新兴经济体中,最乐于接受海外投资的通常快速增长,优于将其拒之门外的地区。有一份很可信的列表不用常见的大量指标或相关系数,却明显指出开放海外投资的经济体(如中国、韩国、新加坡、泰国、马来西亚、印度、智利和印尼)无一不快速成长,超过对这类投资较封闭的经济体(如巴拉圭、海地、尼加拉瓜、厄瓜多尔、秘鲁、科特迪瓦和多哥)。

以开放的态度看待贸易与资金,对新兴经济体和发达经济体都有益,同样的,这也带来许多需要大幅调适之处,有时候很让人痛苦。有些变革以既有模式为基础继续发展,有些则全然为新。在展开(事实上会不断加快)转型的同时,随着益处出现,各经济体与社会也必会面临各种顺势而来的难题。总归,这些调整,以及不时出现的造成反效果的政治面应对之道,将会在未来几年、几十年进一步强力推动改变。

第 6 章

分工合作
发达国家和新兴国家，

随着各国互相依存的模式在未来几年不断强化，贸易一如过往，将会促使各经济体专业分工。发达经济体将会把更多劳动力密集度高的活动转向新兴经济体，自己着眼于更精密、高价的产品。当然，专业化将会反映各个经济体想要什么以及其他经济体需要什么，分工也会显现出各经济体的竞争优势。

新兴经济体拥有大量未受过良好训练且薪资较低劳工，适合制造需要投入大量劳动力的简单、廉价产品，而美国、日本与欧洲等地训练精良、教育程度高的劳工与更完备的产业基础建设，则适合生产精密、高价的产品。用粗糙的经济学术语来说，新兴经济体将专攻高劳动力密集与低附加价值，发达经济体则将专攻高资本密集与高附加价值。这样的模式早已经确立了。

谁做什么，该怎么做?

未来趋势的走向，将主导每一个经济体要生产什么，同时决定生产方式。这些模式已然显现。新兴经济体大量使用劳动力，因为他们拥有丰沛的人力，也因为个别劳工对训练与生产力的贡献不高。新兴经济体能在有获利的条件下成功,是因为它们的劳动也相对便宜。

以一般的中国劳工为例,与欧美或日本相比,他们赚到的只比人家的1%或2%多一点,印度与其他新兴经济体的一般劳工则稍微高一点。与使用的劳工数量相形之下,新兴经济体显得节用生产设备,因为它们的生产设备很少,而且也比在发达经济体更贵。

美国、欧洲与日本的情况则正好相反。这些国家的生产者尽力节省昂贵的劳动投入;当未来劳动力越来越稀少、越珍贵,他们会变本加厉。但凭借相对丰富的机器与生产基础设施(与新兴经济体相比之下,这些东西更便宜而且更容易取得),发达经济体在生产时会大量使用设备,更别提它们的劳工受过良好的训练,可以轻松操作。

新兴经济体中普遍可见的所谓“去工程”(de-engineering),可明显看出前述的生产导向。当生产设备从日本或西方送过来时,新兴经济体的经理人通常会关掉先进的生产功能。比方说,整地机很可能一下子就“失去”自动重设犁耙片功能的计算机控制系统,只剩下手动功能。这些经理人绝对不是卢德分子①,他们的行动背后有两个很站得住脚的实务理由。首先,拿掉机械设备中众多的节省劳动力功能,他们就有理由雇用更多人力,这么做通常是为了满足政府的要求。要满足官方多雇人力的要求并不难,因为新兴经济体薪资水平普遍低落,企业可以在几乎不冲击获利能力的条件下增加雇用人数。其次,他们更改设定之后,生产设备在使用上与维修上会变得更简单。这种“去工程”的做法虽然使得设备少了弹性、效率或精准度,但以几乎都没受过训练也没经验的劳工来说也没差别,反正他们不知

----

① Luddite,指 19 世纪初以捣毁纺织机械为手段来对抗资本家的英国工人团体成员。

道如何使用更先进的功能,也不懂如何有效地维护。①无须多说,在薪资水平较高的发达经济体里,设备若少了节省劳动力的功能以及弹性,可能会重挫项目的整体获利能力。

针对建筑活动做比较时,这些差异尤其明显。在中国、印度以及其他新兴经济体,建筑团队会有几百名带着铲子铁锹的工人,排成一列挖壕沟或整路面。在美国、欧洲或是日本的建筑工地,少有铲子铁锹上场。这些地方会换成一列列的卡车、挖土机和整地机上场,取代中国与印度的工人和手工具,用更少时间完成同样的工作量。②在新兴经济体里,人力比挖土机或推土机便宜;在很多时候,设备还很齐备,因为需要配置会操作的工人才能让机器派上用场。在发达经济体里,挖土机相对便宜,也有很多人知道如何操作与养护。

有一位美国籍的商业人士前往中国参访,发现有很多证据支持这样的差异。他要去市郊参加一场会议,途中遇到一小群在路旁的工人。他们使用手动工具,要把一块大石头敲成小石头;他们告诉他,这些石头要作为建材之用。当天开完会要打道回府时,他注意到同一批工人还在做同一件事,一整天的成果少得可怜。他询问中国的主人家当地有没有可以更快速、更有效率把大石块打碎成小石头的切割设备时,他们很确定地告诉他说这些设备很昂贵,没办法随时取得,此外不管怎么样,这些工人都不知道该怎么使用。③而以

---

① 这是作者在 2003 年和一位在美国奇异公司(General Electric)任职的工程师(已经忘记对方的姓名了)之间的对话,这位工程师当时刚从巴西回国,描述他在当地以及之前在中国的经验,符合后文产品经理、商业人士及工程师的新兴经济体经验相关说法。

② 此为作者在 20 世纪 90 年代末期在一次参访上海外围工地时自行得出的观察结论。

③ 作者的同事赞恩·布朗(Zane Brown),在前往中国处理合资企业协商事宜回国后对他说起这件事。

他们极低的薪资来看,美国人看来认为是浪费了一天的工作成果,已经算是物有所值了。

这类的比较,在经济活动的各个方面处处可见。新兴经济体的工厂聘用几百位、有时候甚至几千位员工,辛苦完成手边每一项工作,以人工处理原物料、装载、卸货、锻造与组装。在日本或西方的工厂里,现场的工作人员很少,做粗重工作的人更少,因为几乎全部交给机器。现场的员工很少从事直接生产,多半负责管理与维护机器。设备包办实际的制造、装载,诸如此类。其他主要领域的情况也大不相同。在新兴经济体,工人们各自从事几百种简单的人力作业,每一个人都仅聚焦在自己眼前的工作上;反之,发达经济体中负责照看机器的工作人员通常执行繁复、各不相同的任务,要做这些工作显然需要受过大量训练,而且,很重要的是,要有能力与他人协调,回过头来,这又需要了解整体性的工作以及他人执行的职能有何目的。

中国在 2008 年到 2009 年全球衰退期间遭遇的问题, 正好通过另一个角度来验证这些重大差异。由于中国各城市的社会基础建设不足,使得很多劳工被迫离开出口产业相关工作后必须马上离去。他们别无选择,只能返回内陆老家。但一旦回到家,等到出口订单又开始增长,却因中国交通基础设施不良,导致工人很难快速重返工作岗位。信息传播不足让问题更加严重,因为劳工完全无法预估失业的时间大概会多长。信息与交通建设的缺乏,加上劳工基本上并不知道自己到底面对什么情况,使得他们很不安;如果有相关设施的话,就不会这么人心惶惶了。基于这样的环境条件,导致中国的工厂在出口订单恢复之后有好一阵子找不足员工,错过了交货时间。①发达经

---

① 文中的概述,取自针对沿岸城市温州各出口产业工厂问题做成的各报告,但这也是指标性的描述,可用于说明长江与珠江三角洲各地制造基地普遍出现的问题。

济体没有这样的问题,因此更有弹性。而由于更精密、复杂的产品组合更需要针对员工与设施之间进行协调沟通,在生产这类产品时,更凸显两方的差异。

若将特殊范例转换成通则,便显现不同经济体的不同生产导向如何有效发挥自身的竞争优势、弥补劣势。新兴经济体拥有相对丰富的劳工,自然促使它们在生产过程中走向较偏劳动力密集的一方;低薪结构使它们在生产低附加价值的品项时有相对的利润优势。这些产品包括纺织、手工艺品、玩具、塑胶零件、零售电子设备与汽车的直接装配、一般性化学品、结构钢、其他原物料与半成品、某些服务业与零售业客服中心,等等。这类活动还有更大的吸引力:生产时只需要用到没那么精密的设备与系统。由于这些通常是机械性的重复工作,不太需要员工进行沟通或协调,因此能把训练(甚至识字)有限的隐性问题抛到一旁。此外,重复性的装配线要用到大量的相同生产要素,可接受非常零散的交货,从而将交通网络不可靠造成的问题减到最小。

发达经济体薪资水平高、劳动力资源有限,生产这些简单、低价、大众化市场导向的产品已无竞争力。但其高人一等的产业基础结构、大量的精密设备、数量更多的高技能劳工、更良好的沟通及更优越的交通网络,让它们在生产更专业、复杂且要求更多的产品上具备绝对优势,尤其是,这类产品通常需要量身打造,以满足特定客户的需求。毫无意外,这些品项包括了研究、技术、软件、设计、顾问咨询、特殊化学品、制药、金融、法律、工程、管理以及生产先进机器,如精密工具机、电子产品、电信通信设备、飞机、火车头、挖土机、中型机具和发电机。这些精密而且通常做定制化处理的产品在整套生产流程中需要不断协调,更凸显优越运输与沟通网络,以及优越知识基础的优势。在生产这些产品时也要付出更高的每小时劳工成本，因此可以支撑发达经济体的高薪资架构。

虽分工，但现实却错综复杂

实际的状况显然不如通则所言的那么稳定，可清楚一分为二，也没那么完美平衡。某些新兴经济体未来也将会从事精密任务，这需要受过高度训练的员工彼此协调，也要在研究、设备与系统上投入可观的投资。中国与印度的航天计划脱颖而出，是最佳范例。日本、欧洲与美国的某些地方，仍将持续从事简单、劳动力密集的活动，但在任何观光城市的大街上走一遭都可以验证一个事实，那就是当地有越来越多亚洲与拉丁美洲制造的低廉 T 恤和纪念品。就算粗略随意的研究中会有大量的例外，但上述的普遍趋势，以及趋势引发发达和新兴经济体之间显著的互补，将随处可见，在此同时，人口结构的压力自然也会扩大、加重这些现象。

证据显然支持全世界正朝着活动分工的方向发展。在新兴经济体，全球化的成长动能强化了它们偏向简单、廉价与劳动力密集。中国政府就说了，其整体产业发展要朝向生产与出口"传统、劳动力密集的产业，如镜框、装饰品、鞋子和(零售类)电子产品"。印度在提升生产上有许多值得一提的进步，但其整合纳入全球经济后实际上更偏向附加价值低、劳动力密集度高的产品。过去 35 年来，印度的全球贸易参与度越来越高，这类产品在印度总出口中所占的比例，从 34% 提高到 45%。至于巴西，这是一个出口农业与矿业产品的传统低度开发经济体，除此之外，它们在制造业领域也很努力，将火力集中在制鞋与运输设备上，以汽车装备为主，这是汽车制造业中劳动力密集度最高、精致复杂度最低的一环；但其实巴西在飞机制造业也已打下一定基础。

纺织、制衣及手工艺品(这些都是典型的简单、低价值、劳动力密集度高的产品)在新兴经济体里的主力产品。印度有一半以上的出口属于这些产业,光是制衣一项就将近1/3。纺织业雇用了将近80%的印度产业劳动力,但由于这种产品的单位价值很低,印度从中赚得的在出口总利润中仅占将近20%,与工业生产总值相比仅占14%,在印度国内生产总值中更仅占4%。其他新兴经济体也有类似的情况。在斯里兰卡的出口中,成衣与其他纺织品约占了53%,在孟加拉出口中的占比则为95%,老挝为93%,越南为90%。中国的纺织生产业直接雇用了高达2000万人的庞大劳动力,官方数字则承认约有1亿人间接仰赖这个产业;以中国整体劳动力来说,占比高达12.5%。

证据也确切证实,中国、印度及其他新兴经济体的成长,越来越仰赖发达经济体提供更精密、高资本密集度的产品。除了原物料之外,中国主要的进口品项集中在高价值产品上,主要是精炼汽油、核能燃料、化学品、金属与金属制品、仪器、专业性电机、电信通讯和交通运输设备。组装时要用到的所有高价值技术零件与元件,中国几乎需要全数进口,特别是半导体和微处理器。确实,中国深深仰赖进口零件;科技类的进口金额完全随着中国科技产品的出口变化。印度生产了92%供国内自用的劳动力密集度高、附加价值低的产品,但机器和科技则有44%以上要靠进口。巴西较精密、附加价值大与资本密集度高的产品也多数来自进口,比方说精密机器、电机设备、电子产品、化学品及汽车装配业使用的零件,包括引擎和变速箱。

就算新兴经济体布局可称精密类的产业,通常也偏向较简单、劳动力密集度较高的这一端。以中国的"高科技"生产为例,大致上以装配组成,用一位优秀的研究人员来说,做的是"量大、类似大宗商品的产品,主要由一般商家负责销售",诸如笔记本电脑、手机,等等。如果以商业服务业来说,属于这类领域的,有中国和印度为运输、旅游与零售业技术资源提供的服务(包含著名的印度客服中心),这些都是业界认为要求没那么高的环节。在中国的出口服务业当中,一半以上落在比较单纯的领域。印度只稍微精密一点。在此同时,很多经济体必须进口精密度更高的商业服务,以支援企业或政府的营销或技术咨询。

当媒体大肆报道印度的技术能力时, 该国的出口事实上仅有 15% 是程序设计、医疗支援、研究以及其他知识密集度高的产品。这类出口的重点,甚至还是印度政府所说的"着眼于促进就业的出口策略,用意是要协助体力工与半技能劳工"。就算软件在印度科技出口中占了 60%,着重的也是执行和建置,而非要求较高的设计。有一位产业观察家点出印度软件项目的特色,他说是"小型且要求不高"(而且,当他在回答一份针对印度软件公司所做的调查时,他指出印度"最重要的项目是,仅需 150 人的中小型规模项目"),以精密度来说,太有限了。

印度的制药产业同样也是这种模式。其出口重点几乎完全放在学名药以及出口海外后直接可用的活性成分,业界称之为"原料药"(bulk drug)。巴西从其他观点来看非常出色的制药产业,也如出一辙。

一如预期,发达经济体的表现,则是硬币的另一面。它们早已放弃生产纺织品、手工艺品以及大量的平价大众化产品,转交给新兴经济体。它们更善用自身的相对优势,生产较精密的高价值产品与服务。就算有些人仍留在纺织业或类似的产业里, 也会越来越转向高度机械化的生产技术

(例如美国的商用地毯业)，或是专门、高端的产品(例如意大利的设计师品牌鞋业)。虽然并非每一种产品都属于精密或高价的范畴，但态势很明确。如果要以一个单一指标来描述这样的差异，美国制造产业国家协会(U.S National Association of Manufacturers)最近指出，如果以生产单位来算，中国的制造业规模和美国大致相仿，但如果考虑产出的价值，那就只剩一半了。

软件开发同样也出现分工。虽然有许多软件开发工作都转向印度(自1980年起，印度的软件产业一年爆炸性增长30%到40%，目前聘用超过45万人)，但相关活动与精密度和美国比起来堪称小巫见大巫；美国信息科技业聘用的人力多了8倍，而其总劳动力规模还不到印度的1/3。与印度强烈对照之下，美国强调的是这一行里要求高、价值也高的设计。那一位指出印度软件项目相对简单的研究人员，也说到"需求分析与设计仍多半是美国的天下，更别说创作新产品与解决方案了"。巴西的飞机制造业也出现类似的局面。虽然美国、欧洲与巴西都生产机身架构，巴西的小型喷气式飞机制造业在其他方面表现也很出色，但精密度仍低，远比不上美国的波音(Boing)或法国的空中客车(Airbus)。

在生产过程中的服务端，类似的差异更明显。印度虽然快速成长为服务外包商(现在全球排名第六)，但就像在许多其他方面一样，印度服务业也集中在比较简单、低价值的部分。发达经济体，尤其是英美两国，仍是数一数二的全球服务外包供应商，主要是因为它们拥有大量的金融服务业与法律产业。确定的是，印度和中国服务业牵涉到的人力，多过美国或英国，但英美服务业创造出的高价值，让它们每位员工能赚得更高的营收，整体营收当然也更高。事实上，英美两国接受外包的金额，远高于外包出去的金额，两国各自的差额，都比印度的差额高了3倍，是中国差额的12

倍以上。若说到更复杂的计算机与基础建设服务，没有任何一个新兴经济体成为重要的外包供应商。中国与巴西把这类活动外包给美国与其他发达经济体的金额，超过其他国家外包给中国的金额。

把各国不同的能力拿来比较，创造互惠

假以时日，新兴经济体将消除与日本、欧美间的发展与训练落差。这显然要花上几十年才能完成，但最后一定会迎头赶上，而这些互动关系到那时也会再调整一次。同样的，就算明天就能消除发展落差，现有的发达经济体失去目前享有的所有优势，包括训练、系统、基础建设、生产能力等等，但在国际商品与服务交易上仍会维持现有导向。就算等到落差消失，新兴市场仍会持续着重在更简单、廉价且劳动力密集度更高的产品，而老旧的发达经济体则会着眼于较昂贵、精密且知识密集度高的产品。

为何即便在所有目前的绝对优势都已经消失之后，这样的模式还会持续下去？这就要以历史为镜，听听 19 世纪初英国经济学家李嘉图（David Ricardo）的高明见解，以及根据他的研究发展出来的想法与研究。李嘉图指出，一个经济体应该把生产的焦点放在何处，与该国和其他国家相较之下的绝对优势无关。重点不是把各经济体之间的绝对能力拿来比较，而是在每一个经济体内把不同的能力拿来比较。

举例来说，如果英国的制造业产价值高于农业，将会把生产集中在制造业；用李嘉图的话来说，英国自己在制造业拥有"比较利益"①。不管这些

---

① Comparative advantage，解释了为何在一方拥有较另一方低的机会成本的优势下生产，贸易对双方都有利。

能力与其他经济体相比之下有多出色或多薄弱,英国都会这么做。假设英国在每一方面都优于其他国家,但若能着重在该国拥有最大优势的领域,仍将能获得更大的利益。在这个优势领域里,英国最能善用劳动力、资本与其他经济资源,从而创造出最大的产出与报酬。之后,英国可以运用在内部最具优势领域中的超额生产,向其他经济体买到其他产品,数量会高于英国自行生产之时。这项洞见解释为何弱势经济体也可以在其劣势最不明显的领域从事生产。

李嘉图素以缺乏耐心闻名,无法忍受任何质疑他的理论的人,但即便是他,也承认前述的概念非常抽象且难以捉摸。他的说明太过时,无法给我们太多启发,但从日常办公室生活中举个简单范例,或许可以更看清他的重点。

如果一位高级主管与助理赶时间,要在时限内做出几份精致的客户报告并协调分发,他们最可能的分工,是让高级主管负责影印和装订,助理负责文字处理与创作版面。虽然助理无疑比高级主管更有能力从事这两类活动,但他最大的优势一定是在文字处理与制作简报。虽然高级主管显然不如助理擅长影印与装订,但他做这些事不会比其他工作更糟。即便助理在其他时候做这两种工作都比高级主管做得更好,但通过前述方式指定各人的工作,这一组人可以把两人的技能发挥到极致,在最短时间内产出最大成效。

大致以此类推,若经济体各自根据做得最好或是最不差的项目来分工,也能创造出最大的整体产出。为了说明这项论证(同时消除因为预估值不准确造成的任何借口),假设从现在起算的 30 年里,印度在每一种活动领域的生产力都超越美国,不论是劳动力密集或资本密集、简单或复杂、高价值或低价值都如此。但印度仍享有丰沛的劳动力,因此在生产中

偏向直接、低价值、劳动力密集度的这一端仍拥有大幅度超越美国的优势。印度的生产者仍会持续找出最佳的获利领域,

在印度的经济条件下创造最大成果,方法是着重在它们和美国之间差距最大的领域。至于美国,虽然在所有活动领域都居于劣势,但仍会发现它们在生产较精致的产品和服务时可以把缺点减到最低,使得美国的企业界专注在这个部分,他们可以利用美国的经济条件创造出最大报酬。

在这范例中,印度可以什么都生产完全取代美国,但要做到这样,印度必须把资源也配置到自己不那么有利的领域。这样一来,印度整体的产量将会减少,因为印度及全世界都会完全失去美国的产能。如果印度和美国把重点放在各自的比较利益上,并透过贸易来满足无法靠自行生产满足的需求,两国都受惠。①

前面的阐述无疑说明了为何经济学家素有抽象难懂到了极点的名声。现实从来不是这么干净利落。各经济体的规模不尽相同,也不是一直都那么一致。各经济体的生产选择多样,不限于两种。但即便如此抽象且

---

① 利用一些假设性的数据,可以说得更清楚。假设中国在未来某个时点不管在任何一方面都胜过美国,其劳动力的优势会让它在从事劳动力密集度低活动时成效比美国高 4 倍,但在较精密的领域只有美国的一半成效。进一步假设,由于美国劳工短缺,在附加价值大、资本密集度高的活动上的效能,比附加价值低、劳动力密集度高的活动高 2 倍。这样一来,两国的相对生产比率就如下所示:

	低附加价值	高附加价值
美国	1	2
中国	4	3

在这样的条件下,中国在劳动力密集度高活动上的产量会比精密、资本密集度高的活动高 33%(比例为 4:3,即高了 33%)。而美国,在各方面的成效都不如中国,但与自己相较之下,在资本密集度高的活动上效能仍较高,比劳动力密集度高的活动高 2 倍,如果集中全力投入前者,产值将高 2 倍。显然,如果两国各自专攻并互相交换他们选择不生产的产品,两国都能获利。

不切实际,前述的论述演练却说明了三项重要的考量:

一、即便印度或其他新兴经济体的生产优势未来完全胜过美国(当然,也隐含压过了其他发达国家),但根据经济逻辑所做的选择,美国与其他发达经济体仍有其能扮演的角色,在国际商品服务交易中占有一席之地;以现在的情况来看,是生产精密、资本密集度高、附加价值大的产品。

二、就算出现最极端的情况,新兴经济体和发达经济体仍能从贸易当中得利。

三、即便有某个经济体在每一个方面都睥睨全球,但如果阻断贸易,完全靠自行生产以满足需求,将会失去庞大的潜在财富与收入,而其他经济体受害更深。①

以合理的时间架构来说,前述的推想显然纯属学术讨论。就像前一章中已经说明过的,在更高价、精密产品的生产上,发达的西方世界和日本未来仍能长期维持比较利益与绝对利益,优于新兴经济体。推想自此之后的几十年将如何,或可当作指引,但是推测如此遥远的未来,即便在最好的情况下,任何结论都不太可靠。但以比较能掌控的二三十年来说,经济基本面确实指出将会出现预期中的经济活动分工,而且越来越集中;事实上,分工将会大幅改变各个产业的组织以及劳工和经理人间的关系,在发达经济体中尤其明显。

---

① 喜欢经济学理论的读者,会注意到李嘉图在发展其比较利益与贸易理论之时,并没有提到要素原赋(即劳动力、物质资本、可用土地等资源的相对数量)。在以黑克夏-欧林(Heckscher-Ohlin)为名的理论当中,则强调了这些。虽然统计研究并未完全支持黑克夏-欧林理论,但文中提到的应用案例看来很符合,也把黑克夏-欧林的两套理论结合在一个范例中,这是李嘉图理论的特殊案例。

第 7 章

改变很痛苦，但不改变会更痛苦

更来势汹汹的全球化将会扩大经济差异。旧式的劳动力密集产业,将会从发达经济体中完全消失。发达世界的企业将以经济产品和流程为核心进行组织再造,将需要用到技能水平更高、受过更好训练的劳工,而这样的环境条件将会改变劳资关系、管理角色,甚至是人们的生活方式。对很多人来说,改变能带来更好的生活,但调整无疑也将引来极大的压力,激化目前已经很强烈的反全球化。任何人想做任何事以阻止全球化的过程,最后都会招致比全球化本身更严重的痛苦,因此,各经济体都应妥善管理过渡期,在缓解改变招致的压力时,绝不可放弃变革。

外包高劳动力,高利润留自家

一窥全球化的未来(或部分未来)样貌时,心里先闪过的是 2004 年的财经新闻。IBM 决定放弃生产个人计算机,把整个部门卖给中国业者联想(Lenovo)。虽然有很多人仍认为生产电脑属于高科技,但 IBM 显然不这么想。本次交易的性质,透露了 IBM 判断标准化的计算机生产流程已非过去的高附加价值,因此不适合放在美国的高薪结构之下。IBM 或许认为,同样也在当年推出的苹果(Apple)iPod(一开始就锁定音乐领域),其中蕴含的科技将主导文本与数据的运用,最后会取代个人计算机的地位。自此之后,智能型手机与 iPad 的兴起,确认了 IBM 的判断。也或许,IBM 基于其他理由判断个人计算机已经不再有太多成长潜力了。无论决策背后的明确理由是什么,反正 IBM 就是抛弃他们认为要求没这么高、附加价值很低的业务,转向了未来,将其美国业务保留给更精密、获利性较佳的活动;连同出售案一并发出的新闻稿里,提到的是顾问服务业务。

类似的变革前兆, 也出现在其他地方。日本的明石化学公司(Kutch Chemical Corporation),不久前完全放弃生产聚氯乙烯(PVC),让给中国与其他新兴经济体;这是一种平价塑胶,用途广泛,从甲板上的塑胶椅到排水管都用得上。该公司将日本国内的营运留来生产更精致、高价的产品,如聚苯硫醚,这种复杂、耐热的塑胶制品,用在家用电动马达与类似的产品上。总部设在名古屋的机械制造业山崎(Yamazaki),做法大致类似,将低精密度机械的生产业务全数转到中国的工厂, 日本国内的业务留给复杂的工具机,例如多功能车床(Multi-purpose machine)。另一家同是名古屋的企业兄弟公司(Brother),单纯传真机生产事业迁至中国和马来西亚,但把所有的设计和管理工作留在国内,同时保留高端、精密的工业用缝纫机。

模式重复出现, 越来越普遍。美国通用公司切分广大的电力设备部门,将重复、低附加价值的装配与零件制造转给各新兴经济体,为公司里薪资较高、训练更好的美国员工保留的,是较高价、复杂的管理与维修业务,还有电厂设计与营造中必须量身打造的部分,包括安装。同样的,德国西门子(Siemens)也拆分医疗设备部门,将重复性较高、知识密集度较低的零件生产业务转给新兴经济体,但保留纽伦堡(Nuremberg)附近的福希海姆(Forchheim)厂,执行高价、知识密集度高的设计、服务和客户关系经营等功能。苹果公司在中国组装其极成功的产品 iPhone 和 iPad,但把较复杂、附加价值高的设计、营销、包装与零售业务交给美国员工。韩国投资证券公司(Korean Investment and Securities)也认识到自己的比较利益,将所有复杂的信息科技设计工作外包给 IBM,而 IBM 在设计完这个项目之后,打造出自己的全球分配网,把比较复杂的部分留在美国,比较简单的活动就转包给新兴经济体的营运单位。

在某些情况下,则是整个产业都外移了。日本的石油化学产业把直接、类似标准商品的产品(如乙烯)生产活动移往海外,当地的营运则留给更精密的生产工作,如用在平板显示器上的化学成分。前述以及其他日本产业界所做的类似决策,致使日本企业放弃中国大有优势的领域;以目前日本对美国的出口来说,几乎有 80% 都无须面对中国的竞争。美国的化学业也仿效日本同业,把简单产品的生产活动让给海外的营运单位,本土强调的是所谓的专业化工程公司(specialized engineering firm),着眼于最新的制程技术与服务,通过授权与顾问咨询创造出高价值。发达国家里多数的纺织企业,早已把传统的羊毛与棉花织品放给新兴经济体的生产者了,它们可能走向高机械化的活动,生产人造工业用纤维,或者走向高价的特殊性产品。

前述的改变在未来也会持续出现,呼应生产由各经济体的比较利益决定的经济法则(如前一章所述)。大量生产简单、低价产品的工作,需要便宜、众多的劳动力,会转向新兴经济体;较复杂、专业化且高附加价值的活动,比较要根据会以复杂的个别客户特殊性,仍将会留给发达经济体里受过更多训练、薪资较高的劳工。英吉利海峡小岛根西岛(Guernsey),在调整其经济体制时发出新闻稿,把这一切说得很清楚。根西岛当局表示,将

第 7 章
改变很痛苦,但不改变会更痛苦

会把"劳动力密集度高、利润率低的活动"外包出去,如简单的"软件开发与客服中心运作",但会把"利润率高的活动"保留给自家受过高度训练的劳工。不论是根西岛或其他发达国家的产业,都认识到越来越紧迫的环境条件将会逼它们加速行动,要把国内的活动放在尖端的新科技与能力上,尤其是比较精密和复杂的领域。

把一度重要的产业转到新兴经济体,显然会导致可观的痛苦和混乱,但也会为企业和劳工带来重大利益。最低限度,每当有一项业务移到海外,国内总部就需要更大的作业规模,尤其是沟通、管理与技术支援等领域。海外要设立任何新营运单位,也需要额外的资本设备,这些通常都仅有发达经济体才会生产。海外营运日后若要升级,也会引发类似的需求。如果把这些生产活动仍放在发达经济体国内,大家都无法生存。再者,把规律性的工作移转到海外,发达国家内能释出更多受过高度训练的劳工,不再从事烦琐粗工,让他们以及国内的营运单位改做崭新、获利性更高且薪资更高的工作与创新。在此同时,海外营运扩大了企业的范畴,扩大原创设计与专利的应用范围,带来报酬。发达国家的企业也能扩大经营各种持续高获利的辅助性活动,例如推动产品上市的相关活动,包括营销、广告、包装等等;如果所有生产都仅能留在本地,这类辅助性活动就不会遍地开花。

英国企业葛洛柏雷(Globeleq),虽然是极端案例,却鲜活地阐述了这个过程。这家公司成立于 2002 年,公司预期快速成长的新兴经济体用电量将会大增,于是在各个目标地区收购发电业务。葛洛柏雷本身完全没有任何制造业务;它只负责促成业务发展。但这家公司寻找最高效生产资源的作为,让发达经济体和新兴经济体都能受惠。新兴经济体的报酬来源非常明显,来自发电产能大增。发达经济体里劳工和企业的报酬也同样显而易见。除了英国相对少数员工赚到的收入之外(这些收入是靠海外营运单位赚来的),葛洛柏雷从事设置发电设备中的核心设计与建造工作,并把报酬带回英国与其他发达经济体,从货运、安装到服务与训练也都包含在内。赚到这些报酬的,大部分是位在英国与其他经济体的各制造业与顾问公司。如果没有葛洛柏雷的积极耕耘,就不会有这些相关的业务或工作,或者,至少也可以说没有这么多。

总部设在中国香港的化妆品公司妍华(Beauty China),虽然营运规模没这么大,但成就也大致类似。这家公司善用邻近中国的地利之便与文化知识,专门针对女性的化妆品与其包装、设计和营销活动构思概念。一旦确定设计,就把相对简单、劳动力密集的制造与包装活动外包出去,转给中国的独立事业单位。公司也把同样附加价值低、劳动力密集度高的经销活动转给中国的代理商,再由代理商和几百家小店铺签订契约,贩售妍华的最新产品。妍华在中国创造出来的所有业务蓬勃发展,更为中国女性提供了平价美丽的美好,但重点仍在该公司为自己、员工以及开发程度较高的中国香港赚得大量的报酬 (这些报酬来自于化妆品事业中附加价值更高的设计和营销面);如果没有其他的中国企业,就没有这些就业机会和收入。在调整过程中,跨境投资也扮演重要角色,并展现极有潜力创造高报酬。

除了赚取投资管理与顾问费用之外, 发达经济体的投资专业人士已经证明自己有能力善用人脉与专业,为手上的资金赚到更可观的报酬,超越新兴经济体自行投资发达市场能赚到的报酬率。他们靠着重新部署多余的资金(通常是中国拿来购买美国国库证券的官方储备金),通常一年平均可以赚到多 5% 的溢价报酬。光是利用海外投资人持有美国国库证券的资金而赚到的额外报酬,为美国经济体创造出一年超过 1500 亿美元的净资金流入。[1]这个数字约是美国商品与服务贸易逆差的 1/3 以上,基于某些理由, 政府的统计人员在计算时不列入这些金融收益。实际的利益更高,因为流入美国国库证券的资金仅占美国市场金融投资的一小部分。

带动产业转型,改变生活和劳资关系

这些只是几项目前已经显现的未来景象,此外还有很多,综合起来会有乘数效果,虽然会干扰过去的模式,但也能带来利益。但全球化的趋势不仅是让企业改变发展导向以及重新定位营运地点而已。只要时间够长,由环境带动的变化将会完全改变职场的性质、人们的生活方式,甚至劳资双方的关系。世界还没感受到人口结构的强制力量、还没想到要如何应对,就先有蛛丝马迹预示未来将会发生的改变,在两个从各方面来看都很不一样的地方尤其明显,那就是德克萨斯州和新英格兰地区。

德克萨斯州仍有油井工人和牛仔,但在全球化压力之下,也越来越强调高知识密集度的产业。企业和一般人自然而然会跟着获利机会走,涌向更高价的产品,善用德克萨斯州发展完备的现代化工业基础设施、便于取得精密科技与复杂的设备,以及受过更佳训练的劳工。达拉斯联邦准备银行(Federal Reserve Bank of Dallas)证实,该州的生产制程以及产品“技能密集度”均有提高。今天,该州有 26% 的出口相关工作落在计算机与电子产业,16% 为精密机械,占比较过去高很多,也高于全美平均值;以美国整

---

① 数值是利用这 5% 的报酬差异及海外持有美国国库证券的部位计算而来。

体来说,仅有 16% 的出口相关工作属于计算机与电子产业,属于精密机械业的则为 12%。德克萨斯州也抢在全美之前率先重新设定目标市场,和新兴经济体的业务往来更密切:与墨西哥之间的交流显然是出自于地理因素,但也和亚洲各快速成长的经济体往来。联邦准备银行的深入研究指出,这种全面性的改头换面,让素有"孤星之州"(Lone Star State)称号的德克萨斯州与美国各州相比之下,和新兴经济体从事贸易时多了 75% 的优势。

新英格兰地区也沿着大致类似的方向转型,背后的理由也差不多。这个地区失去了过去一度拥有的纺织业财富(先是输给南美洲的廉价劳动力,后来则是不敌海外各国),只好回应全球性的挑战,也同样是在没有中央指导、靠着企业与个人认识到相对优势的情况下行动。此地区以其高教育水平的强势地位为发展基础,强调高水平的教育本身就是一项重要产品,同时把相关的高附加价值活动延伸到金融、医疗保健和专业服务等领域,尤其是法律、计算机相关支援、科学研究、开发、工业设计与顾问咨询。纺织业的就业机会早已消失殆尽,如今波士顿与周边高附加价值活动聘用的人力比例,比美国的平均值高两倍,与新兴经济体稀疏零星的数据相比较之下,则高了好多倍。就因为看到了未来,新英格兰地区拉高了当地的相对收入、财富与土地的价值,在美国的排名从中段班跃升为前段班。

欧盟也在找自己的路,进行同样的转型,努力拉近它们口中与美国之间的"研究、教育与发展落差"。英国已经宣告走在最前端,庆幸自己比欧陆更早脱离低附加价值的制造业,同时自豪于目前英国的劳工就业比例有超过 40% 属于"高知识密集度服务业",相较之下,德国仅有 33%,法国为 36%,意大利为 30%。就连几乎算是新兴经济体的葡萄牙,也在经历过渡。面对开发程度更低的东欧竞争,葡萄牙降低对纺织、成衣和制鞋出口的依赖度,从 20 世纪 90 年代早期占总经济规模的 40%,减至仅剩 13%,在此同时,也拉高资本密集较高的出口比重,例如化学、纸业、机器、汽车与精密设备,从 20 世纪 90 年代早期的 16% 增至 46%。

当然,这些变动也会强力推动职场本质的变化。检视企业如何选择支出以及更强调的哪些职务, 可以找到明显线索。首先是越来越注重研发,不仅是构思新产品概念,还要在整套制程上更广泛应用科技。研发在美国产业界早已占有特殊地位。[1]美国的企业支出在经济体中占极高比例,绝对值比任何其他国家加总起来更高,比例也高。从最近的数据来看,美国企业界研发支出在国内生产总值当中的占比,远远高于欧洲和日本,比中国、巴西、印度或任何新兴经济体同类支出的占比高了两倍以上。在人口结构的压力与更加激烈的全球化趋势之下,这样的差异应会持续存在,甚至再加倍。

研究受到更多关注,也会改变研发的本质。实验室的研究(通常离生产地点很远)速度未来将会更加快,并将成果导入职场。研发将会让生产活动聚焦,以高级产品为核心;这类产品通常是研发的成果(具体而言就是更精密的设备、基础建设和系统),本身就能为生产流程带来效率与效果。但除了这些早已为人所知、或多或少算是由上而下(由研发而生产)的益处,企业也会加入越来越多由下而上(由生产而研发)的元素。由于各个发达国家拥有更多高技能水平劳工 (这群人能了解大部分或全部生产制程),这些经济体将能继续保有大量现场创新的人才来源;这些人有点像企业内部的顾问群,能针对企业产品的每一个方面与生产方式提出建议。

---

[1] 第 8 章将会更深入探讨美国过去如何利用研究和技术以提高劳工的生产力,并应对海外的竞争。

这个创新源头将会更加重要，在企业走向高附加价值以及随之而来客制化程度更高的产品组合时，更是如此；生产量身打造的产品组合需要有弹性的流程，自会朝向更迅速回应客户的特殊规格，并不断演进技术。确实，许多高附加价值的成果都是以为客户打造特殊规格的产品为核心，再慢慢演变，客户因此成为重要的创新源头，同时也是创新的供应者。

这一整套过程将急需更多的劳工教育与训练。劳工在回应眼前的压力显然也预见这番未来，已先未雨绸缪大幅自我提升。就像之前提过的，目前美国劳工接受正式教育的平均年限是 13.1 年，与 35 年前（当时全球化才刚刚开始形成力量时）的平均 10.1 年相比，几乎延长了 1/3。确实，教育的需求早已非常强烈，缺乏进阶技能的人工作就是没这么稳定有保障。过去 40 年来，一般有经验、受过训练的美国制造业劳工，平均在职年限大致并无变化，但随着全球化越来越需要高度的技能，训练较不足的劳工任职期间普遍越来越短。当压力越来越沉重，将会迫使训练不足的员工更需要补强。在此同时，目前具备适当技能的劳工也需要继续升级，而且速度要更快；这么说吧，他们必须保有优势。

这些改变会回过头来压抑阶级式的产业组织与劳资关系。当重复性高的工作都交给机械，受过良好训练的员工也更投入创新工作，必要时，也会更了解整体的生产过程，自然不需老式的监督制度。这样一来，经理人、技师与员工之间的差别，也会逐渐消失。员工会更趋向自我监督。位居高级主管职务的人，会从内部监督角色转而投注在更向外的焦点，以掌握正确的研发重点，比方说，经营关系网络、以便从更多元的来源中稳定取得必要原料的供应。更精密的产品组合会越来越特殊，并针对买方的规格量身订制，员工更需要和客户密切合作。这些创新有很大一部分会出于员工、供应商和客户,因此,如果高级主管们想要有所成就的话,必须多花心思倾听并少发号施令,或者,至少会等到管理阶层消化各种参考信息之后再说。

引领潮流的企业早已经显露出讯息,揭示了前述的未来景象。以美国化学业为例,涉及监督工作的员工比例,几年内已经减少了 5.5%,业务规划、设计以及相关部门的比重则提高了 22%。在制纸业,专门负责管理工厂生产工人的总部员工减至 22%,反观从事规划与设计的,则增加到将近 19%。就算是严格的制造业生产领域,着重在直接生产的员工比重也比过去少很多。更复杂产品(指规格要求更高者)的领域,自然而然提高了促使检验、测试以及质量控制等人员的相对比重。以金属制品业来说,光是过去几年,前述职能的人员比重就提高了 10%。交通运输设备制造业,包括汽车、飞机与铁路设备在内,隶属于这些职能群的员工比例也增加超过 12%。

分权会扩大组织变革的幅度。旧式的模式如今仍甚为普遍;在这些模式里,生产流程是直线性的。每一个步骤都完全仰赖同一企业里另一个部门的产出作为其投入元素。一切都要聚集在彼此很接近的地方。但随着专门化、高附加价值的生产取代大量制造相对简单的产品,老旧的组织架构就不堪使用了。在全球化的环境下,生产会根据相对优势决定地点,每一个营运单位都要多方寻找投入元素与客户。企业通过供应商与买家网络采购和销售的情况越来越常见,而不必然透过母公司的其他事业部。假设有一个部门负责组装电动马达,很可能会向母公司之外的单位购买线圈;实际上,只要能找到质量更好、价格更低的产品,它可以在任何地方采购。它可能会选择向另一家供应商买外壳,向第三家买平台。之后,这个单位可能会把组装好的产品卖给许多公司,有时候是海外企业,有时候也卖给母公司的其他事业部。经济学家以他们所谓的"乘数"来衡量业界这种独立性越来越强的发展。一切证据都指出转向经营关系网络的模式已然成形。

钢铁制造业在其他方面都是典型的旧产业,但其中出现的变化正好作为说明。由于美国的钢铁业很早就感受到海外的压力,因此虽然这个产业的形象很落后,但其实它早已预见了未来。在直接提高效率与生产力的同时,美国钢铁业也关闭了比较老旧、规模较大的综合性炼钢厂,转型成专门化程度较高的"迷你炼钢厂"。这类工厂通常都远离旧的生产中心,更贴近客户,不仅是基于便于运送,更是因为它们通常都会严守客户的规格客制化小量产品。

如今不会再看到负责监督生产流程每一步骤的单一整体性组织,一路监看开采铁砂、将煤炼成焦炭到最后产出大量的标准结构钢梁或标准铁板。现代规模较小的迷你炼钢厂会自行寻找投入要素,比方说铁砂,或者有时候是废铁,不必然从母公司的其他部门去找,也会去探问其他的公司,包括美国海内或海外,之后它们会出售自家高附加价值、专门化的产品(可能是其他业者的生产投入要素),同样的,也可能销往美国国内或国外。

这一切改变对于劳资关系造成的效应,明显反映在工会组织架构的不断变化上。以重工业为例(重工业是劳工运动的起点),早在变革累积出力量之前,各个产业里的工会早已失去立足点。旧式的整合性产业,最适合孕育工会的活动。在旧模式之下,劳工"成群聚集在同一家工厂之下,面对雷同的工作条件和利害关系"。但随着老式架构崩坏(制造业越来越精密、分权且机械化,还远离早期的营运地点),工会发现一切变得难以安排。让问题更严重的是，受过更高教育、更多训练的劳工越来越多，越来越少人专注在绝对的产出量，而是更加着重在检核、查验与质量管控，这些变化有损过去劳工利益与共的感情，也模糊了要和管理阶层互别苗头的意识。

仿佛是预告未来，产业工会的规模已经开始不断下降，包括人数和占全体员工的比率都在下滑。在 1940 年高峰时，几乎有 36% 的工人加入工会，到了 1975 年之前比例已经降至 22%，1985 年之前又降至 18%，到最近已经不到 12%。以人数来说，1979 年时工会成员人数达到高峰，约有 2.12 亿人。即便美国整体劳动力有所成长，但在最近一次更新时工会人数几乎少了 1/3，仅剩 1.43 亿。在这段时间，最成功的工会是教师与公务人员，这两个群体并未感受到对产业界造成压力的各种趋势变化；在这些领域，旧有的整合式组织模式仍旧普遍。①

全球化也让员工有其他理由质疑加入工会到底有没有价值。传统上，组成工会是为了保护劳工免受管理阶层的不当对待，但当劳工福祉的主要威胁从管理阶层转变为海外竞争，工会却难以随之调整。确实，当海外竞争更重要时，反而使管理阶层和劳工统一战线，一致对外，导致工会的角色逐渐隐形。工会组织则更努力去应对时代的要求，经常针对贸易议题去游说美国政府，但它们在特定产业的表现，不像管理阶层或管理阶层和劳工联合起来的努力有效。即便是政治力量最强的美国汽车工人工会，可左右美国政府在处理克莱斯勒（Chrysler）与通用（General Motors）等车厂倒闭时的政策方向，在进行反贸易游说活动时都无功而返。工会拥有的忠诚

---

① 目前，美国的教师与公务服务部门就业人员有约 27% 是美国产业组织劳工联盟（AFL-CIO）成员，比 1979 年时大幅增加；1979 年时产业界工会人数达到高峰，当时仅有 15% 的公务人员与教师加入工会。

度也因此降低。

无须讶异的是,削弱工会优势与改变产业组织的力量,也强力影响了整体社会。产业在地区分布上更加分歧,明显扩大已经成形的市郊化趋势,而电信通讯革命也将会把这波运动推进更外围的郊外区。在此同时,由于需要更老练、教育程度更高的劳工,将会持续让发达世界的各个社会更有中产阶级的气息。旧式的社群会消失,旧式的认同与旧式的政治联盟也随之不见;政治学家与社会学家虽然各有不同的理由,但也都早就在关注这些趋势。市郊和郊外的性质也将持续改变。市郊过去几乎仅是住宅区,屋主们在大都市里的整合性产业里工作;产业显现出明显的网络特性之后,市郊也开始成长,也变成可从事工作的环境。可以确定的是,这些趋势后面除了经济性的因素之外还有很多其他影响因素,但不太需要怀疑的是,网络型的企业架构是很重要的支撑力量,未来也将如此。

从这些蛛丝马迹中,只要一点点的想象力,就能描绘出与目前大相径庭的未来。这幅图像中有些部分很有吸引力,有些则否。好坏与否,判断取决于每个人的偏好与品味。但这里的目标不是要画出一幅充满未来主义的景象(这是很诱人没错),但我们想做的是找到端倪判断未来需要调整到何种程度,并指出调整的性质是什么:是好,是坏,还是根本没差。这些受到某些人、甚至大多数人欢迎的改变,无可避免将会在过程中让某些人很悲惨;有些人现在已经在受苦了。痛苦将会使得人们更抗拒全球化,不管这在其他方面有多少益处、多么必要。各国、各经济体若要仰赖贸易与全球化以减缓人口结构压力及保障生活质量,就要去处理这些怨言。

第 **8** 章

抗拒全球化的浪潮，得付出代价

全球化的改变从一开始就招来强烈的抗拒。人们（理所当然地）把全球化当中的进口、外包以及离岸交易和失业联想在一起。他们把全球化和贫富差距扩大以及欧美日本等地中产阶级的梦想破灭连在一起。他们抱怨着造成严重破坏的金融动荡（这很可以理解），他们担心新兴经济体的政治、财务与军事力量崛起。就算这些人过度杞人忧天，但也透露出许多事实，足以赢得政治支持。事实上，现在有一种越来越严重的危机，那就是政治上的保护主义恐将阻碍全球化，导致更严重的经济浩劫。各国比较好的做法，是积极面对普遍存在的忧虑，消除反全球化的声浪，导引趋势以减轻调整时的痛苦，并将这些调整转化成各经济体的优势。

尝过甜头，也吃过苦头

世人并非一向恐惧全球化。相反的，不久之前大部分的人都乐见自由贸易与自由资金流动，促进全世界的繁荣、和平与更自由的政治文化。不意外的是，最热烈的气氛出现在 20 世纪 90 年代初期，当时正逢柏林围墙倒下，苏联跟着也解体。过去因冷战而被分成两边的人，如今都高声庆贺开放民主、自由与市场经济的胜利。核武毁灭的威胁,一旦走到了终点,解放了国际互动的每一个方面,并且可望带来更开放、更有益而且获利更丰的全球性交流。曾经负担庞大冷战成本的国家,期待着发放"和平红利",政府可挪出之前用于国防的经费,导向到更有生产力的活动上,或者,最低程度也可以减税。全球的商业人士欣喜若狂迎接新市场揭幕。

回到当时,全球化的正面力量已经近乎蒙上了宗教色彩。不管是保守、中立还是激进立场,所有评论家都陷入了乐观氛围当中,专栏作家、学术人士以及决策者也有同感。这些人狂热地赞颂商业"带动文明的影响力",或者"更多的贸易与更高的成长将带来更大的民主与更自由的选举"。有些人预测,随着发展中世界"抛开社会主义的枷锁并迈向资本主义",将会超快速成长。他们强调,"政治与经济自由之间关系密切"。就连从未成为经济开放模范或从未坚定支持自由贸易的日本社会,都认为国际经济互相依存是"最强力的和平保证"。

并非所有利害关系人士都支持全球化的趋势。劳工组织就很抗拒,左、右两派某些民粹主义论者立场也相同。比方说,在 20 世纪 90 年代初期,德州产业大亨裴洛(H. Ross Perot)1992 年总统大选的基调,就大致定位在反对北美自由贸易协定 (North American Free Trade Agreement, NAF-TA);这项协定允许美国、加拿大与墨西哥之间自由贸易往来,但这些都是少数人的立场。

就像美国报社记者汤玛斯·欧利芬特(Thomas Oliphant)当时说的,"反对北美自由贸易协定的看法能不能和胜利沾到一丁点边",可是个大问号。从 1990 年到 1993 年针对北美自由贸易协定以及其他立场所做的调查显示,在美加与多数欧洲和亚洲国家,超过70%以上的人支持自由贸易与开放市场。报章杂志敦促中、小企业赶紧走向全球化,因为新的政经环境看来会要求它们这么做。政治人物也反映出社会的正向气氛,当然他们自己也推波助澜。1989年,就在柏林围墙倒塌之后,美国前总统老布什(President George H. W. Bush)立刻为全球化背书,指出这是美国与全世界必然要走的下一步。1990年,当他发表国情咨文时,提到这些"几乎等于圣经等级"的必要改变以及"全球事务的新纪元"时,国会两党人士同声拍手叫好。他提出"扩大自由政府与自由市场的圈子"以及"积蓄自由国家越来越多的共有财富"等愿景,获得两党热烈支持。后来接任的总统克林顿(Bill Clinton)以更热情的语调接棒,把新的"全球经济体"描绘成一种方法,可为美国创造"更高的经济成长率、更大的生产力、更优质的工作以及在更有利的全球经济竞争地位"。在1997年的国情咨文当中,克林顿眉飞色舞地提到"全球经济的新前景",以及需要"破除贸易障碍"以进一步促成"全球自由民主的使命",同样赢得两党的喝彩。

确实有很多稳健的理由支持乐观主义,或者说,至少看起来有。预算负担得以减轻,是其中最明显的一项。1989年时,美国在国防上花掉3622亿美元,以当时来说是天文数字,将近占美国国内生产总值的7%。在1945年到1990年的冷战期间,国防支出动辄超过国内生产总值的10%以上,平均值则接近1989年的7%。这段时间美国国防预算在国内生产总值上的占比,甚至比伊拉克战争最如火如荼的时候还高过3%以上。在1989年时,想到这些数以千亿计的资源可转作研究、教育、道路设施、其他必要公共建设、减轻环境负担、减税或任何其他有益的活动之用,真是让人心情轻松愉快。有些人更看到了机会,能从海外找到更有效的助力;过去由于冷战禁令,牵制了这些海外助力。一切都承诺着更美好的生活,对美国人与海外人士而言均是如此。布什与克林顿这两位总统都拿出了长长的清单,说明要如何将挪出的经费运用在可带来希望之处。

最美好的前景,在于撤除冷战藩篱与彼此的猜忌之后隐含的可能性。之前社会主义阵营里的人,期待能从接触到更多西方优越产品、西方投资与西方概念,创造更美好的生活,而欧美与日本的一般大众与商业人士则热烈地期待,从俄罗斯、中国以及其他前"敌对"国家正在成长的市场赚得滚滚财源;当然还包括之前的不结盟国家,如印度,这些国家在冷战期间和西方的交流极其有限。随着强权不再把非洲与拉丁美洲当成替代性的战场,再加上这些地方反而能因为和西方政商界素有往来而能带动更有益的交流,看来同样也蓄势待发,准备从中受惠。

开放后涉及的庞大人口,也成为支持这些梦想的理由。1990 年时,苏联、中国、印度以及其他不结盟国家,再加上非洲,占全球人口超过一半以上,但在全球国内生产总值中的占比不到 10%。① 如果自由贸易能拉抬这些经济体的生活水平,稍微追上西方与日本等发达世界,世人合理地认为,全球的成长在未来几年都能获得极大的助力。美国政治学家法兰西斯·福山(Francis Fukuyama)为这样的期望奠下了理性知识的基础,因此闻名。他用一种非常积极、近乎辉格史学派②的观点,在当时大力主张共产主义的结束是最后一步,将终结一系列把全世界带向更理想体系的步骤。他第一次

---

① 文中的比较使用国际货币基金计算出来的全球国内生产总值,以及该机构的群组分类法:新兴经济体、非洲、独联体和发展中经济体。

② Whiggish,此派认为人类的文明有累积性,会从落后走向先进,从愚昧走向启蒙,不会回头。

在 1991 年的一篇论文中提起,接下来又见于他的著作《历史之终结与最后一人》(*End of History and the Last Man*)之中,福山宣称"开放民主的胜利,已经解放了全世界的政府,脱离其他系统里会发生的内部矛盾"。后续的"经济思维开放革命"是"现代自然科学的逻辑"的必然产物,将"以简单、连贯且革命性的过程终结历史"。虽然此时回顾起来这些论点听来很古怪,但当时却是主流的理性讨论。

在如此热烈的环境下,官员们利用关税与贸易总协定(General Agreement on Tariffs and Trade,GATT) 机制,孕育出更广泛、动态且强大的世界贸易组织(World Trade Organization,WTO)。就像关贸总协定一样,世贸组织也承担促进贸易自由化的明确使命,但和关贸总协定不同的是,世贸组织监督管理各种力量,以确保各会员国遵守相关协议。英国《金融时报》(*Financial Times*)刊出一篇评论,庆贺终有机会"大大松一口气"。日本《读卖新闻》(*Daily Yomiuri*)指控,任何阻挡新贸易组织的人都是"妨害和平与进步的阻碍"。《波士顿环球报》(*Boston Globe*) 说,世贸组织"对美国好,对全世界也好"。新加坡《海峡时报》(*Straits Times*)表示,世贸组织及自由贸易上的进展等同于南非结束种族隔离政策。《华盛顿时报》(*Washington Times*)充满热情地提到,支持世贸组织的人"从里根到克林顿各届美国总统,从消费者联盟到遗产基金会等各种组织,从全美州长协会(National Governors Association)到全美检察长协会(National Association of Attorneys General)等各领导人才协会"。

但气氛很快出现变化。到了 20 世纪 90 年代末期,针对整个发达世界所做的调查显示,过去人们几乎是一面倒支持全球化,现在则明显却步。1999 年底时,出现了风向改变 180 度的信号,震撼了一般人既定的想法：当时迎接世贸组织西雅图会议的是街头暴动。来自全球各地的几万名抗议人士，指控世贸组织严重背弃公众的信任，而且犯下了各种罪行，从豪夺穷人到偷走工作，从破坏环境到伤害民主与国家主权，从忽视女权到蔑视放纵文化与打击家族农场。在之后几年，负面情绪越来越强，一再地出现在世贸组织与国际货币基金组织（International Monetary Fund, IMF）在布拉格、哥特堡（Gothenburg）、魁北克市、热那亚（Genoa）与华盛顿等地会场上的抗议活动中。在墨西哥坎昆市（Cancun）的世贸组织会场，意见的转向尤其强烈，表达方式更是让人悲伤；当时有一名韩国籍抗议人士李京海（Lee Kyan Hae）情绪过于激动，在各国代表聚集的大楼前自刺身亡。

媒体也见风转舵，变得充满恶意。在 2004 年之前，《波士顿环球报》就放下了之前的热情，担心起"不断变动的全球化经济体里的工作保障问题"。就算是一向支持企业界的《华尔街日报》（*Wall Street Journal*），都说"把工作转移到海外的净效益尚不明朗"。2005 年，为了吸引众多媒体的目光，一大群挪威农民徒步走到世贸组织日内瓦总部示威。在当时，连支持自由贸易的《经济学人》（*The Economist*）也质疑，全球化的过程是否"苦多于益"。国际货币基金自己也暗指全球化伤害了各个发达经济体里的男女劳工。《纽约时报》指出，"美国人民正在丧失对全球化的信心"，《金融时报》也登出几篇主张对抗全球资金流动的文章。2006 年一份针对美联社（Associated Press）的报道所做的研究，全面性地提到前述的改变。该研究指出，以所有相关文章看来，把全球化趋势和更高度成长联结在一起的，占比从 20 世纪 80 年代的 40% 到 50% 一路下降，到了 2003 年、2004 年之前已经降到仅稍高于 15%。在同一期间，将全球化和贫穷连在一起的文章，则从 12% 增至 22%，把全球化和环境恶化相连的文章也从 7% 增至 18%。

毫不意外的,媒体的注意力也和公众态度息息相关。到了 2008 年,一份皮尤研究调查指出,美国人在过去 4 年间对于自由贸易的支持度差不多下跌 20%,欧洲也出现类似的下滑,但幅度没这么大。

痛苦超乎预期,制造业最惨

无疑的,潮流带动了态度的转变。每个人都乐于提出新观点,知识分子可能是最热衷此道的。而以陆续出现的现实情况而言,风向转变也确实有其基础。虽然开放市场的趋势一如预期,在前几年让很多人获益,而且未来也将如此,但全球化也引发了超越多数人预期的痛苦,未来这样的痛苦只会变得更强烈。引发众人不乐见的痛苦很具体,让世人普遍觉得现实背离了 20 世纪 80 年代末期、90 年代初期时的伟大希望。

更糟糕的事情不断出现。在世纪之交,基地组织(Al Qaeda)以及其他恐怖分子团体粉碎了苏联威胁消除后的安全感。对多数人而言,这些再真实也不过了。中国军事的发展也让美日等国惶惶不安。开放民主的成长茁壮,也不像福山预期的那么欣欣向荣。最重要的是,贸易和金融资本自由流动的利益分配,不像人们期望的那么和谐。抗议人士和他们的标语或许真如一位经济学家所言,不过是把"猴子乱按键盘的结果整理得还蛮像一回事",但很多观察者感受到街头示威抗议者真有其理由。如果不去看示威者标语口号中的胡搞成分,大家就会同意,就算很少有人能说尽其中的因果关系,但全球化造成的伤害确实超乎预期。

实际上到底发生了什么事,如今已经昭然若揭。发达世界里的企业、个人或政府,不但没在发展中世界挖出数以百万计的消费者,反而要先面对大量涌入的廉价劳工。有些人估计，当新兴经济体迈向不断开展的全球化环境时，使得全球市场的劳动力多了两倍。如此大量的廉价劳动力供给所引发的竞争，很快地在旧有的发达经济体如美国、日本和西欧国家等地造成压力。发达世界的劳工本来期望在就业上能获益，现在反而受害。他们并未拥有更稳定的工作保障，反而面对更严重的不确定性，并且普遍担心起过去拥有的繁荣根基将化为乌有。发达经济体的劳工失去工作、失去产业而且贫富差距更加扩大，因此蒙受极大的痛苦。如今看来，全球化也助长了金融波动，以及让世人普遍忧虑的相对经济势力消长。当人们感受到这些负担时，就算是暗示而非明示，对全球化的热情消退也就没什么好意外的了。

新兴经济体的低薪资，是这股震撼背后的主要推动因素。中国劳工所赚的薪资，和发达经济体劳工相比不过是九牛一毛，有很长一段时间他们只赚北美、欧洲或日本劳工可赚所得的1%。虽然相对地位有改善，但中国劳工在最好的情况下赚得的薪水也只有美国同业的1/8。印度的相对薪资仅比中国高一点，虽然俄罗斯和东欧前共产主义国家的薪酬水平比较贴近发达西方世界，但平均值仍仅约为富裕国家薪资的1/3。即便考量美国、日本和西欧的劳工受到较好的教育、训练且生产力较高，但低薪资劳工涌入造成的竞争压力，对生产过程需用到大量劳动力的产业造成的竞争压力势不可当。

虽然20世纪90年代初期热情拥抱全球化的人士多数忽略了前述效应，但随着10年时光过去，这一点变得极其明显，在新世纪到来后更是有过之而无不及。从新兴经济体进口的廉价商品如洪水一般冲进美国、日本和欧洲，淘汰许多本国供应商。自1989年之后，美国的进口依赖度激增 300%，从原本总金额为 5910 亿美元、约占美国国内生产总值的 10.8%，增为 2.5 万亿美元、比重超过美国经济体的 18%。美国光是从中国的进口量，在全球化自 1989 年启动之后的 20 年间，就跳跃式地增长了 1800%，从在美国经济体中占微乎其微的 0.1%，到接近 2.5%，在极短时间内增长了 25 倍。在此同时，印度在美国的市场占有率也增长了 4 倍。①欧洲与日本的进口贸易数值没这么高，但发展脉络类似。同一时间，发达经济体销往中国与其他新兴经济体的出口显得迟滞不前，此时不安的焦虑感更是严重。

当进口产品长驱直入攻进发达经济体，工作也开始消失。进口不仅取代了本地的生产，美国、西欧以及日本的企业也开始将生产移往海外，以占尽新兴经济体低工资之优势。电信通讯的大革新，催化了将工作外包至境外（或者直接移到海外）的过程，更将国际竞争的战场从工业制品延伸到服务业；过去一般人认为服务业可免受海外竞争冲击。客户支援中心从美国小镇迁至印度、菲律宾及其他新兴经济体。美国的医院把更多 X 光片送到南非，由当地医师判读。计算机程序也找到自己的一条路，从休斯敦及帕拉奥图(Palo Alto)转到东欧与印度。金融界将某些研究转往海德拉巴与其他印度城市。很明显的是，就算比较复杂的职能一直根留国内，这股趋势仍影响了工作职位以及人们的安全感。

制造业的情况最惨。自全球化于 1989 年开展以来的这 20 多年间，虽然美国经济体创造了约 3000 万个新职位，但制造业失掉了 400 万个职位，衰退幅度达 22.8%。其他富裕的发达经济体也承受类似的拉扯。虽然欧洲

---

① 比重值的算法，是各期间以美元计的进口金额除以同一期间的国内生产总值。

和日本的完整数据不像美国那么实时,但从拿得到的最新资料来看,荷兰制造业的就业率大幅下滑将近 11%,法国为 12%,英国 23%,日本 26%,而德国为 27%。但让一般大众更伤心的,可能是明显感受到发达经济体的企业把更高比例的新职位移到海外。美国的跨国企业很有指标意义,在 20 世纪 80 年代末期,在它们聘用的全球总员工当中,本国占了 79%,到了 2000 年,这个比重降到 75%。虽然数据并不完整,但仍指向这样的变动越来越快,美国本国的就业比重如今已经降到低于 70%。

成因很复杂,却把错全推给全球化

显然这些变化的根源十分复杂,不仅是相对薪资与竞争成本的问题而已。新兴经济体成长更快速,当然促成跨国企业快速增加聘用当地员工,超过国内聘用的人数,这一切都无关乎与国内企业的竞争。这些外移的工作(包括销售、客户服务与行政部门),如果没有新经济体快速成长的销售商机,就不会存在;这些工作本来就不会出现在跨国企业的母国,因此根本没有从本国劳工身上偷走什么。很多人认为科技业是导致这些工作消失的理由,而这也和海外竞争无关。现代的机器人、计算机、操作系统和其他精密设备,经常取代了劳动力。近几十年来,相对于劳动力,企业界的计算机与其他设备成本大幅降低,这股趋势使得业界顺势加速购置这类替代劳动力的设备,①除此之外,这和全球化的影响力逐渐增强并无太大关系。

要一一解析就业问题遭受的所有效应虽然是不可能的任务,但有

---

① 企业界科技支出的年增长率,在过去 10 年从仅为 12% 增至 16.6%。

些研究已归纳出结论,认为应用科技对美国就业市场造成的伤害,最起码和廉价的海外劳动力不相上下。有些人说,在这些消失的工作当中,仅有 5% 可归咎于海外竞争。然而,多数研究仍认定,在工作消失这个问题上,海外竞争造成的冲击力应仅占 30%。但学院派的结论难以影响公众的态度,比不上言论较放肆、分析论据可疑的实用性解析。比方说,佛瑞斯特研究机构(Forrester Research)曾经提出警示,说到未来 10 年内服务业将再丧失 340 万个职位,这则消息便上了新闻版面。普林斯顿大学的经济学家艾伦·布莱德(Alan Blinder)出了名,但并不是因为他的学术研究成绩,而是他的轻率估计:他说,自 2000 年以来的全球化浪潮导致 6% 现有的会计、放射医学与计算机程式工作消失,还另外让 30% 的职位岌岌可危。媒体与小道消息每天不断放送裁员、工厂关门与劳工突然间一贫如洗的故事,记者和名嘴们把这一切都牵扯上全球化,无疑又让大众更心酸。

最让人沮丧的,莫过于总部设在本地的企业把职位移往海外。某些相关职位转给海外的廉价进口品供应商并非新鲜事,但外包和整个移往海外则完全让人觉得被背叛了。几乎所有美国人都忽然发现,信用卡出问题时,过去你会和一位操着美国南方或爱荷华口音的客服人员对谈,现在则要和住在印度的人交手,这一点对大众的态度影响深远。让这种愤恨感更火上浇油的,是新闻记者无法抗拒企业迁至海外背叛祖国的题材。

典型的内容是这则关于一位住在圣路易男子的报道,此人的遭遇正是《波士顿环球报》所说的"屋漏偏逢连夜雨"。当美国电信电报公司在 1984 年解体之后,他努力保住工作,21 年后终于还是因为"外包海外"而丢了饭碗；终究美国电信电报公司把仅剩的少数职位都外包了。这个故事串联了共通的恐惧、不安和社会普遍担心就业环境将永远改变，并发声说出这股忧虑，引起了记者的共鸣，无疑的，也让大众心有戚戚焉。身为报道主人翁的这位男士，当他说到自己对于失业没这么遗憾，更感叹的是在现代的美国，人们在企业界已经"无立锥之地"，无法再拥有"能做一辈子的工作"，确实挑起了社会大众的敏感神经。

其他感人肺腑的报道，记录许多因为进口与迁至海外造成的实质损失，尤其是技能水平低落与早已经遭到剥削的纺织业工人。有一篇报道就描述了南卡罗莱纳州罗伦斯郡（Laurens County,South Carolina），细诉每一份纺织业相关职位如何因为海外竞争而消失。这篇报道计算，光是北卡罗莱纳州一个枕头工厂皮洛（Pillowtex），就要再多裁掉 7000 人。有一篇极辛辣的文章提到，管理阶层交办给遭资遣员工的最后一项任务，居然是把他们使用的织布机拆掉，以便运送到巴基斯坦；新厂房和新职位都将全部搬到当地去。北卡罗莱纳、弗吉尼亚、佐治亚与佛罗里达各州的纺织厂都关门大吉，新闻记者显而易见地把这一切都扯上了外包以及其他海外竞争。北卡的就业稳定委员会（Employment Security Commission）毫不迟疑地宣称，海外竞争的代价就是让该州失去 4 万份工作。一家大型纺织厂柏林顿工业（Burlington Industries）在回应时也预估，在情况恢复正常之前，该州将有 80% 的纺织工厂会关闭。

同样的故事，也出现在美国其他地区的其他产业。宾州兰开斯特郡（Lancaster County, Pennsylvania）的人民公开谴责海外竞争，认为这是导致当地在 2000 年到 2004 年之间失去超过 1 万份工作的主因。包括汤森六十轴承公司（Thomson 60 Case）、西恩迪技术公司（C&D Technologies)、黑尔拖车公司(Heil Trailer)、汉诺瓦食品公司(Hanover Foods)、克尔集团(Kerr Group)、惠氏制药(Wyeth Pharmaceutical)与阿姆斯特朗世界工业(Armstrong World Industries)等七家企业关闭工厂时,用的理由都是进口的竞争和外包海外。来自宾州、俄亥俄以及北中西部各州的报道,把更近期因海外竞争而发生的损失和 30 年前出现过的挫折放在一起谈〔当时诸如伯利恒钢铁(Bethlehem Steel)等大型工业纷纷关厂〕,让大众的情绪更难受。这一连串的文章以及它们引发的心态,很能解释宾州与俄亥俄州 2008 年民主党初选时为何希拉里·克林顿 (Hillary Clinton)和奥巴马竞相开炮;这两位候选人特别对准自由贸易协定,也全面攻击自由贸易。

欧洲同样也出现大量类似的故事。公众的恐惧很强烈,足以敦促欧盟执委会挪出 5 亿欧元,专门用于培训因为"外包与全球不断变动贸易模式"而遭淘汰的劳工。出现在欧洲的压力,甚至影响到大型精品品牌。古驰(Gucci)、纪梵希(Givenchy)、菲拉格慕(Ferragamo)以及其他品牌都把制造部门外包到埃及和其他新兴经济体。这些企业的营销人员努力保护自家品牌形象,至少在法律容许的范围内消除产品上的埃及与其他非欧洲标签。但就在同时,这些品牌的生产部门主管也对媒体坦承,15 年内他们会将所有工作外包到海外。虽然精品业涉及的职位相对少,但相关报道引发了强烈的心理效应。这些品牌代表的工艺,长久以来都是各国引以为豪、营造认同的基础,也是欧洲劳工长久以来认定是他们可拿来对抗全球化竞争的王牌。

经济强权，将转移到中国、印度？

忧心全球化，不仅是考量到民生问题而已。有些人开始担心全球化将会降低本国在全球的相对地位。光是对比增长率，就够吓人的了。在过去 20 年，或者说自全球化开始发威以来，稳健的发达经济体根本难有成长。以美国为例，若用实际基础来计算，一年的增长幅度不到 2.5%，欧洲更低，日本则只有 1.3%。在此同时，中国创造出的年增长率以实际基础计算超过 10%，印度为 6%，其他新兴经济体也有类似让人叹服的增长率。虽然最近的幅度放缓，但所有新兴经济体的经济增长步调仍持续快过日本、欧洲与美国。由于发达经济体的增长速度相对缓慢，他们要花 30 年或更长的时间才能让经济规模倍增，相较之下中国需要 7 年（以其历史增长率来计算），印度为 12 年，其他新兴经济体需要的时间同样也比较短。

随之而来的感觉就是，中国、印度与其他新兴经济体很可能真的会超越美国或欧盟的经济强权。比方说，自 1989 年以来，中国经济体规模从仅有日本的 1/6、美国的 1/10 多一点，增长到超过日本和多数欧洲国家。光是中国，生产的工业制品就已将近全世界的近 1/15。国际货币基金预期，新兴经济体将持续增长到超越发达经济体，推估发达西方世界与日本的长期平均增长率仅有每年 2.2%，但中国有将近 10%，印度几乎达 8%，东亚整体约为 9%，南亚则几乎可达 8%。若不论价值或质量，前述的增长让许多人很挫败也挑起了模糊的恐惧，让人猜想当这些新兴经济体超越日本、欧洲和美国时，将会如何。

中国狂扫自然资源,印度虽然没那么严重但同样大量消耗,在其他方面也敲响了警钟。这些国家大量使用全世界的宝贵资源,它们(由全球化促成)的繁荣似乎也从另一方面威胁发达世界人民的舒适生活。10 年前,不管中国还是印度,在计算全球石油与其他大宗商品的消耗量时都没有被计入。但到了 2004 年,中国超越日本,成为全球第二大的汽油与其他工业商品消耗国,仅次于美国。自 2005 年以来,评论专家经常指出,中国与印度对石油、金属与其他矿产的需求起落,是这些大宗商品价格涨跌的理由。

这么说吧,世界各先进经济体组成了历史悠久组织(即由美国、英国、法国、德国、意大利、加拿大、日本与俄罗斯组成的八大工业国集团),中国、印度与其他新兴经济体则要争一席之地;后者已经确立了新的经济与政治地位,也让世人更注意全球势力的消长。

如果新的经济与外交势力还不足以让发达国家的人民担忧,新兴经济体还拥有很快就让人胆怯的财务势力。中国现在是美国政府公债最大的海外持有人。极大的恐惧不断地打转,围绕在万一中国拒绝再多购买美国国库证券,可能对美国经济体及其金融市场造成什么样的伤害;更别提如果中国决定抛售手中现有的部分,情况会有多惨。忧虑程度越来越高,不只在金融圈里普遍可见,连电视节目《周六夜现场秀》(*Saturday Night Live*)都做了一集滑稽短剧,来针砭这种忧心的状态。实际的问题,比媒体中描述的更复杂(电视喜剧就更不能比了),而且中国的选项也有限,能造成损害其实没那么大;①美国人民的焦虑并非根据分析实际的金融复杂

---

① 如果中国抛售持有的美国政府公债,甚至只是减缓购买的速度,都会在金融上对自己造成伤害,更别提其出口策略是要压低人民币兑美元的汇率。

面,而是人们忽然间理解中国在金融考量和全球化当中竟然这么重要(全球化显然是拉抬这个国家地位的力量)。

所谓主权财富基金中隐含财务影响力同样让人觉得不妙,只是程度稍轻。这些资产组合,以最近的计算来说,其价值约相当于 3 万亿美元,所有权人及负责其运作的是各国政府,主要都是新兴经济体。它们投资西方与日本的企业。虽然截至目前这些基金一直很低调,只买下企业的少数股权,避免用任何方法去影响公司的管理,但它们可能心怀恶意夺下主控权。阿布扎比的基金最近宣布有意成为美国各大企业的前十大法人投资人,入主如通用等公司,便拉响了警报。美国证券交易委员会(Securities and Exchange Commission)前主席克里斯多福·寇克斯(Christopher Cox)与财政部前部长赖瑞·桑莫斯(Larry Summers),双双针对这类不受欢迎的影响力提出警告。德国总理默克尔不久前也敦促欧盟自保,不要让这类基金利用其私人企业股份遂行政治(而非财务)目标。

主权财富基金虽然仅是全球金融财富 (以美元计价的资产约为 50 多万亿)的一小部分,但已有力量左右市场涨跌。有鉴于它们在过去 20 年间以 660% 的速度超速增长,其相对势力看来有增无减。若维持过去的趋势,主权财富基金在 2015 年之前将可控制超过 5 万亿美元的全球金融资产。有些分析师预估的数值为 12 万亿。根据一位见多识广的观察家说:"这类投资引发的问题规模,和这个世界过去见识过的任何其他议题都不同……不管……(政府)或市场都不完全清楚如何处置这些资产。"这种恐惧与不确定性,显然促成美国参议院在 2005 年驳回中国石油巨子中国海洋石油公司(CNOOC Ltd.)出价买下优尼科(Unocal),2006 年时也坚持英国港口管理公司要先出售其在美国的股权,才能卖给迪拜政府拥有的迪拜港口世界(Dubai Ports World),但其实这两桩交易均未涉及任何主权财富基金。

虽然所有历史与分析观点或许都可驳倒大众强烈的抗拒,但人们出于恐惧而行动时并不需要分析面或历史面的论据。有两大忧虑尤其让人们认定今日的全球化造成的负担太大,难以支持:贫富差距不断扩大,以及金融市场越来越频繁出现毁灭性的盛极而衰模式。

第 9 章

贫富差距扩大、金融大幅度动荡焦虑的两大元凶⋯

以所有和全球化有关的忧虑来说，引发焦虑的源头主要来自两大压力，那就是贫富差距不断扩大，以及金融大幅度动荡。在这两者中，一项威胁到中产阶级的美梦；发达经济体人民长久以来把中产阶级的美梦当成基础，建构他们对自己以及后代子孙的期待。另一项虽然一般大众不那么容易了解(或者说，在这方面，金融专业人士也是一样)，却全面威胁到发达经济体人民的安全感，引发人们质疑是否仍有能力替未来做规划与储蓄，甚至越来越怀疑自己能不能保住饭碗，不论累积了多少必备的技能都不敢掉以轻心。这两项威胁比任何其他因素都更重要，让人们抗拒全球化，不管这股趋势能带来哪些其他利益。

所得收入极端，中产阶级消失

贫富差距的扩大，可能会造成长期的社会损害。在过去20多年内，就算美国家庭的整体收入一般而言每年能增长3.1%，但其中的利益分配并不平均。事实上，看起来比较像任由收入分配高端的人拿走大部分的好处。总体资料显示，美国经济体里最富有10%的人，其收入增长速度是最后1/5者的5倍。更细分后的差异显示差距更大。收入分配前5%者赚得的名义收入，在这段时间内一年增长 9%，最底层 5% 的人赚得的收入，实际上是每年衰退 2.5%。贫富的差距，使得美国最富有的 25% 在总收入当中的占比不断增长，从 1973 年比最底层的 25% 多 10 倍，到近期已经超过 15 倍以上。在此同时，美国国税局指出，近期美国最富有的 1% 赚走了全国 22% 的收入，超过 2000 年创下的历史高点 20.8%，而在美国所得分配中占底层 50% 的人，仅赚得总额的 12.8%，也比同样在 2000 年创下的低点 13% 更低。

贫富差距扩大的趋势不光冲击美国。在欧洲和日本，当各地所得分配前段班的人所得不断增长之时，一般工人的实际薪资却停滞不前。在所有发达经济体里，劳工在整体收入中的占比，从 1992 年的 61.3%，滑落到最近的 58.9%。连以所得分配相对平等著名的日本，贫富之间的差距也越来越大。在过去 10 年间，虽然日本整体人口规模大致不变，但低于贫穷线以下的人数却几乎倍增，从 500 万变成 1000 万人。一向夸张爱演的联合国，拿出了一份分析论述很可疑的统计数据，却道尽了不公不义的感受。2005 年，联合国开发计划署（Development Program）报道，全球最富裕的 50 人所赚的钱，比最穷的 4.16 亿人所赚的总额更高，但开发计划署并未指出这项差距是扩大了还是缩小了。

当然，所有指标当中都有一些暧昧不明之处。由于美国的数据大量仰赖报税的资料，因此会导致所得分配两端的现实情况模糊不清。在低所得这一边，实际的收入包括来自社会安全、州医疗保险（Medicaid）、食物券等政府补助以及劳动所得税额补贴（earned income tax credit），但因为这些都无须申报，因此在计算所得差距时会忽略这一块。特别是长期下来，社会安全、州医疗保险和最重要的劳动所得税额补贴等收入对贫穷的美国人越来越重要,忽略这些项目严重低估了他们的所得增长。

在所得分配的高端,忽略这些项目则没这么严重,因为这些人要不是根本很少收到这类福利,或者,就算有拿到,他们也要多纳税,国税局在计算税额时就会纳入这些所得,更加高估所得的差距。企业收入的变更,很可能导致国税局的数据更严重误导。过去 20 多年来美国的个人边际税率下降,使得许多企业主把企业所得纳入个人所得税申报范围,当所得重新分类时,就会出现个人所得快速增长的现象。

就算认同统计数值确实表达了账面价值,但由于美国经济体素有流动性高的特性,也让人质疑薪资差距是否确实扩大,至少是否如统计数字所显示的这么严重。除了相对少数长期属于下层阶级的人之外,多数美国劳工很少长期停留在特定的所得范围。典型的范例是年轻人,许多拥有前途光明事业的年轻人都出身于所得相对低的阶层,之后才飞黄腾达,穿越所得分配的级距,有时候速度还很快。许多 10 年前属于所得分配较低这一端的人,如今早已跳脱了。所得分配两端的贫富差距不断扩大,反映的是起薪与日后薪资之间不断的变动关系, 大致上相当于不同阶级劳工之间的长期薪资差异不断扩大。

为了克服前述的统计面困难, 美国财政部的统计学家和经济学家进行一项大型研究, 长期实际追踪特定家庭的所得。本研究描绘出来的情况,事实上非常不同于较普遍的加总型统计资料。在 1996 年到 2006 年期间,财政部的研究人员发现,一开始位在收入分配底层 1/4 的人,在之后几年的平均收入增长较快,超过刚开始时处于较高所得分配群组的人。他们计算,在最底层 1/4 的这一个群体,收入每年增长 6.7%,一开始位在最顶端 1/4 的人,所得增长速度最慢,每年仅增长 1.5%。

第 9 章
焦虑的两大元凶：贫富差距扩大、金融大幅度动荡

收入差距扩大的责任也不能叫全球化概括承受。技术在此显然扮演重要角色，就像在工作就业问题上一样。计算机、软件、行政管理上的进步以及更精良的设备通常都会取代人工，当人们将这些工具应用在生产流程中时，就会缩减人力需求；身处所得分配低端处、从事重复性较高工作的劳工，特别容易受到自动化的影响。在此同时，由于制程中使用精密机械、电子设备以及系统，更需要教育程度较高、受过更佳训练的员工，而这类劳工通常已经身处于所得分配的高端了。在未计入全球化压力之前，上述技术进步最终的效果已经导致本来薪资就很低的群组所得成长停滞不前，让工资较高的群组所得更高。此外，由于用上了科技，也让本来薪资就高的高级主管扩大自身技能应用的范畴，投入更广泛、更有效率的业务（这是过去做不到的），因此也顺势拉高薪资分配最高端者的收入。

电信通信的进步，很能说明这种效应。从最早的电话，之后的广播、电视，再到最近的网际网络，各种形式的实时或几乎实时通讯，让经理人更轻松就能从单一地点驾驭管理更多员工与资源；身处权力高位负责运筹帷幄的人，可以用过去难以想象的方式扩大自己的影响力，并眼见自己的收入跟着节节上涨。这种效应就好比体育明星和娱乐圈名人现在可以接触到千百万的群众，而过去他们只能在单一舞台上让众人如痴如狂。同时，工厂作业现场与后台办公室的劳工，无缘享受这些益处。科技让世界更不需要低阶劳工所提供的服务，他们的收入也因此受影响。

尽管要考虑技术进步的冲击，还要顾及统计分析上的暧昧不明，但无疑的，全球化的确自有其独立存在的影响力，随着这股力量越来越大，未来造成的效应也将更强烈。就像科技一样，全球的紧密联结，让各行各业更宽、更广，企业主管（经理人、设计师、规划师、广告人与营销总监）指导全

球更多生产机构、产品与市场,带领更多员工创造更高的产出,这群人也因此赚得更高的收入。而且海外新兴经济体的劳工薪资成本低于美国劳工,美国的企业主管认定公司降低成本、提升获利都是自己的功劳。他们的收入本来就是所得分配中较高的那一端,因此又更上一层楼,而且不成比例。

全球化也通过其他影响层面,使得所得分配低端者的相对薪资停滞不前。有经验的劳工,尤其是因为外包或进口竞争而遭淘汰的劳工,在另谋出路时平均薪酬会下滑15%到40%。小道消息传出的说法更惊人。有一个典型的故事,是一名原本在钢铁厂负责处理材料的工人丢掉工作,过去他的薪资是每小时16.75美元,在历经几次失业之后他妥协了,接受一份大型零售商的职务,薪资仅有每小时9.35美元;或者,另外一个故事的主人公是一名作业员,他之前在工厂里的时薪是一小时17.17美元,但后来改任职于一家拍卖机构,雇主仅付给他一个小时9.5美元。这些情节与日常新闻里不断放送的脉络类似、多不胜数的故事,或许无法成为学术界眼中的证据,但确实说明了全球化如何压制收入低端者的薪资,以及公众对全球化效应的感受。而且有些人后来完全无法再觅得新职。如果做统计数字时也纳入了永久失业的一群(不见得所有统计研究都会纳入他们),会再拉低(或一直拉低)薪资低端者的平均收入。

光是威胁要外包与迁至海外,就足以压低薪资。以工会势力强大的德国来说,企业光是传出有可能移到波兰,就让劳工在薪资上让了步。但是,需要明白施压的时候很少。工人们及代表他们的工会全都很清楚,中国、印度以及世界上其他新兴经济体的劳工薪资比他们低。无须精准的统计数据,他们也能算出激进要求薪资只会刺激管理阶层考虑移往海外,因此也就降低了薪资标准。这些效果无法衡量，但即便没有精准的统计分析作后盾，当中的逻辑也成立。

全球化同样扩大新兴经济体的收入差距。由于科技与精密生产技术不断涌入，具备出色技能的少数人得以拥有过去并不存在的就业机会，与其他仍从事无法受惠于全球化的传统活动（如自给自足农业）的人形成强烈对比；后面这些人的薪资可想而知水平极低。我们可以轻易地把薪资差距扩大的责任归咎于科技，因为科技是更优越的设备与技术，最终会促成薪资高端的这一群人又赚得更高的收入。但如果不是全球化，这些新的技术也不会出现在这些国家。

学术界与政府部门的研究人员，试着厘清证据中不明确之处，特别去衡量全球化对于相对薪资造成的效果。这些研究并未达成共识，毫不让人意外。但通过他们使用的各种方式，所有探讨这些现象的严谨研究都确认了一件事，那就是拿开科技与统计模糊地带等效应之后，全球化确实造成独立的薪资冲击。声誉卓著且以无党派色彩闻名的美国国家经济研究局（National Bureau of Economic Research, NBER）发现，在调整过所有统计上的缺失之后，光是全球化这项因素，就可以解释美国所得高端与低端间所得差异扩大当中的 31% 到 51%。本项研究指出，在其他发达经济体与新兴经济体，衡量出来的所得差距虽小于美国，但也找到理由和证据支持确实有类似的冲击。

理所当然，公众感觉到全球化牵动贫富所得差距逐渐扩大，而且把这当成一项主要的弊病。约有 78% 的美国人与比例差不多的德国人，担心所得差异扩大并且将之归罪于全球化。64% 的日本人、87% 的西班牙人以及80% 的亚洲人也都作如是观。国际货币基金回应了人们强烈的反对情绪，完全以贫富所得差距扩大来解释所有反全球化的焦虑。

庞大的国际资金流量,像一颗未爆弹

比较少和全球化扯上关系,但说到底可能比贫富差距扩大更让人忧心的,是金融市场的波动越来越严重。我们很容易就能了解,和全球化有关的国际资金流动如何大量膨胀,到足以超越本国的金融体系或监管力量。光是全球贸易一项,一年就带动超过 20 万亿美元的资金在全球各地不均地流动,而跨境投资也引发了至少同样规模的资金流动。①这股资金狂潮,一年将近 50 万亿美元,足以扰动人心。这个规模超过美国经济体的 3 倍,等于一整年的美国公债交易量;美国公债是全世界最大、最活跃的金融市场。如此庞大的资金流在全球各市场流窜,不仅代表一股强大且潜在会造成扰动的因素,而且在资金流动当中还有一条明显的因果关系链,起点是中国(以及其他新兴经济体)的货币政策,直接连上全球金融市场的动荡;金融市场极端的盛极而衰模式,严重威胁经济体与社会的整体安全。

这个问题,大部分都出在中国和其他新兴经济体急着推动自家的出口,压低本国货币的汇价(主要是兑美元)。透过操作货币,这些经济体可以确保本国产品在全球市场具有价格吸引力。但由于它们的出口很成功,

---

① 全球投资资金流动的数据不如贸易资料齐备,但美国的数据是很好的估计值。流进与流出美国的投资资金约为 4 万亿美元,约等于该国的贸易资金流动。把同样的相对规模套上全球贸易资金流,暗示全球投资金流约为 20 万亿美元,再加上贸易金流,一年约为 40 万亿美元。由于美国在投资资金上比较偏重本国,因此这个全球数字可能低估了现实状况。

引来很多外国买家换汇购买该国货币以购买出口产品，这些国家的货币自然而然出现不断上涨的压力。也因此，各国政府想要压低汇价，就变成一项艰巨任务，需要各自的央行持续在全球外汇市场出售自家货币并买入他国货币（多半买的是美元）。当中涉及的金额十分庞大。它们的买进与卖出必须抵销庞大的出口顺差与海外涌入的投资金流。以中国来说，货币交易必须平衡中国经济体每年将近 4000 亿美元的贸易顺差（光是对美国，就超过 2500 亿美元），再加上来自美国、日本与西欧等国规模虽有变动但同样庞大的投资金流。

即便是场硬仗，但中国极力严守低汇价货币政策。在 1994 年到 2005 年间，中国有效地对抗金融需求，不让人民币升值，汇价守住 8.3 人民币兑 1 美元，月复一月稳守防线。就算中国以后在美国与欧盟强大的外交压力下妥协，放手人民币升值，但仍持续密切控制。中国人民银行允许人民币走升，但持续买回以遏止涨势。以月变动幅度来说，人民币的波幅仅有 1.5%，与其他月变动波幅达 5% 到 10% 的更典型市场导向货币相比，水平极低。[1] 中国人民银行通过大量的外汇交易，在 2005 年到 2009 年，这 4 年间设法让人民币的波幅控制在低于 20%，以正常的货币变动标准来说，根本不值一提。

但这类政策造成的错综复杂与扭曲，却不止于外汇市场。由于中国和新兴经济体无法在不危及自家汇价之下出售买来的他国货币，因此必须持有购入的大量美元。累积的数量已达天文数字。中国的外汇存底在过去 10 年以每年 31% 的速度爆发成长，目前总数已达惊人的 3 万亿多美元。印

---

① 作者计算过去 5 年来人民币兑美元的变动幅度，与欧元兑美元、英镑兑美元、卢布兑美元、日元兑美元及实际美元汇率来做比较。

度没有这么积极施行这类货币政策，但采取的行动也足以让官方的美元储备膨胀到 5000 亿元。这种货币操作模式，同样也让其他新兴经济体持有类似不断增长的外汇准备金。

虽然一般来说拥有庞大的资金都会是好事，以新兴经济体来说更是，但持有这些资金会引发问题。新兴经济体与金融市场的资金若有任何大量资金回流，都可能引发通胀压力或导致资产价格扭曲，使得政府难以将资金用在国内的开发建设上。这些资金对它们的货币政策来说更危险；如果它们动用，很可能让资金流回外汇市场，拉高自家货币币值，使得压低汇价的任务更加棘手。那么，中国与其他各国政府就必须把外汇和本国的市场隔绝开来。储备金额越庞大，就必须维持更强大的控制力度，以规范金融机构的行为以及任何流进流出市场与国家的资金。

这样一来，这些国家的国内市场便动弹不得，于是这些身处在因果关系链另一端的各国政府，只好将持有的美元储备以及其他货币准备金转回美国及其他发达市场。它们多半投资美国公债，但同时也购下欧洲与日本的主权债。这些资金，便是美联储主席本·伯南克（Ben Bernanke）所说的新兴经济体"超额储蓄"（excess savings）。这些资金不能不处理，这也说明了为何中国与其他新兴经济体政府持续购入越来越多的美国政府公债，几乎已经到了无视于其他条件的地步，购债数量非常惊人。美国财政部计算，一般来说，亚洲各国政府已经持有超过 3.5 万亿美元的美国政府公债，再加上 1.6 万亿美元的美国政府机构债，比方说由联邦国民房贷协会〔Federal National Mortgage Association，简称房利美（Fannie Mae）〕发行的债券。大量的买入，致使海外持股比例占美国未清偿公债余额的 30% 以上，相较于过去任何时期，都是前所未见的高比例；但或许 200 年前除外，因为当时美国本身就是一个新兴经济体。

如此大笔的流动资金涌进美国与其他发达经济体，一定会导致动荡。这些资金带动的资金流动，确实远远超过各发达经济体的实际需求。光是前述的环境条件就已经引起了诸多隐忧，可能造成的损害更是以倍数计，这是因为现代金融市场具有动态特质，带领这股危险的流动资金海啸窜入全球金融体系的每一个角落，加重了效果，而且通过现代金融技术的火上浇油，规模也随之扩大。在现在每个人耳熟能详的盛极而衰金融体系运作模式中，最直接的导火线便是因果关系链中这最后的一个环节。

发达金融市场素有变幻莫测的特性，规模已然庞大的中国以及其他新兴经济体投资，更助长了市场投机。在这种操作模式下，全球金融市场可取得的流动资金倍增。资金涌入，自然会拉高资产价格。最后，高涨的资产价格还引来更高的购买力，又强化了推高资产价格的影响力，一直到整个条件再也守不住了为止。之后，会出现一些不是挺重大的事件引起世人的注意，去检视资产价格是如何严重偏离经济现实，最后整个体系才会崩盘。虽然盛极而衰的倾向本来就是金融市场固有的特性，但新兴市场流动资金的规模与独立性使得问题更为严重、规模更大、风险更高，超过全球各金融市场长期以来能应对的程度。

虽然盛极而衰的模式起于新兴经济体的货币政策，但追究起这种引发大祸的循环，却有更多人应该负责。其一，美联储及发达经济体的各国央行显然也有责任，因为它们无法善用自己的力量来平衡海外资金流引发的效果；用中央银行业内人士的说法，就是"冲销"（sterilize）。举例来说，它们可以从自家金融市场的其他地方抽走金额等于海外资金流的资金，以抵销其效果,不要让资金规模越来越庞大。

民间金融市场业者也难辞其咎,因为他们放任超额资金淹没了自己过去具备的敏锐度,甚至长期的规划。监理机构和法规显然效率低落,因为它们无法跟上快速变动的现实,而且事后回顾起来,它们有时候根本连试都没试。但把谁该负责这个问题放在一边,模式很清楚,而且明显和全球化有牵连,更完整解释了金融波动为何不断循环;这是过去 20 多年来,或者说自全球化蓄势待发之后发展出来的模式。

紧盯美元,是经济毁灭的祸端?

在循环之初,亦即一般人称之为"亚洲金融风暴"(Asian Contagion)的 1997 年大崩盘,这些基本元素明显扮演了重要角色。在 20 世纪 90 年代初期,当时被称为亚洲"小龙"的国家和地区,表现最出色的如马来西亚、韩国、中国台湾、新加坡、中国香港、泰国与印尼,在经济上和金融上都比中国大陆引来更多关注。如之前所述,这些经济体最初的起飞,是以它们正在变动中的人口结构为根基,人多势众成为基本的经济支撑力量。但每一条小龙都明白(就像后来的中国一样),要在这样的基本潜能之上持续发展,出口是一条可加速成长的强大途径。这些国家通过现在大家都很了解的模式,设法压低各自货币兑美元的汇价,确保自家产品在全球市场上能订出具有吸引力的价格。从 1991 年到 1997 年,以泰国来说,一直都让泰铢兑美元在 5% 到 6% 的狭幅区间波动。印尼也用类似方式管理印尼盾,马来西亚管林吉特、韩国管韩元与中国台湾管新台币的方式亦同。新加坡币和港币波动幅度较大,但仍亦步亦趋跟着美元。这样的策略很有效。亚洲各小龙出口迅速增长，[①]对美国与世界其他国家间享有大幅贸易顺差。[②]

就像中国大陆近期的做法一样，这些经济体也防止自家货币兑美元升值，在外汇市场购买美元，累积了大量外汇。以中国台湾的储备为例，从1991年到1995年之间跃升幅度几乎达40%，泰国则增加将近120%。而且，和中国大陆最近的处境也类似的是，它们也无法在不让货币大幅升值的前提下出售赚来的美元。因此，为保护自家经济体不会因为累积外汇而受到负面冲击，它们谨慎控制国内金融市场的资金流动，并把官方储备金投资到美国公债上。

在1991年到1998年之间，海外购买美国证券的金额，年增长率达惊人的26.7%，如果只看这些亚洲小龙的话，增长速度更快。由于美联储无处抵销这些流入资金，美国各金融市场里的流动资金大幅超越基本面需求。比方说，在1991年到1995年间，美国的国内生产总值年增长率为5.6%[③]，而这大概也是美国经济对财务资源的基本需求，但该国的货币基

---

① 从1991年到1997年，韩国平均实际年增长率为7.1%，远高于美国的年增长率3.5%。印尼的经济也以每年7.1%的实际增长率成长。中国台湾年增长率为6.3%，泰国为6.5%，马来西亚为8.5%，新加坡为8.6%。所有数据均来自国际货币基金网站库(www.imf.org)。

② 以韩国为例，1991年时其国际收支账呈现逆差，约为国内生产总值的3%，在1998年之前已经转为拥有相当于国内生产总值11.7%的顺差。在这段时间，印尼的国际收支账从约为国内生产总值3.3%的逆差，转为占4.3%的顺差。新加坡的国际收支顺差在这段时间每年增长20%。中国台湾的国际收支余额在1991年到1996年间增长了将近40%，但在1997年到1998年间因为金融风暴而恶化。泰国的经常账在1991年时为赤字1930亿泰铢，到了1998年则有5920亿泰铢的结余。马来西亚的经常账在1991年时为赤字116亿马币，在1998年之前已经转为347亿马币的结余。

③ 这是以国民生产总值来衡量的名义(或说货币)经济体规模。

数①一年却增长 7%，整体的借入资金增长幅度更高达每年 11.4%。②

随着过多的流动资金推高美国政府公债与一般金融资产的价格，③挟着庞大可投资资金的投资人，不断另觅良机。他们在这些流动资金的来处找到了：就是那些快速增长、出口导向的亚洲小龙经济体本身。美国投资人开始大量借钱给亚洲各小龙的私人企业、当地政府以及发展机构，有效地把各个国家和地区的央行通过外汇操作流到海外的储备金移转回去。在 1990 年到 1996 年间，美国借给亚洲各小龙的资金一年高达 420 亿美元，比之前 1985 年到 1989 年一年 70 亿的平均值高了 500%。一开始这些贷款和投资刚好满足了亚洲各个国家和地区实际的发展需求，但来自太平洋彼岸的超额流动资金不断推动它们的资产价格与经济活动，到最后连这些快速发展经济体都无法维持下去。

当事实终于明朗，体系也就随之崩溃。一般的说法，认为亚洲金融风暴的起始日期是 1997 年 7 月 2 日，信用在控制资金的美国人眼中早就已荡然无存的泰国，到了那一天再也无力维持泰铢的汇价。但这个事件不算是起因，而是早该发作的系统崩溃所产生的症状。事实上，亚洲金融风暴的种子早在泰铢崩盘前的三年半就埋下了：在 1994 年初，中国决定和亚洲

---

① monetary base，这是用来衡量流动资金的关键指标。

② 在本例中，基础货币定义为货币基数：银行准备金加流通在外的货币，由联邦准备理事会负责追踪。严谨的学术研究或许会争论，说应由经济体的名义增长率决定流动性的增长幅度，但这里的差距太大，讨论的重点都会放在流动资金的超额增长率到底有多高，而非流动资金是否超过实际需求。

③ 在 1991 年到 1998 年之间，美国所有资产类别的价格都上扬，也因此所有利率都下跌。长期国库证券的价格涨幅大，足以把殖利率压低 2.6%，其下跌幅度比公司债的殖利率跌幅更高，后者为 2.2%。

各小龙竞争获利丰厚的出口市场，让其人民币兑美元的汇价忽然间暴跌超过 50%，之后就严格地锁定在这个低价位。由于亚洲各国和地区把自家的货币汇价和美元绑在一起，因此，人民币大幅下滑破坏了它们快速成长的基础，也降低了美国人借款给亚洲各小龙的动机。

这些因素的效果需要时间才会发酵。当时中国在全球经济舞台上是新手，美国的买方很少经营当地。而且，虽然价格出现重大差距，但要从早已熟悉的亚洲各小龙供应商抽单转到中国，只能以渐进的方式转变。同一时间，通过美国市场流出的流动资金规模仍大，光回流到亚洲各小龙的金额，就足以让这些经济体繁荣昌盛。但中国绝大的定价优势使其最后仍然胜出。在 1994 年到 1997 年间，中国出口到美国的金额，在整体出口增长率中占有具优势的比重，一年增长率高达 17%，比任何其他亚洲国家的出口增长都快。①美国的银行家与投资经理人不断评估这些变化，开始反思他们在亚洲各小龙的贷款与投资。

由于各小龙的出口输给中国，再加上放款资金的流向改变，全球对这些国家或地区的货币需求开始慢下来了。这些政府发现，如今陷在一个很奇特的局面。在多年抵抗货币汇价的升值压力之后，忽然间它们转为必须应对强大的贬值压力。市场力量有效地强迫亚洲各小龙国家和地区的币值往下压，到足以和中国廉价人民币相抗衡的地步。虽然这些国家的出口商乐见贬值，可借此重新取得价格竞争优势，但借款人想的却是要对抗贬值。他们急迫地希望保住持有的资产在国际市场上的价值，这样他们才能

① 长期下来，中国香港对美国的出口年增长率仅 2%；马来西亚为 8.8%；泰国为 6.9%；韩国为 5.7%；新加坡则为 9.3%。最接近中国的是印尼，其对美出口以每年增长 12% 的速度扩张，但仍远比中国缓慢。

履行海外的债务。亚洲各小龙的有关当局修正了原本的立场,开始奋力拉抬货币汇价,但市场压力太强了。当泰国弃械投降、在1997年中放手让泰铢贬值时,引发了恐慌。债权人担心亚洲各国的借款人无法履行债务。美国及其他发达世界完全停止贷款,而且只要可以的话,放款人都赶紧在雨天收伞。亚洲各小龙的币值因此继续下探。

急需资金,再加上中国的削价竞争,拉着这些经济体陷入快速的衰退。泰国的国内生产总值1998年时衰退10%,韩国衰退7%;在风暴起源地、危机因此得名的亚洲,原本是过去最受投资人青睐之地,经济衰退却横扫全区。这股痛苦最后扳倒了韩国、中国台湾,还有最受瞩目的印尼。泰国换上了新政府和新宪法。马来西亚和菲律宾在总统任期未满之前就换人。过去几年光明的前景,一夕化为乌有。这些问题,一直到1999年底才稳定下来。之后亚洲各小龙的货币兑美元汇价定在较低的价格水平,抑制了中国一部分的价格竞争优势。亚洲各小龙的出口开始复苏,经济也是,但速度很缓慢。

亚洲各小龙的决策者学到了教训。为防止这种灾难重演,他们放弃了之前努力固定兑美元汇率的做法,多少让货币在外汇市场自由浮动。① 由于当时中国主导了出口市场的资金流,浮动机制使得亚洲各小龙的汇率逼近人民币;每一次有任何一国的货币对人民币升值时,该国就会失去出口市场的占有率,之后该国产品的需求低迷,结果就是货币自然回到

---

① 从1990年到1998年,泰铢兑美元的汇价波动幅度为2%,但在1998年之后的8年,波幅扩大到几乎达到30%。至于其他国家的货币,新台币的对应波幅分别是12%与20%,韩元是30%与80%,印尼盾是10%与80%。新加坡币在这段时间都是浮动的,而危机之后的控制机制,使得林吉特在1999年到2005年之间汇率多多少少算是固定的。

和人民币相当的水准。就像日本《读卖新闻》所说："这些国家得出结论，货币盯住美元的体系，在危机期间反而讽刺地成为伤害汇率稳定度的重要因素。"

随着重新调整逐渐就绪，现在改由中国领军的亚洲地区出口机器飞快成长，资金流亦同。在 1997 年到 2000 年间，美国对中国的贸易逆差几乎倍增，从 497 亿美元成长到 838 亿。在亚洲各小龙经历过货币调整期之后，出口又回到快速成长的步调，美国的贸易赤字也再度扩大。①

跟着中国的脚步，亚洲各小龙和过去一样，当它们用出口产品换钱的同时，也买进美元。中国和亚洲各国将累积的资金透过官方储备转回发达金融市场，主要是美国。海外持有（多数在亚洲）的美国政府公债与机构债部位，在 20 世纪 90 年代末期不间断地增加，平均年增长率达 11%。

一如以往，美联储不动如山，并未出手抵销这些资金留在美国造成的影响。虽然早在 1996 年时任美联储主席的艾伦·格林斯潘（Alan Greenspan）就表达忧心，担忧超额资金造成的冲击，提到这些资金有力量引发他所谓的"不理性的繁荣"（irrational exuberance），但他袖手旁观。因此，同样的，美国各市场里的资金和放款金额增长甚快，超过经济的基本需求。从 1997 年到 2000 年间，美国的基本货币衡量指标年增长率达 7%，比美国经济体名义增长率 5.5% 要高，可想而知，也高于美国经济对

---

① 美国对中国台湾的贸易赤字扩大超过 7%，从 1998 年的 150 亿美元变成 2000 年的 161 亿美元；对韩国扩大幅度超过 66%，从 75 亿增为 125 亿；对泰国扩大幅度超过 20%，从 82 亿增为 98 亿；对马来西亚扩大幅度为 46%，从 100 亿增为 146 亿；对印尼扩大幅度几乎达 43%，从 70 亿增为 100 亿。

流动资金的基本需求。美国市场的整体借贷速度也快速扩张，一年达11.3%。①

一如过去，基本的模式大致上又出现了。从亚洲流入的官方储备资金拉高了美国政府公债的价格，促使寻求更高报酬率的私人投资人转向风险更高的资产。但经过亚洲崩盘的磨炼，这一次投资人改变焦点，把亚洲流出的超额资金放在让人血脉贲张的计算机科技业与网际网络应用上，这些都是当时正要闯入经济发展大舞台的产业。当市场从事杠杆操作，将本来规模就很庞大的超额资金再放大倍数，被炒作的资产价格不成比例地飙涨，就像过去亚洲各小龙国家和地区的资产价格飙涨一般。科技股和网络股股价飞涨，超过其他资产价值，以至于基准指标标准普尔五百指数(Standard & Poor's 500, S&P 500)中的科技类股占比大增，从1997年在整个指数中占12.3%，到了2000年已经接近30%。

科技业是能让人心怀梦想且兴奋不已的产业，但也无法撑起将近美国市场1/3的市值。不管是和美国整体经济或仅限于整体产业活动相比，科技业的占比远远低于30%。虽然不是从流动资金或其亚洲货币政策的源头来剖析，但当时已经有人警告美国科技业过热的问题。根据《华尔街日报》在1990年时的报道，有一位"市场老将"很担心，"几百笔几千笔要买入科技类股的单"会导致"张力出现在每一套系统当中"，并警告说"开始走下坡时，情况总是更极端"。问题当然比交易张力更深层，而且，回头去看，现在很有理由去怀疑《华尔街日报》这篇文章里知识渊博的市场老将伯纳德·

---

① 衡量经济体可用资金的指标为货币基数：银行准备金加流通在外的货币。衡量整体经济状况的指标为名义国内生产总值。

麦道夫（Bernard L. Madoff），是否当时早另有其扭曲的盘算。同样值得一提的是，就连他也能以他狭隘的方式看出市场的扭曲。

终结的力量并未出现在一直坚守政策的中国，而是意外出现在美联储。虽然美联储无法抵消亚洲资金流的冲击，而且除了担心网络热之外什么也没做，但到了 1999 年末期，美联储开始出于顾虑通胀而展开行动；通货膨胀在当时已经开始温和上涨。[①]决策者在纯粹的经济背景之下提出应对之道，采取了对他们来说必要的行动，例如温和的货币紧缩。他们慢慢地拉高短期利率以减缓流动资金的增长，从 1999 年初的 4.5%，到 2000 年初时已经升到 6% 了（但以当时来说仍偏低）。完全经济性的环境条件并不存在；反之，金融问题已经开始发酵了，就像一个正在冉冉上升的热气球，需要更多的热气才能飘在空中。即便是轻微地减缓资金流动，市场都无法承受，美联储看似温和的行动，让之前的繁荣很快逆转。货币的衡量指标，在 1998 年到 1999 年间增长 11.2%，2000 年时直线滑落。资产价格也跟着崩盘。标准普尔五百指数由科技股与网络股宠儿引领跌势，在 2000 年春天到 2001 年 9 月间大跌约 40%。

虽然金融领域受到了打击，包括 2001 年 9 月 11 日恐怖攻击的雪上加霜，亚洲货币政策与美国流动资金之间的持续交互作用很快地再度出现，而下一轮棘手的金融市场周期几乎也随之拉开序幕。尤其是中国，仍持续通过压低人民币兑美元的汇价以推展出口，而其他新兴经济体也毫不手软。北京政府严守人民币盯住美元的汇价，维持在 1994 年时订下的价格。在 2002 年到 2006 年，中国对美国的贸易顺差增加两倍以上，从原本的一

---

① 1999 年，美国的消费者物价年增长率为 2.7%，相较之下，1998 年仅有 1.6%。

年 1031 亿美元增为 2341 亿美元。随着中国人民银行与亚洲其他央行仍不断买入美元，这些经济体持续快速累积外汇存底。光是中国的储备，在 2000 年到 2006 年之间就增加了约 7800 亿美元。而且一如从前，这些资金回流进入美国市场，同样的，美联储亦无能力稳定资金在全美各金融市场里造成的各种效应。热钱流入的速度同样高于美国经济体的基本需求。从技术层面来看，虽然这段时间内基本货币成长仍相对温和，实际上的扩张步伐比美国经济体（其名义增长率接近 6%）还稍慢，但从总借款量以年平均 26.5% 的幅度成长来看，流动资金超额的现象极其明显。

把现金流当贷款，次级房贷风暴一触即发

美国投资人再次善用滚滚资金，从事风险性更高的投资以求得更高的报酬。这一次他们牢记痛苦教训，跳过之前的亚洲市场和科技业，将焦点转向住宅市场。放款给次级房贷是很理想的诱饵。放款人可以收取溢价，在此同时又可宣称实体房地产较安全（但后来证明这是错的），远优于网际网络应用或遥远亚洲梦构筑成的虚无缥缈且显然风险极高的世界。①

虽然主张房地产安全的说法与期待到头来都落空，但当时看起来却言之成理。这段时间的投机远比过去更热烈，因为资金量又更大，而且美国政府的立场不像在面对人们热衷于亚洲或网际网络时多少保持中立，此时美国政府实际上很鼓励放款人和借款人进入住宅市场。

的确不能把所有的错都怪在美国政府头上，但其影响力显然有助于扩大亚洲资金早已经非常可观的力道。当然，美国政府一直以来都很鼓励

---

① 关于房地产相对安全，比起投资科技股的不确定性更受人青睐的这类意见。

人们拥有自用住宅，房贷的利息费用与售屋的资本利得都可扣抵所得。而且，早在这次房市大好之前，相关当局就已经大力鼓动。自 20 世纪 70 年代开始，美国政府就开始介入，支持次级贷款，对放款机构施加更大的压力，促使低收入的美国人也能借到房贷。在国会于 1977 年通过社区再投资法案（Community Reinvestment Act）之后，监理单位实际上开始驳回银行业开拓业务的权利，除非它们也在低收入地区从事放款。到了 20 世纪 80 年代初期，两家由联邦政府支持的房贷金融机构联邦国民房贷协会（更为人所知的名称为房利美）以及联邦住宅贷款公司〔Federal Home Loan Mortgage Corporation，更为人所知的名称是房地美（Freddie Mac）〕，正式把手中大量的金融资源绝大部分拿来购买由贷给次级房贷屋主贷款组成的证券。1992 年通过的立法，事实上是要求房利美和房地美购买贷款时要拨出 30%，专门购买这类次级房贷。2004 年，国会进一步扩大支持范围，要让人民"买得起房子"（affordable housing）。

在流动资金与政府压力双重牵引之下，通向最终崩盘的路无情地展开了。美国的住宅价格在 2002 年到 2005 年间每年上涨 11%，远超过家庭所得成长的脚步，使得人们越来越买不起房子。[①]房贷放款机构努力维持房市的热络，把超级大量的流动现金拿来做越来越不可靠的贷款，使得两党越来越不愿支持。借款人努力找资源以追上房价增值，他们相信房价永远会涨。情况开始回过头来反噬这些人。这种局面势不可挡，就像网际网络泡沫一样，美联储推动了市场转弯，而这同样也是一次意外。

美联储就像过去一样，不管资产市场与来自海外的现金流，仅根据自

---

① 在这段时间，美国家庭收入的中位数每年增长 5%，远低于房价增长率，光是这项差异，就足以把很多买方挤出市场了。

身对基本经济情况的评估行事。为了设法让扩张的速度稍微慢下来，美联储采用在其他时候应该算是很温和的货币紧缩政策。升息速度极慢，约每六个星期加 0.25%，从 2005 年的 2.25%，到 2007 年时已达 5.25%。就像之前一样，纯然经济环境下能引发温和反应的行动，在已经膨胀的金融市场里却会造成大患；到了那时，金融市场已经极其仰赖超额流动资金了。虽然房贷资金只是金流一小部分，但原本房屋买主仰赖的宽松贷款金流没了，新屋成交量崩盘了，在 2006 年 1 月到 2007 年 12 月间下滑将近 50%。房价因此应声下跌，全美房价跌幅将近 10%，有些地方跌得更深。由于过去的放款条件很宽松，价格下跌很快就把许多房地产的价格推到低于房贷余额的水平。

2008 年前，普遍损失的景象已经引发了恐慌。房市冻结，放款也垮了。基础货币供给（即货币基数）的增长率也下滑一半，从 2002 年到 2005 年间的每年扩大 5%开始下跌，从 2005 年到 2008 年间仅为 2.3%。美国总放款量增长的步伐，从 2008 年的增长 26130 亿美元，到了 2009 年变成减少 4380 亿美元。没有信用贷款，美国经济也陷入衰退。这是 10 年内第三次、也是最严重的一次盛极而衰循环，走向狼狈不堪的结局。

这些基本上类似的金融风暴，和过去比较稳定的金融世界做法形成强烈对比。因此而出现的更严峻就业与收入模式，也和过去全球化积蓄出力量前看来比较能面对的世界很不一样。认识到这些差异，会让越来越强烈的全球化前景看来确实非常吓人。但过去的记录显示，这些忧虑或许都言过其实了。过去 60 年的历史，显然也说明了美国在应对海外经济威胁时的某些重大成就，而当时的名嘴评论家敲出的警钟，也和我们今日常听到的类似。

第 **10** 章

向历史借镜，找出应对方法

不管如今的忧虑听起来多有道理，无可否认的是，美国过去曾有效地应对过一连串类似的海外挑战。美国一向能在经济与商业方面进行必要的调适，而且尽管有种种压力，美国也能设法普遍拉高人民的生活质量。更有说服力的是，美国的成就不是一帆风顺，在过程中各个阶段也要面对不断出现的质疑声浪，这些说法都和今日听到的警告很相似。可以确定的是，这段历史无法回答现代的每一个问题。越来越明确的全球化前景，高龄化造成的效应，贫富之间让人忧心的收入差距，以及看似无法控制的盛极而衰金融市场运作模式，都透露着古今有别。即便美国没有太多自满的空间，但过去表现不俗的成绩单也能提供重要见解，以剖析现代的焦虑，而且或许也能成为未来走向的指引。

看全球海外竞争的脉络，多数的焦虑都没必要

自第二次世界大战以来，美国多多少少都持续地进行调整以应对海外竞争。一开始，挑战来自欧洲。虽然战争蹂躏了一切，害得欧洲大陆的生产用基础建设残破不堪，但就像今日许多新兴经济体一样，当时欧洲有大量的廉价劳工，但和现代新兴经济体不同的是，欧洲的劳工都受过高度的

训练，纪律严谨。当然，现代人很难理解为何欧洲的劳工是廉价的，但当时可是 20 世纪四五十年代之交。那时候，欧洲大陆制造业劳工的时薪仅有美国同行的 1/5，英国工人则可赚到 1/3。[①] 就算欧洲的产业基础建设残破，但低工资仍使得其生产者拥有可观的成本优势，足以对抗美国竞争，至少在某些产业如此。

成本优势几乎是立刻就发挥效果。在 1947 年之前，欧洲市场上开始由欧洲产品取代美国产品，遏止了美国产品战后在欧洲的快速攻城略地。受惠于欧洲整体性的扩张，美国出口稍后在 20 世纪四五十年代再度成长，但这一次比较辛苦，一直要到 1956 年才恢复到 1947 年时的水平。在此同时，成本优势使得欧洲产品在美国热销。1950 年之后欧洲经济强劲增长，平均年增长率为 7.4%，高于美国的整体经济增长率 4.1%。在 1957 年之前欧洲已经显现了此区将再度崛起的潜力，以今日欧盟的前身欧洲煤钢共同体（European Coal and Steel Community）为发展基础，拓展贸易方面的合作。

美国很快担心于会输给海外的竞争。即便欧洲基本上仍难追上美国的生产能力，而且美国的贸易顺差在 20 世纪 50 年代中期到 60 年代中期几乎倍增，但美国仍忧心忡忡看着欧洲的产品流入国内。素来自鸣得意的美国汽车业或许傲慢且愚蠢，把大众汽车（Volkswagon）1955 年时庆祝沃夫斯堡（Wolfsburg）工厂生产第 100 万辆汽车批得一文不值，但其他产业则以不同的态度来看待这股趋势。20 世纪 60 年代初期之前，随着第一批本田（Honda）和丰田（Toyota）汽车抵达美国，美国贸易代表麦可·布鲁门索（Michael Blumental）警告大本营在底特律的美国汽车业，说进口汽车

---

① 1950 年时，美国制造业的工人时薪为 8.1 美元，相较之下，西德为 1 美元、法国为 1.5 美元、意大利为 1.7 美元、荷兰为 1.3 美元、瑞典为 2.1 美元，而英国为 2.9 美元。

在美国的销量在往后第一个 10 年间就会成长 2318%，而且数量比美国出口到全球的汽车多 3 倍。

虽然布鲁门索瞥见了底特律最终将衰败，但当时多数的担忧其实并未应验，而且从事后来看，实在是太过夸张了。肯尼迪总统（President John F. Kennedy）回应了当时一般人的焦虑，在 1961 年的国情咨文中感叹"（美国）出口无法渗透海外市场"，但在演说后段坚称，只要能让"我们（显然不断恶化）的国际收支账达成合理的平衡"，美国终能迎接海外的"挑战"。肯尼迪总统推断他预见美国在全球的市占率将不断萎缩，工作不断消失，也谈到被"产业断层、失业提高且贫穷加剧等黑暗威胁"纠缠的未来，最能反映出当时美国社会对于失去经济强权的普遍感受。

到了 20 世纪 70 年代，前述肯尼迪总统在 10 年前第一次表露出来的焦虑，变得越来越常见。钢铁业以及工会诉请提高关税，以保护自身免和海外业者竞争。美国产业组织劳工联盟（American Federation of Labor-Congress of Industrial, AFL-CIO）主席乔治·密尼（George Meany）说，自由贸易是"一个玩笑兼一个迷思"，并要求"严格限制进口"。卡特总统（President Jimmy Carter）也抱持相同论调，提到要保护美国的钢铁业以及整体就业市场。他预先提到了很多现今对于全球化的恐惧：在没有太多解释之下，他宣称，美国的问题源自于美国"在市场面对不公平的竞争劣势"。他希望贸易是"自由的，但要公平"。

但这股焦虑绝大部分都不必要。到了 1980 年，欧洲也失去了低工资的优势。欧洲大陆过去的繁荣，再加上其重建了生产基础设施，促使薪资水平起涨，最后和美国平起平坐。20 世纪 70 年代即将结束时，西德制造业的时薪已经涨到美国的 70%以上。英国、法国和其他西欧国家的薪资甚至更接近美国。在计入运输费用之后，成本差距有效缩短。欧洲产品在美国的销量持续成长，但不会超过美国经济整体的增长。欧洲产品的攻势逐渐平抑。

但在当时，新的竞争挑战又出现了，这次是日本。即便日本已经复苏到一定的地步，但纪律严谨且受过良好训练的日本劳工收入仍微薄，在 20 世纪 80 年代时薪资仅有美国同业的一半。虽然日本的产业基础远远落后美国，但相较于欧美竞争者，低工资架构给了日本生产者大幅的成本优势。日本的出口因此增长，更深入美国与欧洲经济体。到了 20 世纪 90 年代，在美国销售的所有产品与服务当中，来自海外的进口品大致上已经增长至 11%，主要就是日本的比重大幅度提高。在 1981 年到 1991 年间，组成如今的欧盟的各会员国，贸易经常账逆差（进口对出口）增加 3 倍，同样也是因为来自日本的进口量大幅度增加之故。

日本的优势在电子业和汽车业最为明显。尤其是 20 世纪 70 年代油价高涨，加上 80 年代日本产业界能力大增，以极具吸引力的价格为全球供应节能的优质汽车，使得日本的汽车制造业到了 80 年代就胜过了美国。80 年代接近尾声时，日本生产的汽车产量比美国多了 30%。至于日本在电子业的表现，如果要说的话，只能用更让人佩服来形容。日本产品的质量大幅提高，再加上它们的成本优势，使得日本制造商狂扫全球市场的市场占有率。曾在 80 年代在全球计算机市场中占有 82% 的美国企业，眼见市场占有率在 1991 年之前跌到 38%，而日本则成长到 42%。

美国对日本的焦虑，比过去对欧洲有过之而无不及。在 20 世纪 90 年代，麻省理工学院（Massachusetts Institute of Technology）进行一项研究，题为"美国的去工业化"（The Deindustrialization of America）。这项研究无意间呼应了肯尼迪总统的"产业断层"恐惧，预见经济力量将会由美国转移到

151

日本,美国人的生活质量也将一落千丈。社论家、专栏作家以及知识分子们更是煽风点火,烦心日本的竞争将如何冲击美国的繁荣。1985 年时,普利策奖 (Pulitzer) 作家兼长期报道亚洲事务的记者白修德 (Theodore H. White),为《纽约时报》写了一篇文章,题为"来自日本的危机"(The Danger from Japan),他在文中批评日本掠夺式的"贸易伎俩"。一份著名的杂志《大西洋月刊》(*The Atlantic*)怀疑,美国是否能"压制日本"。有一位作者表达了当时的氛围,将他的书命名为《日本的权力游戏》(*The Japanese Power Game*)。另一本书《影响力的代表人》(*Agents of Influence*)更犀利,描述日本人如何操弄贸易以发挥自身的优势。这些不过仅是恐日症发作的几个代表范例而已。

毫无意外,政界与其他公众人物呼应了这些充满忧患意识的警示。德州民主党参议员罗伊德·班森(Lloyd Bentsen)担心"美国劳工会像圣经里那些被诅咒的村民一样, 做着劈柴挑水的苦工"。华尔街的金融业者费利斯·洛哈廷(Felix Rohatyn)谈到"去工业化",并担心美国会成为"充满快餐店厨师与售货小姐"的国家,用词和近期的说法极为相似:美国将成为"煎汉堡工读生"与从事没有前景"麦工"①职务的国家。这股焦虑很沉重,连参议员们都抛下了尊严,在一次著名事件中于国会山庄(Capitol)的台阶上摔碎日本的电子产品,并大喊着贸易措施"不公平"(但没有详细说明内容)。1990 年,布什总统强调美国急迫地需要提高其国际"竞争力",并实际前往东京,要求日本在汽车与电子产品的出口上自动设限。

但就像欧洲的情况一样, 日本的成就开始影响薪资结构并侵蚀成本优势。到了 1995 年,日本的劳工平均时薪成本实际上已经超越美国,差距

---

① McJob,指没有未来出路的低薪工作。

超过 30%。日本因此开始大量把生产移往美国，尤其是汽车业。自此之后，这样的迁移一直持续下去，未有中断。到 2005 年之前，丰田、日产(Nissan)和其他海外汽车制造商在美国的营运单位雇用的美国劳工，已经高于底特律各大厂之前 20 年裁掉的人数。虽然美国的对日贸易逆差持续恶化，但随着成本差距缩小，脚步也跟着慢了下来，自 1995 年以来，日本在美国市场的攻城略地每年仅扩大 1.6%，远低于 1985 年到 1995 年之间的年增长率 2.5%。当然，到了这时，中国、印度、巴西以及其他新兴经济体已经取代日本和欧洲，成为另一个焦虑的源头。

就算担心竞争力，进口反而提高生活水平

即便美国人民几十年来都忧心美国的竞争力和生活水平，美国经济体却表现得很好。无疑的，美国有很多个人、产业与地区已经失去立足点，但概括来说，美国经济上的调整一直都能支持所得增长、创造就业机会以及带动整体繁荣。以每人名义所得来说，自 1945 年以来平均每年增长 5.7%，以实际条件来看，除去通胀的扭曲效果之后，增长率也达健全的 2%。即便海外竞争轮流出现，性质也不断改变，但美国的增长脚步并未停下。20 世纪五六十年代时，整体实际所得(从总和上来衡量，而非人均所得)平均年增长率为 2.5%；在 20 世纪七八十年代水平也达相当的 2.3%，当时面对的是来自欧洲的挑战；当日本的竞争主导全局时，虽然速度自此之后减缓至每年 1.7%，但其中的差距有一大部分反映的是 2008 年到 2009 年之间的经济衰退效应，虽然很严重，但最终会过去。

还有更值得骄傲的，是美国经济体的整体应变能力，前述的所得增长涵盖范围甚广，多类劳工都雨露均沾。在最近，大部分的财富增长都落入

比较富有的人手中,贫富差距也更加扩大。①但情况并不是一向如此。从 20 世纪 60 年代末期直到 70 年代中期,美国最贫穷的 1/5 人口所得快速增长,比最富有的前 1/5 快两倍。对应下来,这群最贫穷的人所得中位数增长率也比最富有 1/5 的人更高,差距幅度从 7% 以上到了几乎达 10%。一直到后来,来到八九十年代,情况才逆转;近期的数据则显示,所得相对增长率的关系回到 60 年代中期常见的情况。但不论所得的相对分配变动有多么不规律,而且未来也将继续遵循此模式变动,美国国家整体的收入在这段时间确有成长,证据很清楚,也很一致。

某种程度上,这种广泛的实际所得增长不但无视于进口的冲击,更可以说进口根本就是增长背后的理由。不管进口害得哪种工作消失了,不管进口带给各个地区、产业和个人哪些伤害,进口都让美国广大的人民和企业得以买到平价产品。进口贸易压低了一般人的生活成本,不仅是因为进口货物的成本低,更是因为本地生产者的生产原料成本也降低了。不管从哪一种效果出发,都提高了美国人民的购买力,就算不是每一个人都受惠,但也将整体的实际生活水平拉高到一定程度。

这类生活水平的正面效益难以衡量,但比较进口物价与美国国内物价通胀,可以给我们一些想法。过去 40 年来,进口物价(不含波动性高的油价)增长幅度一般来说仅有美国国内物价的 2/3,也就是说,进口产品等比例压低了生活成本。累积下来,生活成本比没有进口时大幅下降了 15%。进口为一般美国人的生活水平带来的利益,最近几年越来越重要。自 1990 年以来,进口物价实际上每年下滑 1.3%,相较之下,美国整体消费者物价

---

① 在第 9 章中更详细检视了这种令人痛苦的发展。

平均每年上涨 2.4%。两者差异很大，与这 20 年若没有进口的情况相较之下，进口足以让生活成本增加的幅度少一半。美国皮特森国际经济学研究所（Peter G. Peterson Institute for International Economics）用不同的方法来衡量相同的效应，估计同一期间的贸易与投资自由化提高生活水平的幅度，以美国的每一位男女老少而言，年收入增加的幅度约在 1650 至 3300 美元之间。

当然，我们有立场去批评挑剔这些计算，但就算数值难以精准，从中也可以明显看出贸易确实有利于提升美国人的生活水平。虽然贸易确实伤害了某些特定对象，但一如前述，也普遍提高了人民的购买力，而且，这并非贸易嘉惠众人的唯一途径。举例来说，可以买到比较便宜的进口钢铁，虽然一定会使得美国钢铁业及其员工的处境更艰难，却能让许多用到钢铁的产业受惠，如汽车业和家电制造业、建筑承包商、刀具和冲模业，诸如此类。这样的好处早在 20 世纪 60 年代就已经开始显现。当时，美国各地罢工行动激烈，迫使许多要用到钢铁的企业首度向海外购买原料（不然的话，他们只能选择关门大吉）。这些低成本的材料，使得美国以钢铁为原料的企业可以用更低价（低于原料无法进口时的价格）出售成品，提振他们在国内与全球的竞争地位，拉高的利润也保住了产业内的就业机会与薪资水平。虽然进口会为美国钢铁业带来痛苦，但前述的益处却间接增进全美的实际购买力。

虽然汽车业与其他以钢铁为原料的制造业最后还是受进口冲击，但这种成本效益的模式一直存在。举例来说，布什总统在 2002 年 3 月对进口钢铁开征机动性关税（temporary tariff），后来让他撤销决策的是国内的反对声浪，而非海外。关税提高美国的机器、家电汽车以及其他以钢铁为材料产品的制造商成本,让他们撑不住。他们大力地把自己的苦处传达给白宫。即便是强悍的美国汽车工会(United Auto Workers)都看出此举会威胁工会成员的饭碗,因此诉请撤销钢铁关税。国内排山倒海的抗议,迫使布什总统在 2003 年底取消关税;比原本预定的到期时程早了两年,也远早于外国厂商可以把案子提到世贸组织申诉的时限。

美国最近在回应奥巴马总统对中国轮胎开征关税时,也出现极类似的情境。为兑现竞选承诺、"打倒"以不公平的条件伤害美国劳工的进口产品,奥巴马课征 35%的进口关税。关税对中国轮胎的销量造成的冲击一定有利于美国同业, 但中国失去的销量落入了欧洲的轮胎商米其林(Michelin),以及日本的普利司通(Bridgestone)。中国当然要予以回应,但更有说服力的是美国国内的轮胎使用者、消费者、汽车制造商、汽车租赁公司等等的抱怨。他们看到自己的成本因关税上涨,而且要承担对应的生活水平下降与利润下滑。他们到华盛顿游说,比中国方面更积极要求减轻关税。

钢铁与轮胎仅是两个范例,说明虽然贸易会加重特定产业的负担,但会为美国整体经济体带来益处。进口的廉价化学品、纤维、机械、矿产或任何原物料、成品与半成品,虽然会伤害与其互相竞争的本国产业,但也都有助于会用到这些产品的企业和劳工压低成本。但在面对海外竞争时,用来计算美国成就的, 不仅是整体生活成本的涨跌或输家与赢家之间的平衡而已。贸易除了能带来为美国更廉价的产品之外,通过让自家劳工比他国劳工更有生产力,美国经济体也能建构更积极的防卫机制,捍卫本国的生活水平。

研发与创新，抵消高薪的负影响

在评估成就时有一项重要因素，那就是凭借研究与应用新设备和系统，美国企业得以抵消国内相对高薪资的影响。研发与应用新设备等种种努力，提高了美国劳工的每小时平均产出，足以抵消美国高工资对每单位成本的负面影响。在 20 世纪五六十年代，第二次世界大战、冷战与太空竞争的科学进步，特别为科技与研究加了把劲。1960 年之前很少有研发支出的相关数据，但从能拿到的资料来看趋势很明显，企业界在 60 年代研发支出实际年增长率达 4%，比整体的经济增长率还高。

通过大量购置新设备、系统与软件以实现研究成果，美国企业有效地将可观的科技与科学研究成果带入了职场。这类资本支出在整个 20 世纪五六十年代以惊人速度增加，年增长率达 5%，在美国整体的资本设备与生产设施投入了约 2.4 万亿美元。就算纳入折旧与设备过时的因素，在 1970 年之前，每一位美国劳工平均可配到由其使用的高端设备与基础建设，便达 27 亿美元，远高于海外的劳工。

随着可供劳工自由使用的资本与技术资源数量不断增长，美国劳工每小时的产出量也大幅提高。这个用来衡量劳工生产力的指标，从 20 世纪 50 年代到 70 年代平均以每年 2.5% 的惊人幅度成长。就算薪资提高，每位劳工每小时产出成长的服务，也可降低生产每单位产品需要的劳动成本（经济学家将此称之为单位劳动成本），平均每年可压下 2.5%。虽然美国的薪资涨幅仍然太快，生产力的成长不足以抵消廉价海外劳工的优势，但这仍让很多美国厂商可保住更多过去的市场占用率；若没有前述的进步，是做不到的。

油价在 20 世纪 70 年代忽然飙涨,打乱了研发与投资决策,但到了 80 年代局面又清晰了。研究支出再度快速增长,在 1980 年到 1990 年期间每年的实际增长率为 7%,1990 年之后速度更快,平均年增长率为 7.7%。花在能实现研究成果的设备与软件资本支出,在 80 年代期间实际年增长率为 4.7%,1990 年后为 6.2%。同样的,在计入折旧与过时的因素之后,这期间美国产业界提高生产力的设备和软件金额增加了 4 万亿美元,有效增加每位劳工能使用的相关设备与软件,平均较 80 年代时多了两倍半。

劳工的生产力也顺势提高,尤其是制造业。从 1980 年到 2000 年间,整体的每小时产出量平均以近 4% 的速度成长,之后更加快到平均每年增长 4.6%。虽然时薪继续提高,但生产力的增长实际上却使得生产每单位产品的平均劳动成本下降,一年减少 0.6%。由于美国的海外竞争对手追不上研发与产能的大跃进,许多美国产业因此能抵抗低成本的海外竞争;但就和几十年前一样,各产业的表现并不一致,因此,有些产业,如制衣和制鞋业,输给了进口,至于其他,如化学品、工具机以及医疗产品,则守住或扩张了市场份额。

即使在其他条件下看来最脆弱的制造业,也持续有好表现。当然,制造业在美国经济体中的占比已经减少了。1950 年时,制造业占美国的国内生产总值中的 27%,到了 1965 年已经缩为 25.7%,到了 1980 年已经再减为 20%,近期比重则滑落到仅有整体经济规模的 13.4%。但相对比重的滑落,反映的并非制造业的下滑,更多的是服务业与经济体其他领域的快速成长。以绝对值来说,不论身处于面对外国竞争的哪个阶段,美国的制造业仍持续成长。

事实是,在 20 世纪五六十年代,当时美国面对的是欧洲的挑战,平均来说，制造业创造实际附加价值年增长率为 3.7%，在八九十年代时增长速度也相同，那时要对抗的则是更令人胆寒的日本竞争。自 2000 年起，增长率仅为每年 1.8%，但增长减速也不代表趋势有所变动，而是反映 2008 年到 2009 年经济衰退造成的冲击（那终究是暂时的）。

确实，美国并未失去制造商的角色，仍是数一数二的巨人。最近的数据显示，美国制造业的年总产出超过 5 万亿美元。就算扣除生产流程中使用到的进口产品与服务，制造业净产出（即经济学家所称的附加价值）每年也超过 1.6 万亿美元，以科技、化学、机械及汽车业（但汽车不一定挂上美国品牌）为领头羊。相比之下，某些通常让人联想制造优势的国家，还显得小巫见大巫。以德国的对应数据来说，制造业的附加价值相当于近 6000 亿美元。日本与中国的制造业附加价值则分别为 9000 亿和 10000 亿美元。美国制造业显然傲视对手。

但无可否认的是，即便制造业持续稳健扩张，美国失去了很多制造业的就业机会。美国制造业就业规模虽直到 1980 年后才开始严重缩小，但增长幅度一向落后。在 20 世纪五六十年代，制造业就业人口的增长仅有产出增长率的一半，一年约为 1.5%。在 60 年代末期、70 年代，制造业就业人口增长停滞，但产出仍持续扩张。接着，在 1980 年之后，就业规模开始下滑，一直到 20 世纪结束时，一年平均减少 0.5%。工作减少的速度在 2000 年之后开始加快，截至目前，一年平均萎缩 3.1%；而到了近期，严重的经济衰退又雪上加霜，更助长了过去导致制造业就业机会减少的不利因素发威。

自 1980 年起，正负相抵，美国制造业整体来说失去了约 530 万份职位。就像之前说过的，有一部分消失的工作无疑是基于进口竞争之故，多半都发生在劳动力密集度高的产业。但也有一大部分反映的是劳动力的大幅度改善,让制造业能以更少的员工产出更高的产能。但不论制造业工作消失的理由,随着美国经济体的重整,之后仍吸收了多数被淘汰的制造业劳工(虽然并非特意安排,但确实很有效)。

随时代改变,创造新职位救失业

重新就业,有·半反映了美国企业正在改变产品重点。美国业界新创造出来的职务,都在服务业与附加价值较高、资本密集度较高的制造业,远离必须面对最棘手海外竞争的领域,也就是那些低附加价值、劳动力密集度高的生产流程。即便美国制造业自 1980 年以来失去了 530 万份职位,但经济体重新吸纳的力量却远大过于此。美国整体经济创造了约 2500 万份职位,每年的就业增长率为 1.5%,相当于 1950 年以后的长期就业平均年增长率;考虑制造业消失的工作,这是很惊人的成就。更值得一提的是,如果不是 2008 年到 2009 年的衰退,引发欲走还留的短期效应(但最终会消失),近期的就业本应可成长更快。事实上,在 2008 年到 2009 年的衰退之前,创造新职以吸纳被解雇制造业劳工的效果很好,美国人加入劳动人口行列的比例越来越高,约占全部人口的 64%;这个数值高于 1980 年(当时的数值为约 60%),也高于 1950 年到 1965 年期间(当时平均的劳动参与率为 56%)。

有很多重新吸纳渠道都出现在制造业内。30 多年来,在非耐久性产品制造业(如肥皂、化妆品、药品或纺织)遭淘汰的员工,有 30% 以上在同领域的其他企业中找到工作。若以耐久性产品制造业(如机器、木材、轮胎等等)来说,这个数字则为 40%。根据美国商务部的资料,在贸易或服务业中觅得新职的员工更多(实际上,在过去 30 年来,被解聘的制造业员工有一半都在这两个领域找到新工作）；新工作的出现，通常是经历过老产业剧烈转型、新产业大规模创新应运而生。

我们可以说，替代性的工作普遍出现在美国，尤其在某些领域特别多。其中最明显的就是科技业。刺激科技创新的因素，显然很多出于各产业想要提高效率与生产力，包括制造业要和低价进口品奋战。从这种角度来说，科技业的兴盛至少有一部分是进口挑战带来的产物。不论刺激技术进步的因素为何，少有疑问的是在这段时间各种形式的科技发展惊人，并直接、间接创造了各种不同技术层次的新职，有些非常适合遭传统制造业淘汰的员工。

科技业的成长一日千里。以最广义的科技业来说，观察经通胀调整后的实际附加价值，会发现最近这 30 年来科技业每年以稍高于 20% 的快速步伐扩张，比美国经济年增长率 3% 快了近 7 倍。自 1990 年以后的几年，虽然科技业已成熟，年增长幅度仍加速到超过 21%，和美国整体经济平均年增长 2.9% 相比，差距更大。美国劳动统计局的资料显示，光是科技业的爆发性成长，自 1980 年以来就创造了约 500 万份新职，几乎等于同期间传统制造业消失的 530 万个工作。

表面来看，光是科技业的成长似乎足以抵销大部分制造业消失的职位。加减后的结果让人心安，但太高估科技业的成绩。毕竟，在探讨制造业消失的工作时，不仅要纳入绝对职位，更要考虑如果制造业按照过去的脚步（即 1980 年之前的水平）持续聘用员工，那会有多少份职务仍然存在。从这个观点来说（在这种基础下，制造业的潜在职位应该多于实际职位，考量制造业的失业人数就要把潜在失去的工作加上实际的失业人口），美国的制造业自 1980 年以来减少了 1120 万份职务。在此同时，若要公平，计算科技业吸纳遭淘汰制造业劳工的能力时,不仅要考量科技业的整体就业人数,更要考虑如果科技业仅伴随美国经济成长而成长,那时的就业规模会有多大,而现在的实际值比这个数值高了多少。若以这种基础来看,科技业仍有很大贡献。自 1980 年以来,与过去的趋势平均水平相比,科技业约多创造了 160 万份工作,可吸纳 30% 的制造业失业员工;如果考虑的基础是制造业持续以 1980 年前的步调增加雇用人数,则可吸纳超过 14%。[①]

显然,并非每一位被淘汰的员工都适合任职于科技业。虽然会有异类,但中年的钢铁工人无法顺势以计算机程序设计师当作事业第二春,更别说网站设计了。有能力、也确实在科技业找到这类职位的人,通常不会去做钢铁工人(或类似人员)能胜任的低级工作;他们不太需要太多重新训练或鼓舞激励,就能担任科技业里更高级的职务。但不管科技业重新聘用(或未聘用)多少制造业的失业劳工,科技业只是变革的其中一个方面,为遭淘汰制造业员工开启了就业前景;在改变的过程中,还有很多领域有适合的职务,可以提给有相关背景条件的劳工。

零售业(包含餐饮)成长,也是其中一个管道。大型零售连锁以及它们支撑起的购物商场蒸蒸日上,这是第二次世界大战之后,尤其是最近这 30 年以来最值得一提的发展之一,就业机会也随之增加。虽然近年趋势开始

---

① 第一种比较方式,是以制造业实际损失职位和科技业实际增加职位相比;为了达成分析之目的,科技业的数据加上了美国劳动统计局分类中的信息、专业与商业服务业就业数据。第二种比较方式,计算科技业实际增加职位,以及制造业的潜在损失职位(假设制造业职位仍以过去 30 年平均增长率增长,与现有就业规模相比较,两者的差异便是潜在损失职位)加上实际损失职位,再把两者拿来相比。第三种比较,计算制造业实际损失职位,以及科技业额外创造出来的职缺(假设科技业的成长和整体经济一致时会有多少职缺,与现有就业规模相比较后的差额),再把两者拿来相比。最后一种比较,用第二种比较中的制造业损失职位(潜在损失职位加上实际损失职位),以及科技业额外创造出来的职位,比较两种差异值。

反转,但去逛购物商场在美国仍是主要的娱乐形式。零售业努力让人们更爱上门,这是推动趋势的助力,也是对趋势的回应。展示越来越奢华,服务越来越殷勤,营业时间也配合购物者的行程延长,一切的改变都导致更殷切的人力需求。50 多年来,每店面的员工人数大幅增加。以全国性的连锁业来说,每店面员工从 15 人增为 25 人,地区性连锁业则从 12 人增为 19 人,在地性连锁业则从 9 人增为 15 人。在这段时间内连锁店面数目增加约 20%,就业机会(包括经理、出纳到销售人员)增加速度更快,自 1960 年以来增加了 244%,换算下来是每年 2.6%,远超过美国整体的就业增长率,也使得零售业在就业市场上的占比从 20 世纪 50 年代的 12.5%开始扩大,70 年代时达 13.5%,近期则约为 17.8%。

不论知识分子、城市规划人员、社会学家、性灵学家以及美学家对庸俗零售业的蓬勃发展趋势感到多么惋惜,零售业的改变确实带来了可观的就业机会与收入,大部分都给了过去任职于制造业遭到淘汰(不论是因为进口竞争或生产力提高)的员工。虽然零售业的成长到后期开始欲振乏力,但历史显示,这个产业自 1980 年后累积下来创造了 650 万份工作,与如果维持老式零售业经营模式时的情况相比,多了 350 万个职位。光是这些多出来的工作,就足以抵销 2/3 制造业消失的职位;或者,若考量的基准是制造业以过去的步调持续聘用员工,则可抵销 1/3 消失的工作。

同样的,陆路与海路运输业的创新也吸纳了很多制造业淘汰的劳工。联邦快递(Federal Express)引领这股极为重要的变革。联邦快递向送件人保证隔天一定送达,还提供可监看追踪每一件交运货物的追踪系统;1971 年联邦快递创立,实际上是发明了一项新产业。如今的联邦快递聘用超过 30 万位员工,从事 40 多年前并不存在的活动。连同仿效联邦快递的其他业者,这个新产业创造了超过 320 万份的新职;或者,与如果以旧式架构经营运输产业时的情况相比, 多了 190 万份职位。快递业提供的新职位,有快递员、职员、分类人员、大型机队的飞行员、大型卡车车队的驾驶、维护所有设备的技师等等,更别提还有办公室人员与支援人员,对很多曾经任职于制造业、愿意调派他处并接受某些新训练的劳工来说,很容易跨入。这个领域多创造出来的职位(指和旧趋势相比之下多出来的部分),就足以抵销超过 1/3 制造业失去的职位,若考量的基准是制造业能维持旧模式持续聘用员工,则可以抵销 17% 消失的工作。

有线电视的出现,则以极为有趣的方式提供助力。这个产业创造了大量新职位,很多都很适合过去曾任职于制造业的员工。毕竟,这个产业最大批的人力便是安装人员与维修人员。除了这些人之外,还需要大量的技师、摄影机操作人员、摄影师、销售经纪人、调度人员、制作人、导演、职员、高级主管以及大量的支援人员,包括从物资供应到杂工。这一行并非每一份工作都星光熠熠或让人羡慕(至少在某些条件下并非如此),但如果没有这项新创产业,没有人能赚到这些薪水以及其他福利。许多职务算是改良版的工厂工作,但多数对于从没做过这类工作的人来说,是梦寐以求的职务。有线电视整体聘用了约 150 万人,就足以吸纳约 23% 的制造业失业人口,或者,若以制造业实际减少加上潜在减少的职位来说,则可以弥补超过 13% 的差额。

金融业也以过去 30 年无法想象的方式创造了就业机会。2008 年和 2009 年的挫败,无疑导致很多金融活动的价值备受怀疑,但在丑恶、让人难堪的新闻标题背后,金融业仍为众人提供必要服务;多数的金融服务都不是新闻报道里的得意扬扬恶意诈骗(与准诈骗)行为。确实,大部分金融从业人员的工作乏味、实用、没什么好质疑也不光鲜亮丽，不是媒体会关注的业务项目。金融业的成长，提供了很多新的就业机会。

美国券商交易商艾德华琼斯公司（Edward Jones）的故事很有指标意义。这家公司总部设在密苏里州圣路易市，在过去约 25 年以来蓬勃发展。该公司服务的对象是没那么富有的投资人，大部分都住在郊区、小镇或美国的小城市，通常的服务地点是位在市郊与郊区商业街区上的某个小办公室。公司提供严谨训练与支援设施，派出顾问人员为客户提供财务指引；这些顾问，除了受过艾德华琼斯公司的训练外少有金融相关背景，除了能顺应公司仔细建构的投资指南之外也少有特殊见解。虽然有这些相对的限制，但艾德华琼斯公司的顾问人员仍能满足客户群简单的财务需求。而且重点是，多数艾德华琼斯公司的顾问都是在创造事业第二春。这里有很多退伍军人、公务人员，辞去其他工作的人，也有很多在之前的工作被辞退的人，制造业是其中一部分。

就像艾德华琼斯公司一样，整体金融服务业（并不像一般人想象中的可疑与亮丽）在过去 30 年有惊人的成长。引进科技，让很多资历不深的人也能成为顾问，服务不那么富有的客户；在三四十年前，这些是顶级投资公司搭配超级富有客户的专属领域。就像零售业、运输业与科技业一样，这类工作的成长速度也快过整体经济发展；自 1980 年以来，拿实际发展与按旧模式营运时相比，职位几乎多了 55%。① 虽然不见得每一份工作都适合在制造业被淘汰的员工，但有些可以；至于其他较高级的工作，就像科技业的情况一样，能胜任者会放弃其他低级职务，留给重新接受训练的制造业劳

---

① 作者的计算方法，是比较金融业创造的总职缺，减去如果金融业以过去的旧模式营运而且就业增长率等同经济增长率下的工作机会。

工。金融业额外创造出的总职缺,可以吸纳40%制造业自1980年以来的失业者,或者,若以制造业实际失业人口加上丧失的潜在职位来比,则可以弥补1/5。

这份就业状况变动与替代工作选项的分析,还有好多产业可写,比方说,包括旅游、休闲与旅馆业大幅增加的就业机会,还有,特别要提的是医疗服务业职缺大爆发,这里需要的不只是医师,还有护士、看护、物理治疗师,以及各种其从业人员,当中有很多很适合寻觅职场第二春的人,有些则是50年前根本没有的职位,而且,随着婴儿潮世代老去,所有的职位都以不成比例的速度增加。正如整体性数据所示,各种相关变化加总,创造出的新职多过制造业失去的工作(不论其消失的理由是进口竞争、产业重新导向或生产力有所提升)。再加上其他的调整,以及贸易带来的利益,可供选择的再就业机会以及从中创造出的所得,足以解释为何美国即便面对接连不断的海外挑战,仍能继续繁荣。

前述的历史背景是很好的论据,让人质疑近期世人对于全球化效应的悲观反应是否有其必要;但倘若因此自满于这份漂亮的成绩单,将会是一大错误。未来除了特有的人口结构压力之外(早期这个因素并不存在),还有很多方面也会有所差异,包括新兴经济体的竞争性质也将不同。贫富差距扩大造成的严重社会冲击,显示未来可能会发生危险的动荡,而全球化显然也和造成大患的盛极而衰金融循环模式相关。光是这些问题,就是反全球化情绪的强大攻击火力;除非发达经济体可以缓解相关弊病,否则这股气氛将会越演越烈。这个问题很紧急。美国以及其他发达国家的政治领袖已经展开行动,要抚平反全球化的浪潮,但情况似乎不妙。

第 **11** 章

支持与反对，政府该怎么做

说真的，实际上统计证据或历史纪录并不重要，有时候连理性逻辑也不算数。当人们觉得备受威胁时，不管做得合不合理，他们都会对政治领袖施加更多的压力，对抗全球化并拥抱关税或其他保护主义政策，因此影响全球贸易整体流量。这样的模式极危险。保护主义永远不利经济增长，会拉低生活水平。以目前来说，保护主义也等于是窃取新兴经济体的成长动能，否定发达经济体自有最高效的缓解之道，可解决高龄化的劣势。因此，为了求繁荣，不管是发达世界或新兴市场，各个经济体都要尽其所能撤除反全球化的武装，最好的方法是减缓过渡期的剑拔弩张；引发反全球化情绪的正是这些紧张。

反自由贸易的声浪不断，保护主义当道

政治人物长久以来都在迎合人民对海外竞争的恐惧。当工会理所当然抗拒任何由他国制造的产品时，不问左派右派，各国的总统与首相总是发出同情之声。政界向来只是表示同情与口惠，直到最近才改观。过去少有真正的保护主义措施，就算有也受到极大的限制。举例来说，当肯尼迪总统挑起海外竞争的议题，以不妙的口气预示着"产业断层、失业提高且

贫穷加剧"时，美国政府的做法就像他们当时以及日后所说的，"拉平竞技场上的规则"，不是限制进口，反而是试着去减少他国的贸易障碍，协助美国的生产者。即便总统本人口出警语，但肯尼迪政府还是展开后来称为肯尼迪回合(Kennedy round)的关税谈判，要设法让美国的 16 个主要贸易伙伴在 20 世纪 60 年代末期把关税降到平均 22%。

30 年后，克林顿总统也照着同样的剧本演出。他也有必须限制贸易的压力。当克林顿 1992 年第一次角逐白宫大位时，大众的忧虑非常强烈，足以让强大的第三党候选人裴洛把部分的竞选主轴放在反对自由贸易上。众所周知，裴洛针对北美自由贸易协定提出警告，宣称墨西哥会偷走美国的工作；他用了一个让人难以忘怀的说法——"巨大的吸食声(a giant sucking sound)"。即便克林顿公开忧心外国经济体会"以更便宜的商品席卷我们及其他的市场，让人民更难以竞争"，但在白宫办公室，他迅速签署了和加拿大及墨西哥早已谈定的北美自由贸易协定条约。①

然而拉到更近期，官方的反贸易说词越来越尖锐，政策也开始跟着转向。到了 2008 年，美国人已经不再需要第三党候选人承诺会采取保护主义措施。当年的民主党总统初选当中，两大候选人希拉里和奥巴马抨击特定的自由贸易协定，也全面批评自由贸易。但这两人从来未针对任何利益团体表态。反之，他们说的一切在情绪上都恰到好处。克林顿和奥巴马这两位总统诉求的是重谈北美自由贸易协定，让加拿大和墨西哥大伤脑筋。奥巴马使用非常暴力的语言，说他会善用"选择退出的大斧，以确认我们真的落实劳动与环境标准"。希拉里经常批评奥巴马不够反贸

---

① 该协定在 20 世纪 80 年代末期由老布什总统进行谈判，协议由克林顿总统于 90 年代认证并签署。

易，她最后跳出来反对美国和韩国进行的一项贸易交涉，要求"暂停"新的贸易交涉。

华府在贸易方面的说法通常充满敌意。众议院议长、加州民主党众议员南西·裴洛希(Nancy Pelosi)早在2008年初选之前就已经透露出方向的转变，直言不讳新的贸易条款在参议院议程中将会排到后面去。提到实务上是否能在不提修正案的情况下，让参议院快速针对这些协议投票，她对媒体说："在我们的优先立法项目中，并不包括重议贸易谈判快速通关权(fast track authority)。"当加拿大和墨西哥指责美方与总统候选人的反自由贸易态度时，虽然美国政府(以及克林顿与奥巴马两人尚在竞选时)通常都会退几步，但美国的贸易伙伴已经嗅到敏感气氛，让它们有理由绷紧神经。而且，这种变化不仅出现在民主党。在接受意见调查时，共和党人也忠实地表达质疑自由贸易的好处。在布什总统的任内，最后两届参议会，一届由共和党主导，一届是民主党，都引进了超过50条的反贸易立法。

转向反对贸易的，不光是美国。威胁要压抑全球化的政治力量，在全世界蓄势待发。2008年时，希拉里与奥巴马在批评贸易上互相较劲，欧盟贸易委员会委员彼得·曼德尔森(Peter Mandelson)注意到"经济国家主义如何在全球兴起"。欧盟执委会主席荷西·孟纽尔·巴罗佐 (José Manuel Barroso)提出警告，欧洲各地"要求重拾保护主义的呼吁"声浪越来越高，"可能难以抗拒"。世贸组织担心，欧盟会员国要通过立法以限制对欧盟以外的贸易，而且速度比制订任何促进贸易自由化措施快了两倍。世贸组织提到，在过去几年来，欧洲要求世贸组织允许"报复"贸易伙伴的请求多了约30%。

政府对自由贸易的敌意，在欧美之外也不断提高。世贸组织提到，其会员国提出报复贸易伙伴的请求,在过去几年来多了 40%,排除进口(从美国到埃及、印度、法国,再到俄罗斯都有)的情况越来越常见,其他国家用来对抗这些排除的报复措施亦然。全球前 20 大贸易国组成的团体〔即 20 国集团(G20),是 8 大发达经济体再加上 12 个大部分来自新兴地区的经济体〕誓言要终止保护主义措施,但短短一年之后,便有 17 个会员国发动这类行动。世贸组织抱怨最近一次称为多哈回合(Doha round)的开放贸易谈判破局,该组织表示,主因是发达国家决心抗拒(尤其是美国)。韩国仰赖出口, 其总统李明博 (Lee Myung-bak)2009 年在 20 国集团会议上起身,恳求各会员国"指明并羞辱"发动贸易或金融障碍的国家,尖锐地凸显了这个议题,但他得到的只有同情而已。

有时候,保护主义者的形式作风已经接近粗鲁。2005 年时,纽约州民主党参议员查克·舒梅尔(Chuck Schumer)和南卡罗莱纳州共和党的琳西·葛拉罕(Lindsey Graham),仓促提案要对中国输美产品全面课征 27.5%的关税,除非中国让人民币升值到可接受的程度。在 100 位参议员中,这个提案获得 67 张同意票。虽然布什政府抗拒,而且中国方面似有让步,最后阻止了这条议案通过成为法律, 但这也大声宣告了握有权力的精英群体如同一般大众,普遍抱持保护主义心态。

在舒梅尔和葛拉罕提出威胁不久后,欧盟也考虑加高中国进口产品的关税,尤其是钢铁。虽然欧盟最后放弃全面性贸易障碍的想法,但大肆重申要冻结纺织进口品的配额, 并和美国公开签署合作协议对抗中国制造的仿冒品, 仍传达出它们对自由贸易越来越深的敌意。在欧盟发出宣言之后不久,美国对中国制造的轮胎课征 35%的关税。在 2001 年,美国众议院又在问题上火上加油,正式替中国贴上标签,称它为"货币操弄者",此举使得美国更顺理成章轻松通过立法对中国更多产品课征税率更高的关税。

　　引起保护主义者关注的，也不只有中国。欧洲要限制中国的钢铁产品，最初是因为美国不断抱怨欧洲的钢铁制造业。欧洲当时也对美国的高科技电子以及其他产品课征关税，从鞋子、空气压缩机到冷冻草莓。这些贸易障碍非常严重，引发美国向世贸组织提起诉讼，但美国政府也对法国洛克福羊奶起司(Roquefort cheese)课征300%的关税；附带一提，他们也对中国鸡肉课税。为了应对在全球市场失去贸易商机，越南对海外乳制品课征关税。巴西把对美国药品、音乐产品、化学以及软件的关税加高至100%。墨西哥宣称美国违反北美自由贸易协定的规则，反制之道便是对美国的餐具用品、葡萄和杏仁课征关税。欧盟和日本都在世贸组织控诉美国滥用关税。印度限制中国的玩具进口。印尼限制马来西亚产品的进口地点。在总统发自内心向20国集团提出诉求后，韩国也把原物料的关税加倍，包括小麦、面粉和天然气。

　　关税障碍的列表难以完备。媒体每天都会报道更多意在保护本土产业的关税与配额消息，或是对其他国家保护主义采行的报复行动。很多关税与限额措施发布之后很快就取消或修正，但似乎永远都有新措施取而代之。不论是前述的整体世贸组织数据来看，或是小道传闻的说法，对贸易的敌意都很明显。过去全球长期倾向自由贸易，如今多数国家政府却更愿意满足人民的保护主义情绪，通常还拿出锦囊里的最粗鲁计策。更明显的是，反全球化行动的压力不仅催生出传统的贸易限制，更出现了各种超乎想象的居心叵测机制。

　　用来保护本地企业的补贴，显然备受青睐。光是法国，就投入了60亿欧元从事政府保证贷款，支持本土汽车产业，德国理所当然宣称此举对自家的出口不利，而且就算不违背欧盟的会员国自由贸易明文规定，也违反了其精神。荷兰的补贴很大方，因此当荷兰钢铁企业康力斯(Corus)购并英国同业时，很意外地发现英国在这方面慎重多了。原来，如果荷兰的企业员工选择根据自愿资遣方案离职，将由荷兰的纳税人支付其约70%的薪资，这让康力斯在荷兰省下了大量的成本，在和其他平价进口厂商竞争时也是一大显著的优势。在此同时，美国抱怨欧洲补贴其航天产业，而欧洲也抱怨美国补贴生物燃料。各国都威胁着要报复。每一个发达国家都有研发补贴。

但也不只有发达经济体会补贴。中国补贴多项产业，包括全面退税给出口商。中国最近的制纸业补贴政策，就挑起美国实施10%到20%的报复性关税。中国甚至还把补贴拓展到地区性的层次。比方说，杭州市的农民购买本地的工业制品可以获得13%的补贴。在长春市，本地人如果购买本地汽车和牵引机可得10%的补贴，而且本地制造的产品可免做汽车检验。印度、印尼还有其他一长串的亚洲与拉丁美洲国家，有越来越多类似的做法。

最明显的贸易限制，莫过农业补贴。农业补贴由来已久，但并不因历史意味浓厚而显得不真实。欧洲特别引人注目。欧洲的农业政策通常是一年把700亿欧元的补贴从纳税人手上移转给农民；大部分都通过价格稳定系统，根据一套管理标准支付高于市价的价格给农民。这套政策使得任何最高效率的海外农作物都无法渗透欧洲市场，并对海外农民造成另一层伤害。价格稳定系统鼓励欧洲农民过度种植，因此食物供过于求，欧洲便把多余产量丢进全球市场，拉低全球农作物价格，也拉低欧洲之外农民的收入。

欧洲补贴糖类、美国补贴棉花，都为新兴市场的农民造成特定的问题。虽然世贸组织在这方面对抗美国和欧盟，但两大强权完全不打算放手，虽然目前的农业补贴已经比前几年要少多了。巴西备感挫折，目前仍对美国与欧洲实施一系列报复性关税（世贸组织批准），回敬欧美的农业补贴。美国也坚定支持国内的棉花产业，不但不撤销国内的补贴，还爱屋及乌地纳入巴西的棉花农，提议支付 1.47 亿美元的补助。此议意义深远，如果最后通过，将迫使美国的纳税人要同时支持两国的棉花农，并用更高成本购买棉花；他们本来可以买到便宜的巴西棉花产品。

保护主义声浪兴起，有时是为了解决产品安全、工作条件以及环保等等问题。当竞争对手无法遵守环保或产品标准或无力保障劳工时，工会越来越倾向用限制贸易反制。尤其当海外的挑战从欧洲和日本（这些国家已经制定相关的保障措施）转移到新兴经济体时，工会主张，印度、中国和其他新兴经济体缺乏相关规范，无须承受高昂成本，因此拥有不公平的竞争优势。虽然他们说的有很多是事实，但把成本高昂的西方标准强加在较贫穷、开发程度较低的经济体，事实上就是在阻碍他们和比较富有的日本、欧洲或美国从事贸易往来。

就连北美自由贸易协定的规则，都是这类立场的牺牲品。最初，这项协定允许卡车自由进出美国、加拿大、墨西哥边境。但基于安全考量〔其实主要是美国国际卡车司机兄弟会（International Brotherhood of Teamsters）坚持〕，美国长期拒绝墨西哥的卡车和驾照进入。除了保障美国卡车司机的工作之外，这项政策连带导致必须重复上、下货，大幅度提高墨西哥产品的价格，实际上保护了许多美国国内竞争者，但对于仰赖墨西哥进口产品的美国消费者与企业来说，显然也拉高他们的成本。利用大致相同的手法，欧洲(尤其是德国)表达对美国食品安全有疑虑；美国可能是唯一在欧洲农业补贴政策下还能有竞争力的对手。虽然德国的农业部部长赫斯特·席贺佛(Horst Seehofer)在发布禁令时强调公平与安全条件，但其法国同僚米契尔·巴尼尔(Michel Barnier)透露了根本的保护主义者动机，要求限制"自由市场开放主义"。

保护主义的情绪也利用了社会的疑虑。比方说，欧盟官方一直设法要把美国的产品赶出欧洲，他们宣称，美国把玉米转化成生物燃料，助长了"全球的饥饿"。当然，欧盟根本懒得解释，欧盟曾呼吁 2012 年前生物燃料在欧盟的比重要达 10%，这为何就不会引发饥荒；决策的核心根本就是保护主义，而非牵挂全球饥饿问题。比较不明显但可能更有效果的，是法国前总统萨科齐努力保护欧洲产业的做法；欧洲产业要负担沉重的碳税，只要进口产品来源地没有类似的税项，法国就用关税伺候。但并非所有欧洲国家都准备好接受这类措施。在此同时，并未课征碳税的美国，却显然乐于跟着欧洲的脚步走。美国的众议院在 2009 年通过类似税制，碰到大量消耗碳、但来源国又无此类税赋的进口产品，就课征关税。

随着各国政府拥抱贸易限制，本地自制率的要求也跟着提高。2009 年的"购买美国货"(Buy American)条款就登上了美国新闻的版面；这条立法是奥巴马总统的刺激经济方案，要洒出 8000 多亿美元。这些规定要求，任何由联邦政府出资的项目都要使用美国制的钢、铁与工业制品。应用这种新保护主义工具的，不光只有美国。当时的英国首相布朗(Gordon Brown)承诺制订类似的规定，他誓言要"为英国劳工创造英国工作"。澳洲采行新的本地购买政策，印尼的脚步更快，指示其公务员只能购买本地制造的鞋子、食物、衣物、音乐与电影。巴西的国有企业巴西石油公司(Petrobras)，现在要求供应商要达到 60% 的巴西自给率。中国的本地购买政策适用到很细的地步，实际上坚持某些公共项目的承包商必须在该地区内采购大量的原料。安徽省要求所有在当地取得资金的项目必须向当地企业购买原料。在这个位在中国东部的省份，汽车制造商必须在这里购买钢铁；位在中国北方的长春市，公共项目必须在当地购买约 50% 的设备。更近期，新德里立法制订措施，强制任何科技公司在印度销售的任何产品都要在印度制造。

除了关税、劳动法规、环保与安全性限制和本地自制率规定之外，还有最近流行的限制海外所有权，有人将此称为"财务国家主义"（financial nationalism）。澳洲恐惧中国的财力，不准中国买主收购澳洲矿业。德国到最近才通过立法严加规定，如果有任何非欧洲投资人收购任何德国公司 25% 以上的股权，政府得撤销收购。中国制订规范，可基于"安全性理由"阻止任何产业的海外收购案，包括全面排除海外所有权出现在中国 39 个"策略性"产业，范围从天然资源到生物科技。印度对中国的新所有权限制施以回应，通过相应的规定，立即用来阻止中国购买印度的电信通讯公司。加拿大正在考虑推动类似立法。在日本，必须送交政府审核的收购案数目和类型变得更多，最近则是阻止外国所有权入主某些机场。

财务国家主义甚至出现在欧盟会员国之间。欧盟的各项条约虽让这类限制难以实行，但这也代表了反贸易趋势的力量很大，各欧盟会员国政府不论如何都会成功地创造贸易障碍。意大利政府就草拟暧昧不明的法条，禁止营造公司拥有高速公路，不让西班牙建筑商艾伯提斯基础建设公司（Albertis）顺利收购意大利高速公路公司（Autostrade）长达 6400 千米的高速公路。意大利官方不太想费功夫，毫不遮掩这条法律仅是借口，目的是遂行保护主义的盘算。

转到西班牙，该国坚持"安全理由"，要求国内最大的电力公司恩德萨国家电力公司(Endesa)必须先卖掉 1/3 的发电厂，才准许德国的意昂集团(E.ON)收购。就连美国，这个最不担心海外所有权的国家，也有类似做法；就像之前提过的，2005 年时美国拒绝中国海洋石油公司出价收购美国的石油公司优尼科，并阻止迪拜港口世界间接拥有 6 个美国港口。为了便于实施这种保护主义，参议院放宽了美国外国投资委员会(Committee on Foreign Investment in the United States, CFIUS)的权限，让他们可以驳回任何出售给外国人的收购案。中国的政府投资基金中国投资公司（China Investment Corporation)曾公开抱怨遭到美国政府阻碍，其主管高西庆的用词是"遭到污名化"。

对跨境投资设限快速蔚为一股力量，因此一个由欧美各大银行机构组成的团体不久前发出不寻常的联合声明，针对"财务保护主义"不断膨胀提出警告。八大工业国也用了和这些银行家大致相同的语言，谴责"投资保护主义"的成长态势，语重心长提到过去有 90%的新投资规则都在放宽跨境投资，但最近几乎有一半的新法令规章都在拉高障碍。

自此之后，财务保护主义更加扩大。首尔在祈求世界继续开放的同时，也大力推动新一轮的资本控制，阻断资金在韩国的金融市场流进流出。同一时间，全球很多其他地方也展开了仅能称之为低级的货币战争。在 2012 年大选之后，日本制订政策拉低日元的汇价，好让日本的出口商在全球市场拥有价格优势。中国大声谴责此举，而巴西、欧洲、美国、日本和其他国家也互相指责，指控对方启动或扩大冲突。

这股保护主义运动的力道,代表了一个值得注意的转折,和过去比较更是明显。过去各国政府以自由贸易政策搭配保护主义口惠,现在它们用保护主义政策搭配自由贸易口惠。政府政策大幅转向反全球化,使得世贸组织秘书长帕斯卡尔·拉米(Pascal Lamy)最近警告各国,要在它们的金融改革立法中避免助长这类保护主义措施。

反全球化,等于跟钱过不去

保护主义卷土重来当然可以理解。背后的理由不仅是因为各国人民越来越不热衷于全球化,[①]更由于贸易的益处(例如降低生活成本、让身为买家的大众有更多选择、生产者有机会专注在各自经济体具备比较利益的领域)流于空泛不明,相形之下,因全球化而受害的人所承受的痛苦十分具体。[②]在这样的脉络之下,各国政府过去能长期抗拒保护主义的冲动,实属难能可贵。

不论是否理所当然,保护主义的趋势都很危险。对整体经济而言微不足道的损失,很容易因为有特定个人损失而构成压力;但这些损失换得的大幅度降低生活成本与改善生活水平,能嘉惠的整体人口却是以倍数计。在人口压力不断累积的背景条件下,保护主义更是危险,因为这会妨碍发达经济体善用全球化这项主要工具, 以免本国生活质量因劳工相对短缺而降低。[③]就算全球化会带来严重弊病(确实如此),但尝试阻碍全球化却

---

① 请见第 8 章,文中完整讨论公众对全球化的敌意态度。
② 请见第 10 章,文中完整讨论贸易与国际资金流带来的益处。
③ 请见第 5 章,文中完整讨论贸易与国际资金流可提供的舒缓之道。

是很糟糕的做法,还不如就让预料中的问题发生。以世贸组织的秘书长拉米的话来说:"我们知道这(指保护主义)说到底是非常严重的问题。"德国央行(Bundesbank)总裁钟斯·魏德曼(Jens Weidmann)在回应最近各国陷入货币战争的情形时,也提出了类似的警告。

历史强力地证明了保护主义的毁灭性力道。一次又一次,当各国不论基于什么原因设下贸易与投资障碍,它们就会发现自己越来越贫穷。有时候,保护主义导致生活水平绝对地下滑,财富绝对地缩水。有时候,采取保护主义的国家到头来悔恨不已,因为其经济远远落于更开放的邻国之后。但不论障碍是如何树立起来或有多理所当然,很明确的讯息是,都有害经济成长与生活水准。研究单位(美国经济分析局)应用美国的数据,得出的结论发现,当美国在 19 世纪采行高关税时,货物平均税率为价值的 30%,结果是使得每年的整体经济增长率整整少了 1%;美国在迈入 20 世纪时开始调降关税,上述的"无谓损失"(dead weight)几乎完全消失。

以 19 世纪的英国和法国做比较,最是经典。19 世纪之始,两国都抱持深重的保护主义。1815 年时,为保护本地农业,英国通过第一套谷物法(Corn Laws),对多种产品课征重税,尤其是进口食品。法国不让英国专美于前,同年也课征了所谓的"禁止税"(prohibition),实际上禁绝了海外食品进口。

虽然两国在 19 世纪 20 年代都开始走开放自由路线,但法国和英国不同,前者很快地又在 30 年代前陷入了保护主义。法国的保护主义合乎所有古典关税论据,这些理由到今天都还听得到。当时有一份政治宣传手册,如果不看其老式语法,光感受其要表达的情绪,根本就是现代的保护主义者也会发布的讯息。手册中主张:"让有钱人多付 5 到 10 分钱买一厄尔(ell,古代长度单位,约为 45 英寸或 115 厘米)的布,这么小的代价,如果可以换得让其他人无须在乞讨的羞愧中生存,又有什么要紧?"①要对这种情绪感同身受很容易,但重点是保护主义一向都无法实现其承诺的前景。法国的发展一直落在英国之后。从 1840 年到 1870 年,英国的每人平均所得大幅度超越法国,而且明显的证据显示,英国社会普遍受惠。必须承受"乞讨的羞愧"的英国人,比例极少。

同样具有说服力的,是美国 1930 年恶名昭彰的斯姆特–霍利(Smoot-Hawley)关税法留下的证据。犹他州共和党参议员瑞德·斯姆特(Reed Smoot)和俄勒冈州共和党众议员威利斯·霍利(Willis Hawley),因为 1929 年底股市崩盘后的经济混乱问题而感到忧心,着手针对海外竞争拉高关税壁垒,以保护美国的工作与产业。他们提出的议案,是要对 20000 种进口商品课征平均 20%的关税。这条法律是很好的研究资料,可用于探讨无意之间造成的结果:该法案根本没有保障任何就业机会,还毁掉很多。虽然不是每一位经济学家与历史学家都认为大萧条就是元凶,其引发本次课征关税行动,但他们都一致同意这些关税重创美国经济。

这些关税就像所有的关税一样,造成的伤害会立刻出现;比起有平价海外商品能流入美国时,生活成本马上大幅度拉高。由于当时美国的薪资已压下去,不管用什么方法,要对抗高涨的整体物价水平,对劳工来说都是极大负担。关税就算保住某些工作(这一点还有待商榷),美国的整体生活水平却是下滑的。这项立法挑起海外实行报复性关税,导致经济问题更为严重。有些国家的关税特别瞄准美国产品,有些则不分国家一体适用,但显

---

① 这些文句首见于 19 世纪 30 年代从法国鲁贝(Roubaix, France)传播流通的匿名文宣手册。

然所有的动作都是在回应斯姆特–霍利关税法。

当时的国际联盟（League of Nations）以沮丧的口吻提到这股趋势，在其 1932 年、1933 年的《世界经济调查》（*World Economic Survey*）中写道，斯姆特–霍利关税法是"一个信号，引发其他国家大举从事课征关税的活动，其中至少有一部分是为了报复之故"。各国竞相课征关税最后的总结果，就是大幅度减损了全球的经济福祉。

甚至有证据显示，正是关税扭转了自美国 1930 年开始的快速复兴脚步。虽然 1929 年股市崩盘之后随即发生大萧条，但在 1930 年之前美国的经济环境已经开始走稳，甚至开始指向复苏。商业活动开始显现活力，出现了初步的复苏征兆，失业率从 1930 年 1 月的 9%开始下降，到了 6 月已降至 6.3%。但在关税生效之后，经济又再度猛烈下滑，失业率跟着上涨，逼近总劳动力的 1/4。股市已经预见这些问题，1930 年 6 月 17 日跌了近10%，当天正是胡佛总统（President Herbert Hoover）签署立法成为法案的日子；但市场稍早暗暗预估，认为只会产生温和的负面经济冲击。

随着外国也课征报复性关税，美国的出口市场消失了。本项议案在1930 年通过，在 1932 年成为法案，在这段时间内全球贸易量下滑约 67%。当时仍依赖出口的美国，实际受伤最深。美国的进口在这段时间内衰退40%，出口衰退幅度却超过 75%。美国农民的小麦销量下滑 20%，烟草销量下滑 40%，棉花销量下滑 55%。产业受害更大。根据某些研究的资料显示，这些关税导致 40 多年前就开始的全球市场整合走回头路。

虽然世界自 20 世纪 30 年代以来有很多改变，自 19 世纪以来更是大不相同，但我们很有理由相信，近来兴起的保护主义可能也一如过去，会造成类似的不利冲击。显然就是这样的想法，引发欧盟贸易委员会的曼德尔森严词批评,回应几任美国总统候选人在 2008 年时拥抱的保护主义者论调。他暗中影射斯姆特–霍利关税法引发的痛苦,表示"面对人民时假装你可以在 21 世纪全球化纪元下推出新的保护、新的关税障碍,围起自家的经济体,并成功保住人民的生活水准与工作,很不负责任。那是海市蜃楼,而且他们(指这些总统候选人及其他政治人物)心知肚明"。

无疑的, 近来美国与其他贸易国的保护主义行动已经引发报复,就像过去的斯姆特–霍利关税法。举例来说,2009 年时,美国坚持阻止墨西哥的卡车越境, 致使墨西哥政府不仅根据北美自由贸易协定提出抗议,同时也针对 89 项美国产品课征 10% 到 45% 的关税。因此,要用到这些墨西哥原料的美国消费者与企业,必须因为自家政府的关税政策多花钱支付额外的运输成本, 墨西哥的报复行动也导致美国的出口商销量下滑。加州与俄勒冈州的圣诞树分别失去了 90% 与 65% 的市场。华盛顿州的水果农失去了 25% 的市场。其他农业利益也出现对应损失。连纽约州珠宝业都注意到这股效应,和前文提过的以销售塑胶餐具、厨房用具的美国业者一样逃不过影响。所有人都发现自家产品在墨西哥市场涨了价,因此被逐出市场。

报复也不仅只有以牙还牙、以眼还眼的手段。2009 年,美国刺激经济之支出方案中纳入的"购买美国货"条款,就引发加拿大、欧洲与亚洲各国贸易官员的大肆抱怨。虽然少有国家级政府真正动手祭出关税手段回敬,但强调贸易导向的省州与乡镇市地方政府群起报复,抵制美国产品。2010 年,舒梅尔和葛拉罕两位参议员再度威胁针对所有中国产品提高关税,又激化了保护主义的立场,中国回应在中国大发利市的美国企业,暗示它们可自力救济舒缓关税压力,只要回去对美国政府施压,要求美国政府改变立场即可。当美国针对中国进口轮胎课征之前提过的 35% 沉重关税时，中国马上反制，对美国的汽车零件与农产品 (主要是鸡肉) 课税。中国还扩大回应性的施压，暗示其将考虑出售目前持有的大量美国政府公债。

这种攻击—反击模式，已成为明显的轮回了。有时我们很难理出保护主义从何而起，到哪里会结束。以 2008 年时的情况为例，为了回应欧盟对中国出口产品征税，中国便更严格限定欧洲在中国的投资。同时，中国驳回了几桩欧美的收购案。欧洲商会 (European Chamber of Commerce) 反制中国的行动，要求欧盟当局以更多的贸易障碍制裁中国。中国以反垄断 (antitrust) 为理由，否定可口可乐 (Coca-Cola) 有权购入中国饮料制造商汇源公司 (Huiyuan)。可口可乐公司大方接受收购遭到驳回的结局，但美国方面紧抓着问题不放，指控中国披着反垄断的外表掩饰经济国家主义，威胁着要大肆报复。澳洲政府则使得局面更为紧张。在可口可乐收购遭拒事件里澳洲并无任何损失，但该国利用此事向中国叫嚣，说中国在其国内如何对待可口可乐的收购行动，澳洲就如何对待中国企业在澳洲从事的收购。

不论过去到底有哪些行动—反制的模式，未来又可能出现哪些新形态，显而易见的是，如果保护主义形成一股力量，各国都会受害，就像斯姆特–霍利与其他关税政策引发的全面性损害一样。生活成本会提高，生活水平随之下降。生产材料和供应品成本提高，许多产业因此受牵连。

更基本的是，各国将无法实现最大产能；只有根据李嘉图所说的比较利益来分工时，才能达成这个水平。不论有多少个特定的产业与地区可理直气壮大声抱怨，走保护主义这条路一如以往，解决方案的本身将成为更大的问题。①在因人口结构改变而充满挑战的未来，各国将更脆弱。保护主义会让他们拒绝用贸易与全球投资来缓解老化人口与劳工短缺的压力；要说反贸易趋势会有什么结果，将会是比过去的保护主义引发更严重的损害。与其逆来顺受，各国的领导人更应该导引全球化进行调整顺利应对，并在过程中找到方法缓和全球化加诸的痛苦，让人民根本不需要去反对全球化。

---

① 请见第 10 章，文中详细讨论贸易与国际资金流的益处。

第 12 章

转型过渡期，急需三套方针

保护主义造成严重威胁,人口结构变化使得世界亟须全球化,没有任何人有立场志得意满。美国、欧洲与日本要不就想方设法化解保护主义的情绪(大致上要靠解决全球化造成的过渡性问题才能消除),要不然这些经济体都将面临衰退。过去的做法是忽略调整带来的痛苦或以补贴粉饰太平,这些都将不再有用。相信过去成就会延续到未来,也太危险。发达经济体要有更多应对之道。

如果能以过去为镜,欧洲、日本与美国就能拿出三套行动方针,用最好的方法来应对大局。发达经济体若要维持相对优势,并为因全球化而失去饭碗的人寻找新出路,就更要着重于研究、发展与创新。为了让从事创新研发者找得到必要的技术性员工,并让被淘汰的劳工顺利过渡,必须大幅度提升训练水平。为了达成前述两项目的,发达国家也必须提升整体教育水平。研发与训练领域若能有成,将能善用相关流程发挥最大优势,借此减缓全球化造成的紧张,甚至还可以消除危险的保护主义气氛。这并不容易;但如果欧洲、日本与美国三大经济体想要维持高生活水准,除此之外少有其他选择。

促进创新,得集中资金和方向

发达经济体本来就努力促进创新。虽然成果有好有坏,但不管成功或失败全都凸显了一件事:创新的过程强求不来,需要巧妙地结合有时甚至彼此冲突的各项元素。从某方面来说,创新需要大笔资金以及由上而下的具体指引。和重大政府研究有关的大型项目,如太空竞赛,最能展现上述的创新流程。

从另一方面来看,如果大家都能自由进行实验,并从事原始设计者也不曾想过的应用时,研究最能发挥经济效益。创新过程中比较混乱、由下而上的方面,需要不同的参与者,有些规模大,有些规模小,有些老练有经验,有些则否,每一个人都要根据自己的见解行事,彼此交换意见,并猜测怎么样做才有用。创新流程中的各个方面大不相同,某个部分有时候会阻碍另一个部分。求得适切的平衡让各方都能完全参与,非常重要。

历史纪录明确指出创新需要集中资金和方向。在第二次世界大战中开发出原子弹的曼哈顿计划(Manhattan Project)、20 世纪 60 年代美苏之间的太空竞赛以及和长期冷战下的科技进展①,全都明确点出研发有多昂贵、多旷日费时,提供资金的人经常必须长期耐心等待成果(实际应用成果时有时甚至还很有疑虑)。不论政府部门或产业界,只有大量集中财富,才能负担这类费用或承受相关的损失风险,更别提要长久等待才能盼到商业回报。无疑的,以"创造性的破坏"(creative destruction)一词闻名的伟

---

① 请见第 10 章中的讨论。

大经济学家约瑟夫·熊彼特(Joseph Schumpeter)心里也考量过这些因素，因为他呼吁在经济上与财务上"都要集中……以促进创新和进步"，并建议要创造"垄断事业"，让企业有足够的资源与安全感以免受市场起落影响，才能承受相关风险。

这种集中式的做法显然能创造成果。统计数据明确指出，规模更大、获利更佳的企业在研发支出当中占绝大多数，通常会和大学及政府合作，以分散风险及费用。资料也具体显示，由于研发费用金额庞大，当企业可以合理期待自己能取用研发多创造出来的利润时，研发的利益最能自由地流动。要吸引人参与创新，企业和政府都要有公正的控制措施与纪律，也要有能力凭借创新的进展创造出利润。推演下来，强大的专利保护系统在这里扮演重要角色，政府有关单位的态度也很重要，必须乐见创新能获利。举例来说，欧洲制订药品价格控制系统，限制了药厂的获利潜能，欧洲的药厂随即大幅削减研究费用，从原本比美国高出 24%，一变为比美国低 15%。分析师总结认为，欧洲约有 46 种新药开发成本不足。

然而，规模、集中以及独享的获利权利，仅能满足部分创新需求。一如数据所显示，整体经济的创新还需要一个额外因素，那就是要有形形色色的人们参与，在方向没那么明确的条件下从事经济应用。少了这个比较混乱的方面，所有的科学与工程研发仅能创造出有效的创新；在这方面，涉及的对象包括公司与个人，有些规模大，有些规模小；他们结合新、旧技术与实务做法，广泛应用到各种商机上，有些是高科技，有些科技水平较低，大部分都和原始的研究或科技不太相关。在这个流程中，要有方法为研究人员保留成果，也要让信息能流动，以扶植市场各个创新者的努力；这些人彼此竞争以求胜过对方，和各种与研发毫无相关、甚至非属科学领域的人(企业家、供应商、客户甚至竞争对手)交流,汇整出洞见,继续发展。

这么说来,仅有当这两种相反的方面(即方向明确的研发,和比较混乱的、所谓的"横向"发展)互相结合时,创新才能成功。有些分析师断言,这些横向 "溢流" 是重要工具, 引领科技进步进入经济活动的每一个领域;从提升效率、生产力与协助经济应对不断变动的环境来说,应用研发比纯研发更有用。中央集权的苏联科学一度十分进步,最后的失败便明确揭示了上述观点。如果整个体系撑不住这两股强大逆向力道间的张力,再怎么努力创新终无用,无法带领基础科技进步、获取商业利益或者提升生产效率。

即便是平淡无奇的如有线电视的发展,也可以成为很好的范例。电视技术的基本研究成果, 早在 20 世纪三四十年代就出现在实验室。大企业和政府联手,创造出第一批的大众市场应用。但要等到有个人和小公司利用科技水平低得多的应用,才解决偏远、险峻地区的播送问题。他们以安装好的电塔捕捉电子脉冲(electronic impulse),然后用缆线输送到山区的偏远村落。

上述的播送做法存在几十年之后,才有人(甚至是没有太多技术背景的人)看出允许有线电视营运商控制节目播送并分别收费,可衍生出很多商业应用。这些人将存在已久的科技应用到新领域,把简单的概念带入大型产业,满足之前没有想过的消费需求,而且很重要的是,为几百万在欲振乏力的旧产业里遭淘汰的员工提供了新的就业机会。①有线电视发展出来

---

① 更详细的论述请见第 10 章。

的商业概念,又促使其他人应用现有的无线科技发展,以卫星电视挑战有线电视。

同样的模式,也出现在冷战与太空竞赛中科技成分极高的国防导向研究上。微型化便是其中之一。资金丰富、由上而下的研究锁定微型化领域,是为了要降低 20 世纪五六十年代相对脆弱的火箭推进器载重量。但替这种新科技找到商业应用的,是科技水平较低的业务与生产人员,他们发现这可用在消费性电子学上,以降低体积、从而降低运输成本,也可以用在生产力创新领域,这些都是从事原始研究的太空总署(National Aeronautics and Space Administration, NASA)人员从未想过的。结合其他可清楚收发无线讯号的航天相关研究,微型化催生出电信通讯革命,接着,凭借着其他意想不到的应用,又导引出移动电话。

其他的国防航天研究,也找到最初研发时预料不到的商业应用溢流,比方说,激光在超细纤维上有几百种应用;扭力杆避震器一开始是设计坦克时开发出来的,后来也改变用途,用在卡车、公交车与火车上。就连国际网络,最初的目标都仅限于用在国防研究。这些不过是信手拈来的几个范例而已。

美日两国半导体竞争的传奇,让我们可用不同的观点来看相同的模式。虽然美国在 20 世纪 40 年代就发明了计算机科技,在前 30 年独占产业鳌头,但日本在 80 年代攻城略地,把现有科技推向新式应用。80 年代结束时,在这 10 年间日本已主导了一半的全球市场,美国的市场份额萎缩至仅剩35%。美国政府的应对之道,是敦促业界跟着政府的指引,采用由上而下的研发路线;这正是美国政府眼中的日本发展模式。但日本从来不曾真正大力投入相关研发。它们的成就,来自于以新方法应用既有科技。

第 12 章
转型过渡期,急需三套方针

美国最后的回应方式,也有异曲同工之妙。虽然政府大声呼吁,但美国规模较小的企业(它们显然并无意打败日本)反而是善用和客户之间的密切关系,掌握到客户越来越有兴趣的是针对特殊需求设计的芯片。日本困在最初的应用当中,在更新颖、客制化程度更高的创新上输给美国。到了 90 年代末期,美国企业在全球半导体产业的市场份额再度超过一半以上,日本则仅勉强剩下 20%。

当然,不同的企业文化会以不同的方式来管理这股创新上的张力。美国通过一群小企业与新创公司创造出最大的成就;这些公司可以辨识出各种不同的市场应用,从事基本原创研究的大企业与政府对这些通常视而不见。看来,在美国,当创新者的规模扩大到一定程度之后便踌躇满志,而且无论做了多少研发,他们的发展取向实际上有碍发掘应用;找到应用领域的重大责任,大致上落在规模较小的企业身上。

反之,德国则似乎可以在产业集团内传播创新概念。他们大量仰赖政府协助以从事基础研发,但通过大企业不同的部门来创造广泛的生产与商业应用。日本则采取中庸之道。他们会在单一企业的独立部门中从事研发与创新,有时候会把研发部门设在很远的地方。光在美国,日本公司就设立了 174 个独立的研发单位。

连个别企业内部都找得到证据,可验证这套多样化的过程。针对一家大型跨国制药所做的研究(研究人员匿名),揭露了中央化、集中化、由上而下研发做法的面貌。就像由政府协调出来的项目一样,这家药厂把欧美两地分支机构最出色的人才汇聚一堂。为了从各个管理人员身上找出最多的各式潜在应用(他们知道在总部不可能找到),不论是新产品、经销还是生产技术,这家公司都会去各个分支机构简报研发的进展,把找到应用的任务留给当地的经理人。

不论是位于欧洲或美国,必须受制于阶层制、中央集权(这种模式多半用来从事基础研究)的分公司,找到的应用会少于孕育出网络紧密、环境开放的分公司;后者较能感受、接纳管理阶层、专业人士、研究人员与员工之间的沟通交流。因此,能和供应商与客户维持良好、开放关系并促进相互交流的分公司,会比互动关系较封闭、较受控制的分公司更能创新。这份研究发现,就算是和竞争对手交换意见,都有助于推动创新。

政策得有弹性,还要取消补贴

前述的情况时常重演(有时候有些细节会有差异,但整体特质永远都一样),可当成指南,有助于促进未来的创新。无论是出于政府、大型企业或大学,中央集权、由上而下的指导极为重要,政府通过沟通协调与直接分配研究资金,可以有很多作为。除了定向奖助之外,政府还可以通过税赋诱因、低利贷款、行政松绑以及其他类似的动机来促进创新流程。以上这些诱因早已为人所知。另一个重点比较没那么积极,但同样重要,那就是政府要保证不会否定创新者能从个人的努力当中获取利润,才能进一步鼓励企业承担研究当中隐含的风险。在这方面,政府应积极保障智慧财产与专利权,避免制定获利充公性质的税赋制度(confiscatory tax)与价格控制,并实施任何有利于要求技术分享的政策做法。

但说到创新过程的网络经营与应用层面,情况则为之丕变。在这方面,政府、甚至大型、中央集权的企业,有时候会误导或阻碍整个过程的推进。政府与大企业自然而然的集中化、集权化本质,通常不适用于辨识面貌多元、有时模糊难辨的商业与生产应用机会。在这个阶段,政府单位最

第 12 章
转型过渡期,急需三套方针

好退到一旁,试着不要干预,并避免实行任何可能会妨碍必要沟通与商业性试验的作为。特别是,有关当局要抗拒冲动,别出手指导规范(它们常会做这种事);这通常会在不经意间阻碍显然充满混乱的寻觅应用过程。当然,本书或任何一本书都无法完整列出各种会促成或妨碍过程的规范与政策,但以上的说明仍能当作一般性的指引。

在这方面,与授权相关的法规范例是地雷区。法规范例在设计时通常并未考虑到创新,只是为了保有业务,或者确保一定程度权利或财务价值,故而时常打击新式商业应用或生产方式的发展。尤其是,授权制度与规范会透过限制进入以保护某些产业,通常范围极广,早已站稳脚步的企业因此可得到接近独占的地位。环保、劳工、安全性与财务方面的规范,也会妨碍有益的应用创新。显然,授权制度规范的目的,通常是满足政府无法也不应置之不顾的重要社会需求。概念是,在提供保障的同时,也要避免干预创新,要妥善设计并实行规范,尽可能容许网络联系、商业发展与实验。

大部分的干扰都并非故意,这是创新面临最大的问题。初始目标都很正当,用意在于保障人民、环境、社会弱势族群,诸如此类;相关人士很少考虑到这对创新会造成什么效果。但用意通常不等于实际效果。比方说,环保规范可能不利于设立风力发电厂,理由可能是涡轮会伤害候鸟,或是最佳设置地点刚好是一小群濒临绝种生物的栖地。这番道理也适用于其他各种不同的规范,包括全国性的与地域性的。当然,创新的需求不必然就高于环保或其他合理正当的考量,但是这些监理机构在计算设计时至少要考量到经济体的需求,要面对越来越大的全球化压力时更是如此。

有些状况非常单纯,很容易补救。举例来说,假设有一位企业家看准机会,认为在机场候机室或火车站设立美甲沙龙可以获利。为了创业,这位企业家至少必须和三层政府打交道:管辖美甲产业的授权机关,经营机场或车站的营运机关,以及各自的安全主管机关。每一个机构都确实有心想要保护大众。但即便这样的美甲沙龙基本上不会引发任何问题,这些机构仍握有权力,影响这个商业概念实现的时程,甚至完全否决。可以确定的是,美甲沙龙的创新对整个经济需要的创新来说微不足道(显然这和科技的进步并无关系),但却能提供绝佳的服务,好过用吃零食打发无所不在的无聊。而且这也能创造额外的就业机会,或许能让那些因为海外竞争而失去饭碗的人重回职场。①

无意之中的障碍,经常出于劳动法规与惯例。具有弹性的劳动相关实务作法,对创新来说是绝佳的资产。这类做法让企业更能快速调适以应对不断变动的经济环境,并支援劳工成长、改变,更能应对未来经济环境的要求。国与国、地区与地区间必然存在文化差异,因此在这个领域有很多事难以靠政策规范。举例来说,美国劳工会比欧洲劳工乐于接受异地调任,这一点就使得美国更能充分调适以应对全球化。

如果文化变迁的速度慢,有效的政策和做法仍能促成某些让人乐见的弹性。起点之一,是要保障劳工的权益,不可把严格的工时、聘用与解聘规定当成最后手段,要保有必要且有益的人本机制捍卫个人,同时也增加长弹性。比方说,欧洲雇主很难资遣企业无意愿再聘用的劳工,导致欧洲的失业问题基本上比美国更严重,而由于从事新产品与技术的试验可能需要

---

① 更详细的论述请见第 10 章。

雇用新人,欧洲企业比较不愿也不能投入。

法国的零售业分区规则,则以完全不同的角度显露同样的问题。法国在 20 世纪 70 年代严格限制大型零售业的营业场所;原本的企图无疑是要保护乡间环境的视觉美学,并保障法国小业主的生计能追上商业大街上的水平。不论用意是什么,这些规则也使得法国在零售业的创新上却步,而美国零售业能创新,并因此能吸纳在全球化中遭淘汰的制造业员工。①美国的成果证明,就算是小幅度的妥协,都很足够。有一项研究得出结论,认为法国只要能撤销 1970 年之前定下的规定,就可以提高 10% 的就业率。没人希望商店街或法国版的沃尔玛超市(Walmart)把精致的法国乡间搞得奇丑无比,但值得质疑的是,巴黎政府是否考虑过零售业分区规则对商业创新与就业造成的弊病。就像其他的法令规范一样,创新的需求不应该超越美学,但在制订政策时确实值得纳入考虑。

当政府扩大补贴时,会对创新造成最严重的阻碍。补贴的出发点永远都是善意的,有时候对象是个人,有时候是企业、产业甚至地区,不同的国家会有形式、规模皆不同的补贴政策。有减税、薪资补贴、低利贷款、法规松绑、保证价格,甚至还可赋予独占权。各式各样的补贴措施背后都有理有据,因为都有助于补救全球化造成的反向、甚至是负面经济冲击。

不论补贴的性质是什么或有多合理,至少都在两方面对创新造成干扰。补贴使得企业和个人可避开必要的调整与创新,奖励了不愿合作与被动消极的态度。要实施补贴政策,必须要对经济体中的其他人征税才能筹得资金,这些证明自己愿意且能够从事必要创新与调整的人,反而要担负

---

① 更详细的论述请见第 10 章。

成本。由于补贴支持的是不经济、无效率的营运,拉高了整体成本,因此加重整体经济体的负担。补贴政策通常成效不彰,这一点最让人遗憾;各国面对他国的补贴时通常会采取报复,扫除了所有的优势。

不需要列尽全球的补贴政策,也足以说明其负面效果;几个简单的例子就够了。有一个重要的范例,是欧洲大力支持自家出口商,免征增值税(value-added tax)。增值税的课征标的是各生产阶段的附加价值,因此,通过税赋补贴,欧洲出口商可以用大幅度低于本地的价格出口,与其他来自仍征收增值税国家的海外厂商相比之下,是一大优势。但税收上的让步也导致欧洲出口商缺乏动机,不太想提升效率提高竞争力。减税也让欧洲纳税人的负担加重;人民必须补足政府财政的不足,一年好几十亿。尽管欧洲有这类方向错误的出口支持政策,美国人也有方法消除欧洲出口品的大部分优势:他们提供保证贷款,美国出口商在海外支付的税额也可在美国境内抵税,成本同样也是一年几十亿。一来一往,两方各自阻碍了创新,同时又抵消了各自祈求的优势,还付出了高昂的代价;目前两边都还在世贸组织为各自的补贴政策辩护。

补贴政策最让人不满的是,这类政策少有益处,但会为经济体的其他部门制造极大成本。以农业补贴为例,根据经合组织的资料显示,全球发达经济体光是税赋成本就相当于一年 3000 亿美元。农业补贴通常通过保证价格操作,使得家庭得付出更高价格采买杂货,加重家计负担。这类负担预估在美国是 10%,欧洲为 42%,日本是 100%。在欧盟,大半靠着补贴才能保住的工作,每一份一年需花掉的总成本约等于 20 万美元。美国补助糖业,每救回一份工作一年就要花掉高达 80 万美元的天价成本。这样的模式仿佛戏剧,不断重演,补贴清单有长长一大串,包括谷物、纤维、金属、石油以及一般出口产品。补贴可以拯救就业机会,是让补贴政策不会遭受重炮攻击的理由,但这些钱如果用来帮助人们与企业进行调整会不会比较有用? 这类问题仍没答案。

人道考量使得针对个人的补贴政策更难评估。可以理解的是,补贴是希望能帮助遭受经济负面(包括海外竞争)冲击的劳工,但由政府拨资金弥补,不管补贴的对象是个人还是企业、产业,造成的伤害是一样的。不论劳工得到的是哪种形式的补助,都会让拿到的人避免或延迟从事必要的调整以提升自身技能,而且在某种程度上会拖慢经济体以创意回应未来经济环境变化的速度。没有人会赞成忽视受害者的合理需求;在环境变迁之前,他们多数也都是辛勤工作、诚实纳税的公民。但就像产业一样,个人式补贴的反效果特性也会引发一个问题: 如果把这些钱用来促成个人的创新与调整,是不是更好的用途?

从数据上来说,补贴个人的效果尚未有定论。但有一点很明确,那就是全面性、长期性的失业与社会福利会在两方面造成伤害。这类福利不仅让劳工延后或根本完全放弃调整,实际上更助长特意闲置期间拉长,以社会和个人两方面来说,都引发了可观的伤害。

美国试着通过贸易调整协助计划(trade adjustment assistance, TAA)来避开这些缺点。这项方案提供慷慨援助(至少从某些标准来看是如此)协助遭海外竞争冲击的个人和企业,包括直接提供现金补助、失业员工购买医疗保险可以抵税,而且 50 岁以上的员工可以获得薪资补贴。但和过去的补贴措施不同的是,贸易调整协助计划尝试鼓励个人从事创新与调整,坚持接受补贴的人要善用计划提供的再培训与异地派任等服务。虽然意识形态鲜明的支持者仍会说这项计划无法以"开创性"的答案来应对全球化的缺失,但确实能推美国一把,调整步伐以适应全球化。

丹麦及德国,也根据欧洲的背景条件进行类似调整。丹麦人看到美国的相对成就,以及欧洲全面的失业与社会福利补助涉及的费用,率先展开行动,以他们的"弹性安全"(flexicurity)计划来达成有效的妥协。弹性安全计划为遭淘汰的员工提供大量的支援,但同时也确保这些援助不会取代劳工自己的努力,比方说去寻找其他工作或重新培养更适合新经济环境的技能;这套计划维持更严格的资格标准,缩短领取福利的期间,也纳入了工作福利制度①的元素。弹性安全制度甚至也鼓励劳工接受很低薪的工作,但在他们仍接受训练方案期间补助薪资,这么一来,失业劳工可望培养出适当技能,未来能从事未受补助的高薪工作。虽然这也算不上革命性的做法,但丹麦的方法显然支持了上述的论述,在兼顾人道考量的同时也处理衍生的问题,并鼓励人们培养新技能,帮助个人与经济体进行调适。

提升技职教育、培训在职与遭淘汰员工

当然,要消除或减少不必要的阻碍,绝非易事。每一个国家、省、州和本地,都必须在自身的文化与历史环境条件下检视税赋系统、规范架构、补贴政策以及福利方案,不是完全推翻,而是要权衡它们在创新与调适上的成本与效益。但即便这些做法能有美满的结果,也只是满足了经济体面对挑战时的部分需求而已。每一个国家、省、州等等,面对的不论是年轻人或是遭到旧产业淘汰的劳工,都要确保区内人才能培养出

---

① Workfare,指领取福利者也必须从事某些工作或接受训练的制度。

适应未来的技能;当然,政府机构也要确保企业能获得必要的劳工,以及同样重要的是,还要消弭想采取保护主义的冲动。相关的做法必须具备足够的吸引力,协助劳工克服天性:他们会想要和从事多年的熟悉产业保持关系,即便这些工作已经不合时宜或者已今非昔比,他们也想留不想走。还有,未来需要的是经验更丰富、技能更细腻的劳工,[①]因此,除了训练之外,这些经济体更要在各个层级为人民提供更有效率的整体性教育。

发达世界各地已经开始采取某些初步的做法,以满足上述要求。比方说,日本慢慢地放松过去放眼皆是的终生雇佣制。在这个过去从无相关需求的国家,求职产业如今的成长速度可谓光速。住在海外的日本人回国之后普遍都会注意到,报纸上、广告牌上以及东京地铁里,求职机构的广告无所不在。在美国,生产者服务业(producer service industry)也快速兴起,欧洲亦同,只是速度较慢;这类产业为企业提供长、短期的技能性或半技能性劳工,让企业能随着市场的需求调整员工规模,并快速找到必要的技能。在美国,过去几十年来,生产者服务业的成长速度比整体就业水平快了 3 倍。在此同时,全美制造业工会 (American National Association of Manufacturers)也敦促要提升职技训练学校,甚至试着把社区大学的课表标准化。

最后要提的是,强化训练还有很多进步的空间。在做法上必须要纳入企业,单独或是和政府、学院、大学、社区大学或类似单位以及私人技术学校合作。这些机构越来越有动机挺身而出,满足相关的需求:以政府

---

① 更详细的论述请见第 6 章与第 7 章。

来说,是要减轻人民的财务压力;以企业来说,是要打造具备有用技能的劳动力资源库;以个人来说,则是要增进自己的就业机会与收入。这个方向很明确,这一点很幸运。雇主(至少是各经济体里未受补助产业的雇主)已经通过游说、商会以及直接对校方施压,好让大家了解他们的需求。在美国也有一些指引可循:过去 20 年来,美国的新专利平均年增长率达 3.4%,新商标的年增长率则为 8.6%。美国新企业设立的增长率平均每年达 1.6%,从此也可看出企业对必要的技能需求巨大,尤其是,就像美国人口普查局指出的,每一家公司的业务比过去更聚焦在特殊专业上。这些改变的影响深远,使得过去 10 年该局的分类表中新增了几乎 20%的职别。

上述明显的变化指出哪些是必要的技能,但实际上的培训很困难。然而,过去的训练方案不论成败,都可以提供指引。发达经济体在过去几年、甚至几十年当然已经尝试推动过各种不同的训练方案。美国的联邦政府与州政府都有些直接做法,也有些通过独立的职技学校,还有很多可观的讲究传承小型社区大学加入,以及大量的企业特定方案;结果有好有坏。德国、奥地利、荷兰与北欧各国,其历史悠久的学徒制方案一向闻名遐迩,可协助劳工习得具有市场价值的技能。日本看来大致上仰赖公司提供的训练方案,这无疑是日本原本终生雇佣承诺遗留下来的产物;虽然终生雇佣制近年来已经逐渐消失,但曾经无所不在且非常成功的职技学校,都是企业赞助的训练方案一部分。

针对教育训练策略所做的研究,并无定论。有些统计研究发现,训练或再培训会对最终的薪资造成正面影响。有些研究指出,员工遭淘汰后能再寻得其他工作者比例甚低,而且到最后很可能必须妥协,同意接受低于过去水平的薪资。在很多国家,私人职技学校成果非凡,但得到的报酬是否与付出的心力相符,研究人员却并无共识。就连德国、荷兰和北欧学徒制的出色成就,似乎都仅限于年轻人。虽然这类方案确实有其功能(比方说,帮助这些国家的所得分配更平均,优于美国),但在培训较年长、遭淘汰员工方面,则成果有限。德国透过公会与本地商会的再培训方案,曾经备受赞誉,但在吸纳失业员工方面也表现不佳,日本不处理终生雇佣制度消失后导致的训练不足问题,结果同样不妙。

在美国,到目前为止,多数成果都出现在范围较狭隘、以企业为基础的做法上。以开利公司(Carrier Corporation)为例,当这家公司关闭纽约州雪城(Syracuse)的冷气工厂时,把高比例的失业员工纳入公司设立的再培训方案当中,广获好评。格鲁曼公司(Grumman)关闭长岛(Long Island)几家工厂之后提出的再培训方案,也有类似的成果;通用公司关闭工厂时的做法亦同。美国有些州政府的做法也交出了好成绩。南卡罗来纳州的再培训方案,明显提高了学员最终赚取收入的能力;密歇根州的汽车业与一般制造业长期备受打击,州政府为这些产业里的遭解雇员工提供重新培训方案,成效也好。尽管有这些成就,但有一份加拿大的研究详细探讨几个不同国家的成果,研究中发现有很多缺失,因此该研究建议加拿大的政策重新定位,完全抛开任何形式的训练。同样的,就算是最让人无力的失败,也可以带领我们看透什么有用、什么没用。

资料似乎暗示,有两大因素有助于成功,那就是规模和一致性。在这方面,美国和日本投入各种训练与再培训计划的公共资金不足,与欧洲相较之下更显差异,有需要加强,但资金并非唯一的问题。训练方案有高度的政治化特性,和其他公共计划一样,会不断关闭、启动,这样的模式破坏力强大。造成更严重危害的是，政治干预导致很多资金无法配置在实际的训练上，例如行政单位叠床架屋（这和有时候专横的职责归属规定有关），或者把资金放到无关培训、但在政治上受青睐且有助于立法的项目。典型的范例是加州政府执行的训练方案；尽管加州财源丰富，但放在实际训练上的经费却很拮据，以至于现代航空机械课程只有第二次世界大战的古董飞机可用。经合组织的报告指出，这些问题很普遍，也影响所有会员国的训练方案成果。

历史教训也指出必须要聚焦。在整个发达世界，常见的是训练方案试图一次为太多人做太多事（当资金来自于公共财源时尤其如此），因此损害方案本身的成效。举例来说，这些方案会努力协助遭淘汰的员工，同时又想要改善社会弱势阶层的处境。虽然这项都是合情合理的社会目标，但两群人基本上有不同的需求、目的和背景，绑在同一套训练方案当中对哪一边来说都不适当。必然会有一方失败，或者两方都遭受挫折。有些研究以种族、年龄、学历与过去经历为区分标准，比较混合群体的成果，研究结论显示，接受再培训的学员通常获益良多，但方案整体的绩效不彰，因为弱势族群在课程中能够受惠的少之又少。把每一个群体分开，替他们量身打造方案，一定会有帮助。指标显示，如果更精准地聚焦在特定导向上，未来替遭淘汰员工设计的训练方案或许能更有效果。举例来说，当训练方案的目标是要让他们在无须赴异地就任之下保有工作，年长劳工的反应会比较好；如果是要他们转换产业，年轻的员工就比较能回应这种完全相反的刺激。

数据也显示动机扮演极重要的角色。必然且无须讶异的是，当学员能全程规律出勤且跟上方案进度，效果最好。学员可以获得真正的技能，而且不管用任何指标数值来看，方案都是成功的。最成功的培训方案通常是企业为现有员工提供的训练方案，这正是学员有动机勤奋学习的部分原因。当员工心里有设定的职场发展目标时，他们会全心投入训练计划，不像参与通用方案时有那么多的不确定。显然，遭淘汰的劳工无法直接纳入这类有特定雇主的训练方案。但同样的，在设计专门提供给遭淘汰劳工的训练方案时，也可以用类似的思维提供诱因，或许是要求出席率欠佳与退出的学员缴纳罚款，也可以奖励出席率高且完成课程的学员。

考量通才教育政策时则要从相辅相成的角度出发。从现有与过去方案中得到的证据显示，方案的成败，和学历、动机以及劳工是否受过完整的教育有关，可能是因为教育程度高的员工更能了解全局，比起教育程度低的同事，他们会用更务实的眼光来看待自己的环境。那么，若希望未来的训练与再培训方案发挥作用，除了善用策略引发动机之外，可能必须聚焦在教育程度较高的劳工身上，或者在比较技术性的课程中增加更多高等通才教育；加强这方面，或许也可以化解企业界明确表达的不满；企业界通常认为公立学校毕业生的认知技能与进修学习技能均有不足。

比较成功的方案，显然纳入了多方的指引，但有时候也可能是误打误撞。以丹麦的弹性安全计划为例，这套计划成效良好的理由，无疑是因为方案中把薪资补助与继续接受训练挂钩。有 6 家新泽西的社区大学与高职设计了其他方法来达到效果，它们把焦点放在有共同目标和背景的学生身上，与当地产业合作设计课程，直接瞄准特定的潜在工作，借此激励学生。它们也增加规模，请合作的企业增加训练方案的资金。加州证明这类的做法行得通。IBM 也已根据类似的思维发展出自己的全国性方案。在北卡罗来纳州，基尔福郡（Guilford County）将社区大学的训练方案和进入新产业领域绑在一起,借此激励学员,并让方案聚焦,成果是觅得新职的比例高且薪资也高。加拿大的决策者非常佩服这样的成就,因此他们也把未来的再培训方案和地区性的发展规划组合起来,纳入通才教育系统、社区发展以及企业内部转职。基于多数社区学院与技术学校都不太注重雇主的需求,因此,在这方面有很大的改进空间。

如果说这些实验性的成果只能将未来的训练方案画出模糊的蓝图,那么全球化对高等教育有哪些需求,就更不明朗了。在这方面,明确的要求是要有更多的科学家与工程师。美国政府、其他政府以及名嘴评论家经常把这话挂在嘴边,就算还不到怀旧的地步,无疑也是沉溺于过去出色的研究成果。典型的范例,是美国政府最近呼吁要"多训练几千位科学家和工程师"。美国政府很烦恼年轻人对于科学和工程兴趣缺乏,并明白表达担心中国与印度的科学教育发展将会变成一道障碍,妨碍想要研究工程与科学的人进入发达经济体并留下来,扩大美国国内的劳动力差额。强调基础科学的论点显然合理,确实也带动了重大进步;过去常见的政府、大学与产业结盟,再加上它们设立的出色研究中心〔如贝尔实验室、兰德公司与国防高等研究项目署(Defense Advanced Research Projects Agency, DARPA),杰出机构太多,难以一一列名,仅列出其中 3 家〕,贡献良多。

但前述的创新讨论已经说明,着眼于科学只能满足部分的创新需求;这当然是很重要的部分,但也只是一部分。整体经济体的创新也需要并行、多样的低科技层次应用,完整的流程需要有各种不同教育提供支持,不是仅有科学家和工程师就够了。以科技发展而言,与其强化要达到精通水平的密集研究、知识与思虑,反而更该重视广泛的思考方向,促成一般人汇整集结各个不同年代的技术,应用到之前没想过的商业与生产领域上。以创新来说,大学也要支持这种并行的思考方向。

这些考量,似乎支持着常有人提到的主张:要注重通才教育与技术教育的实用价值。无疑的,这方面的辩证永远不会有定论。但如果创新的目的在于创造繁荣,大学就要兼顾培育通才型的学生,以及专攻科学与工程的专才。创新需要高级主管、企业家和经理人,这些人可以马上掌握技术的大致特性,也了解现有(及未来)客户的需求与品味。这类通才型人才拥有的是钻研创新主题的研究人员所谓的"实用技能"(life skill),例如沟通、批判性思考与合作能力,也有人把这些称之为"非认知"(non-cognitive)技能。 从大格局来分析,在创新流程中,文学、历史、艺术以及其他传统人文科目能提供的支持力度,或许和物理、化学与电机不相上下。

这种对高等教育难以言喻却又分外重要的需求,是美国多元教育系统中很重要的一环。无疑的,在不经意之间,美国因此拥有了某些创新优势,超越日本或欧洲偏向阶层式、聚焦式的教育系统。①就连由美国政府资助的研究,都有更宽阔的多元性空间。由于欧洲与日本政府提供给全面性的大学补助,通常会对课表施压,要求大学要满足公共目标。美国的资金则用于项目,控制范围仅限于此,让大学有更多余地可供挥洒。整体来说,美国有超过 2600 所经认证的学院和大学,1800 所社区学院,有些是私立的,有些是州立的,每一所都有大不相同的章程、愿景和方案组合,这自会引发出对创新而言极为重要的多元想法。当然,要撑起如此庞大的体系需要大量的财富(或许仅有像美国这样庞大的经济体才做得到),但就算如

---

① 范例与比较请详见第 10 章。

此,这种显然混乱的组合能带来多少报酬,仍不明朗。

纵然种种用来促进创新、调整与再培训的做法都能成功,但终究不足以应对全球化带来的所有挑战。要能应对,并更彻底地消弭保护主义的压力,在做法上必须要推动金融改革,以抑制会造成大患的金融体系盛极而衰循环模式;会出现这样的循环,全球化是唯一的理由。

第 13 章

如何预防下一波金融海啸

比经济调整更急迫的,是要切断全球化与金融系统出现盛极而衰、造成大患的循环性模式间的关系。不论发达或新兴世界,这种周而复始会毁掉每一个经济体的繁荣,还会引发伤害性更强的保护主义冲动。2008年到2009年间让人胆寒的金融系统崩盘,使得各种金融问题更加纠结,但要解决金融市场问题,实际上比解决创新、训练或就业问题更单纯。有些补救之道来自法规变革,但由于规范面的影响有其限制,因此前景最光明的解决方法,是要改变各中央银行的货币政策决策。

别指望中国停止压低货币汇率

不管美国与其他发达经济体用哪些方法来抑制金融波动,永远都有人更便宜行事,期待中国与其他新兴经济体能改变货币政策,从此不再需要任何手段。如果这些国家能停下来,别再努力压低货币汇价,就不用像现在这样(未来也将如此)大量买进美元。到那时他们就不再需要把大笔的资金转入发达市场(这是导致全球金融市场波动的主因),发达市场的规范单位或中央银行也就不需要拼命抵消这些效应。[1]

---

[1] 完整的论述说明请见第9章。

事实上,欧美国家多年来对中国的政策态度,就是要努力营造出上述局面。不管是个别或联手,美国与欧盟的外交人士都指望中国政府容许人民币升值。坦白说,这些外交压力多数瞄准的都是贸易,而非减轻金融体系的压力。很难说欧美国家的谈判人员是否明白中国政策在金融方面造成的影响,他们主要的期望是要削弱中国的出口力度。他们乐见的场景是人民币升值后拉高中国出口产品在全球市场的价格,使得欧美国家的生产者在本地市场更具优势,能和中国的进口商竞争,并替欧美的出口产品在中国与其他新兴经济体找到更多商机。不论动机为何,他们的努力成果少之又少。中国基本上仰赖出口,因此中国政府不可能大幅妥协,屈服于任何要求人民币升值的严正提议。就算中国肯让步,容许人民币在外汇市场里升值,也是象征意义多于实际效果。

在这样的历史背景下,我们难以期待中国的任何政策会快速出现大幅转变。事实上,近 20 年来,中国一再地清楚表明立场。中国有多坚决捍卫廉价人民币,在克林顿政府早期时首次显现。1993 年,当时的美国财政部次长桑莫斯曾公开要求人民币升值,中国不但没有让步,还反其道而行。在桑莫斯代表克林顿总统提出诉求短短 6 个月后,中国让人民币大幅度贬值,之后制定一套政策,严守住这个低价位。纵使这个决定最后导致了1997 年的亚洲金融风暴①,中国仍坚守人民币兑美元的价格,在可预见的未来都维持在这个低水平价位。

即便桑莫斯显然失败,克林顿总统仍持续对中国施压,但仍徒劳无功。在最好的情况下,他和大名鼎鼎的财政部部长罗伯·鲁宾(Robert Robin)也只获得承诺,不会在 20 世纪 90 年代末期的亚洲金融风暴期间让人民币进

---

① 完整的论述说明请见第 9 章。

一步贬值。中国显然不考虑重新拉高人民币的价位,仍压低兑换美元的汇价。中国不仅不理会克林顿或鲁宾的死缠烂打,还要鲁宾说服日本维持住日元兑人民币的价格,牺牲一些日方出口的优势转为中国的益处,让中国在全球更容易和日本的产品竞争。中国总理朱镕基无疑乐见美国在政策上受到的挫折,他曾公开感谢鲁宾部长仿佛是中国政策的代理人,努力和日方交涉。当克林顿 2000 年任满时,人民币的汇价仍不动如山。

克林顿任满之后,由布什总统接手这桩让人满怀挫折的任务,同样也面临中国的毫不妥协。两位财政部部长都无功而返。第一次是由保罗·奥尼尔(Paul O'Neil)要求人民币升值。中国政府仍严守盯紧美国的低汇价。有些人甚至认为,奥尼尔的失败,导致布什政府开铡,即所谓"周五早晨惨案"(Friday Morning Massacre),让奥尼尔以及国家经济委员会 (National Economic Council)主席赖瑞·林赛(Larry Lindsey)去职。但布什的下一任财政部部长约翰·斯诺(John Snow)也好不到哪去,至少一开始时是如此。2003 年,他明确表达布什政府的政策立场,直率地声明美国对中国的政策是要寻求"建立弹性汇率制度"。中国仍是坚守盯住美元压低人民币汇价的立场。

但布什总统与斯诺部长在 2005 年之后确实有些小幅度的进展。从当年起,布什开始认定中国的货币政策"严重扭曲",要求在 6 个月内要有"实际的改变"。此时他的说法获得毫无道理但具体实际的支持,参议院发出了威胁。当葛拉罕与舒梅尔两位参议员威胁:除非中国政府调整货币政策,否则要对中国进口商品课征 27.5%的关税。这终于引起中国政府的关注。中国人民银行最终容许人民币从其严格盯住美元的低汇价水平升值。但中国政府的行动意在化解两位激进参议员的威胁,而非改变基本面。人民币缓缓升值,速度很慢。事实上,深感沮丧的斯诺部长曾大肆抱怨"中国汇率制度的改革步伐慢到让人失望"。有一件事可以凸显中国原本的意思：当时的中国总理温家宝重申中国在调整人民币汇价时仅会依循"独立、可控制的渐进过程"。

纵使面对关税威胁，中国政府肯让这一小步，或许是因为其在欧洲的竞争地位已经提高。在斯诺、舒梅尔与葛拉罕各自提出威胁之前，自欧元成立以来算起，美元对欧元的汇价已经下跌 14%。因为人民币会跟着美元走，中国在欧洲因此获得足够的价格竞争优势，可以取代人民币兑美元温和起涨而失去的美国出口市场。当然，这样的变化招致欧洲的外交压力，当欧元兑美元与人民币节节高涨时，压力就越发强大。2007 年，有一支显赫的欧洲代表团，成员包括法国前总统萨科齐、欧洲央行总裁尚－克劳德·特里谢(Jean-Claude Trichet)以及其他欧盟有识之士，出访北京施压，要求人民币积极升值。中国政府并未断然拒绝，但也没有放弃一贯的渐进政策。

当布什的第三任财政部部长亨利·保尔森(Henry Paulson)呼应各国的要求(除中国之外)时，中国的领导人们仍坚守立场。之后，在 2008 年到 2009 年衰退的经济压力之下，中国强调仍将持续坚守低价人民币政策；当时中国完全不让人民币进一步升值，回归严格盯住美元的时期，价格仅比原来稍高一些。①

当奥巴马政府于 2009 年上任后，马上接起布什遗留下来的工作。财政部长提摩西·盖特纳(Timothy Geithner)在修辞上确实比前面几任政府更放得开，在他的参议院同意任命听证会上，他在书面意见里把中国贴上"货币操弄者"的标签。虽然他基于外交与法律的因素而撤回如此大胆的用语，但他的立场营造出的气氛一直萦绕不去。只有中国毫不动摇，继续坚

---

① 请见第 5 章中描述的中国出口需求。

守当时非正式但实际上是盯住美元的新汇价。美国新政府上任几个月后，当奥巴马总统前往北京访问中国领导人，并且"提起(人民币)议题"(这是奥巴马当时的用语)时，中国拒绝改变。确实，中国不但没有改变，中国人民银行的发言人还特别强调美国是在找碴，并全面抨击西方的要求，说这很"荒谬"，而且是"流氓逻辑"实例之一。

在此同时，中国政府持续努力，把人民币兑美元的汇价压到极低的水平。是的，在经历美国 3 任总统、至少 4 位财政部部长以及一群欧洲领导人的施压之后，2013 年人民币兑美元的汇价，比起中国在 1994 年开始让货币贬值之前仍低了 10% 以上，使得中国的出口尽管要面对这一切说词、压力和角力，仍比 16 年前拥有更大的价格竞争优势。即使在 16 年前，由于人民币兑美元仍属廉价，有人算过，这相当于 25% 的竞争优势，也有人主张人民币超贬幅度接近 40%，这种看法在欧洲尤其普遍。虽然中国最近让人民币升值，但速度极缓，需要花上很长一段时间才能缓解整个局面。

规范虽防不胜防，仍是重要指南

如果中国不太可能有实际的变动，控制金融周期循环的重责大任，将落在各国的国内手段上。可预见的是，中国政府(也隐含包括其他新兴经济体的政府)将继续压低自家货币兑美元的汇价，而且一如往昔，继续在外汇市场购买美元，并持续把这些美元多数投资到美国，少部分投资到欧洲的各金融市场。除非有人做了什么，否则这些流动资金将继续喂养金融体系的盛极而衰模式。在寻找其他解决之道时，发达国家必会转向市场规范。规范在2008 年至 2009 年的金融风暴之后尤其受到青睐，是政府部门永远的最爱。

但规范有其限制,这么说吧,能做的也仅限于配合货币政策转弯。

为了预防金融市场里没有限度的参与者,规范在任何金融环境中要发挥作用都很吃力,面对来自海外的持续庞大流动资金时更是如此。法规必有的冷硬特质,在金融环境中能引导出的合乎道德或理性行为有限,不会多于其他领域的法规能确保的程度。理性与道德在金融领域里可能更难觅,因为这两件事在这里不仅难以执行,也难以定义。因此,虽然规范是必要的手段,能用来阻止诈骗与滥用,确保银行与其他大型金融机构可以轻松取得金融资本,在面对损失时有足够的缓冲可以维持顺畅的运作,并提振信心以促进金融交易,但在全球化的环境下若要以规范当作解决方案,限制重重。无论执法多严格,规范都无法找出危险藏在何处,当市场充斥着流动资金时也无力阻拦,过去是这样,在外国货币政策与海外资金的影响之下,未来也将是如此。

规范上的失败数不胜数,2008 年至 2009 年间很多曝光的超额资金早在 800 年前就不合法,最后会暴露出来完全是因为危机爆发,而非监理单位的纠举。说穿了,麦道夫的老鼠会骗局早就违法,而他居然能在至少 4 任总统和多位证交会主席眼皮底下,把这份非法事业壮大到千亿美元的规模。如果不是金融危机导致他的投资人抽回资金,让他对投资人编的漫天大谎曝了光,麦道夫到今天可能还在做这份非法事业。证交会以及其他政府机构的监管,完全无法揪出与预防他以及其他人滥用系统,连麦道夫在打造他的非法事业时,美国政府还经常来征询他对金融发展的看法,财经媒体也经常把他当成专家来引用他的话,他有一段时间还担任美国证券交易所(American Stock Exchange)的主席。新法规如果只是让本来的违法活动变成双重违法,未来在预防这类行为上也很难有建树。

限制金融机构要在明智理性范围内行事的规定,虽然是受欢迎的额外市场防卫机制,但功效也就仅限于此。举例来说,2006 年,国际清算银行(Bank for International Settlements,BIS)征询过 120 个国家的规范机构之后,针对银行规范与监理提出 25 条更严格的新规定。这些规定包括就授权、所有权、资本适足率、风险管理、整合系统、处理有疑虑情境的方法、任务的划分与跨境责任等事项谨慎订出限制。以国际清算银行总部所在地巴塞尔(Basel)为名的《巴塞尔资本协定(第二版)》(*Basel Ⅱ*),是一个以新规则、新规范打造而成的救生筏,被当成对抗金融弊病的重要保护机制。但不到两年后,整套精心构筑的架构连让 2008 年的金融恐慌慢下来都无能为力;当时全世界每一家大型金融机构可是完全都遵循这套规定。

就算是看来最单纯且举世通用的规则,比方说资本适足率规定,都有严重的限制。这类规定几乎在每一种规范系统中都可以找到。资本适足率的相关规定坚持银行与投资公司必须挪出一部分的资产,以安全、便于处置的形式持有,让这些机构在市道艰难时可动用资产来履行债务。规范机构主张,动用这些资产可以协助金融机构在市况波动之下维持平顺的营运,因此可以维系市场信心。这些是必要且合理的规范,但实务上也只能对抗小规模、经常性的市场变动。要能妥善发挥功用,并提供信用以支撑经济成长,金融市场就必须掌握大量的流动资金,因为看似温和的市场翻转,都要动用金额极高的现金。

举例来说,贝尔斯登(Bear Sterns)于 2008 年倒闭,时任证交会主席的寇克斯指出,该公司完全符合规范的标准,事实上,还比《巴塞尔资本协定(第二版)》要求的资本多了 20 亿美元。要把资本适足率放大到足以面对每一种可能性,会逼使金融机构闲置太多资产,导致它们没有必要的资源可用于支持经济活动;这不太可能是让人乐见的政策选项。

用规范来解决盛极而衰的问题,仍无法解决许多通病。从性质上来说,规范必是基于过去的经验所设计出来的。虽然过去可以为未来提供普遍性的指引,但无法处理未来的特殊性。早已经很明确的是,每一次出现超额资金,都有大不相同的特殊背景条件,很难一概而论。[①]要任何一个人去预测下一次为什么会出现热钱,都是太过分的要求。就算是美联储前主席格林斯潘这种显然乐于成为众人眼中预言神人的人,都不得不承认:"要在成长的过程中找出泡沫,是最难以克服的挑战之一。"

一窥最近的三次盛极而衰循环,就可证明格林斯潘言之有理。应对亚洲金融风暴,规范面强调浮动汇率机制,这是因为采用固定汇率的亚洲各小龙随着人民币在忽然间贬值而陷入泥淖。规范也对公司之间、公司与政府之间的密切关系表达疑虑。这类所谓的 "裙带关系资本主义"(crony capitalism),在亚洲金融风暴之前随处可见(至今仍是),被认为应该要为风暴负起某些责任。由于亚洲各小龙的问题也出在短期贷款到期时无法得到新的贷款,因此规范上便以强调使用长期贷款作为回应。这些做法或许能防患未然,但前提是如果下一次不幸的周期循环有相同的特质。因此这些防卫机制也不太能阻止接下来哪一次以科技和网络为焦点的多头市场热。在应对网络泡沫破灭时,规范再次调整其重点,强调的是要分散投资,防止过度集中投资对太多投资人造成伤害。为了反制企业财报过度乐观,沙宾法案规定,如果高级主管做出过多的承诺,事实上是犯罪行为。虽然这些规范原则上都为人所乐见,但面对次贷风暴与后续 2008 年至 2009 年经

---

① 详见第 9 章。

济大灾难的特殊性时,都无用武之地。[1]

规范这种解决方法,也会因为金融系统的性质千变万化而难以收效。越容易取得流动资金,金融业的从业人员与机构就越容易受到诱惑避开规范的拘束,甚至不受广义的金融理性指引。金融机构与员工拥有丰富的想象力,就算不特意去想如何违法或欺骗,他们都能找到方法绕过规定、规范,甚至是他们自订的原则。虽然多数金融业的业界人士都保守管理自己手中的资金,即便面对和超额资金随之而来的乐观气氛时亦不动摇,但只需要一小撮人,就可以喂养出祸害严重的盛极而衰模式。规范机构若要防范这类行为,需要聘用几乎相当于从业人员数目的调查人员,而且每一位制订规范者都必须至少和被调查管理的对象一样机敏。就算是这样,假如金融机构设法在未违反法条规定的前提下闪避立法本意(就像很多机构目前的做法),规范与调查机构也难有着力点。

有时在特定环境下是助力的规范,有时换了环境后反而会弄巧成拙。以《巴塞尔资本协定(第二版)》为例,就应该为了某些导致 2008 年至 2009 年系统崩盘的问题受责难。《巴塞尔资本协定(第二版)》就像后续的《巴塞尔资本协定(第三版)》一样,合理地要求银行要针对风险较高的贷款持有更高的金融资本。

但在 2008 年至 2009 年的环境下,这条规定迫使银行必须在准备金的安全网之外再增加额外的资金。在正常条件下,这样的规定对单一机构来说是合理且明智的要求。不过,当规定迫使几百家机构要快速(而且几乎是所有人同步)把资产丢进已经混乱的市场出售时,就更压迫资产价格继续下滑,导致更大的损失,使得已经岌岌可危的机构又更加脆弱。各金融机构

---

[1] 有些人认为,在经历投资科技股的不确定性之后,房地产是避险天堂。

急切地要将资产卖得最高价，以提高资本满足《巴塞尔资本协定（第二版）》的要求，他们纷纷卖出手边最好卖且最优质的资产。而当时，为了涵盖平均质量较低的新贷款组合，他们必须把资本额度拉到更高水平，迫不得已出售更多资产，市场的价格压力就更大，正因为实施这样的规则，从而将引发更多的损失。

规范制度要能克服种种困难，唯一的方法就是脱离明文规定，转为给予行政与调查机关更多的弹性，以应对新局面。虽然前述的设计可以避免现今某些不当之处，却会带来另一套不同的问题。摆脱明确的规定，给予执法机构的审酌权将会招致监督上在适用时出现不一致的情形，隐含这是不当的方法。没错，如果一群拥有权力的调查人员可以在监督上做到一致适用，不会因为调查人员不同，或相同调查人员面对不同的案件而有不同的标准，确实值得赞扬。而且，执行任务的是凡人而非圣人，审酌权无疑也会引发可观的滥用权力风险。早在古罗马时代，诗人尤维纳利斯（Juvenal）就曾经问过："谁来监管监管者？"这个问题永远都适用于握有权力的人，就算范围明确限制者亦然。

即便规范人员刚正不阿，他们是否比金融机构的经理人更有能力与动机在不确定中找出风险，仍值得质疑。毕竟，发明金融商品的是这些公司，它们对产品了如指掌，而且，成败系于能否安度风险的人，是这些从业人员，而非调查人员。确实，多数的规范都隐隐承认着从业人员比较能洞察情势。举例来说，当美国财政部提出风险控管的指引建议时，要求金融机构（而非政府单位）"找出全公司性的整体风险考量（信用、业务、流动资金与其他），并以这些考量因素为核心提出适当的限制与控管"。财政部警告金融机构要避开"不当诱因，以免威胁到受监管金融机构的安全性与稳健性"，同时让企业管理阶层自行决定这些诱因是什么。虽然这类指引表面上看来完全合理，但除了说企业要了解自家业务、掌握风险与小心行事之外，没有太多别的内容。就算在冒极大的风险时，多数企业都相信自己的行为符合上述规范。这样说来，多数企业自认一向受到法规严格控制，相比之下，如今也并没有比较多。

更基本的层面，在于许多风险管控专家所说的"道德危险"(moral hazard)这个问题上。诸多金融机构(尤其是大型企业)的自信监理者的目的在于保护系统，因此，只要他们引发的问题危及金融系统崩溃，规范单位都会帮他们解决。这类型的政府援助，从 2008 年至 2009 年期间的银行纾困来看最为明显，但此种做法更早之前就有了。这样的信念，诱使金融机构在营运时不那么在乎风险；如果他们无法期待资金援助、会害怕破产，就会更注意。

周密的规范体系会说服金融服务业的消费者，让他们相信政府会针对诈骗、不当资金操作以及其他风险提供保障，让他们不需要为了自己做研究(这本来是消费者自己的事)，以确认有业务往来的金融机构与个人的财务健全度，很可能会让人们连最基本的谨慎注意都不顾了。这类规范监督对于企业和金融体系造成的效果，是提高而非降低风险。

当然，这并不代表有关当局应该放弃所有监管，更不是指向要它们无须费尽心力来纠举或防范诈骗或其他滥用。它们订出的规则是极重要的指南。而且，光是要接受调查的威胁带来的羞辱，已足以让多数企业自律，更别提可能采取司法途径的后果。这些资本比率与负债比率、银行资产风险加权评估、员工背景查核、授权问题以及其他太多、太细无法详列于此的标准，一在提醒管理阶层稳健金融管理有哪些他们永远不该遗忘的要素。法规纵有这些好处，但在面对过去 20 年来因全球化引发的盛极而衰的循环时，显然连最谨慎细腻的规范也派不上用场。美国哈佛大学法律系教授、现任的参议员伊丽莎白·华伦(Elizabeth Warren),曾经担任经济稳定国会监督小组(Congressional Oversight Panel for Economic Stabilization)主席、国家破产会议执行委员会(Executive Council of the National Bankruptcy Conference)委员与金融业消费者保护局(Financial Consumer protection Bureau)第一任局长,也是大力支持政府监理管控的拥护者,连她都承认"长期来说,规范无效"。

抗通胀,不能靠预测,得控制流动资金

面对规范的严重限制与中国的毫不退让,若要控制全球化,不再推动盛极而衰的循环模式,唯一可用的机制便是管理货币政策。这项政策确实前景可期,理由是,在过去几次危机中,美联储与其他央行采取的补救措施不足,对结果造成重大影响。[①]凭借够强大的意志力,在发达、甚至是新兴世界里的各国央行与货币主管单位,都有能力控制自家市场内的整体流动资金水平。

毕竟,它们都能创造或销毁通过自家金融体系流动的任何资金额度,利用这股力量,长久下来就有办法抵销、或者说"冲销"任何来自海外的超额资金。确实,这是一种早已被公认的可行方法,连大学经济学与财政学教科书都会讨论冲销,有时候甚至长篇大论。当然各央行在注入或抽取流动资金时自有其偏好的方法,但技术层次不重要,比不上想要完成这件事的目标与意愿。国际货币基金的研究指出,就连金融市场规模较小的小型经济体,其央行在这些议题上也能掌控到一定的水平。

---

① 详见第 9 章回顾过去的各次危机。

有鉴于央行永远都有这种可冲销海外资金流入的能力，又基于过去盛极而衰循环模式造成的严重伤害，自然而然出现的问题是，为何美联储与其他各国央行到目前为止无法施展这股力量？由于无法得知各国央行人员的内部想法，任何答案本质上都只能是猜测。这或许是因为只有在回首过去时才看出迫切需要冲销，或者是，各国央行抱持犬儒的态度向政治压力低头，听任经济与金融继续发烧。更可能的情况是，过去冲销海外资金之所以失败，是因为各国央行放错重点；它们多半仅着重通胀，忽略了金融方面的考量。

这些偏差显然是可理解的。虽然全球化引发的盛极而衰循环至今持续了好一段时间，但拉长时间轴距来看，却属相对近期。现今各国的央行人士与决策者，在养成专业的那几年都在对抗 20 世纪 70 年代与 80 年代初期的严重通胀，那时候一般价格水平的年增长率可超过 18%，导致增长近乎停滞，而且失业率严重飙涨。他们自然而然会认为通胀才是危机所在，而不会去检视金融市场的波动。但如果全球各经济体未来要避免出现盛极而衰的循环，每一个国家的央行都要避免这样的偏见，执行货币政策时得要审慎地将流动资金纳入考量。

美联储前主席格林斯潘过去的纪录，最能说明有哪些常见的政策偏见，以及这些偏见会导引出哪些后果。他虽然在 1996 年时拐弯抹角说到金融市场"不理性的繁荣"，但他袖手旁观，继续完全忽略网络热潮。但他用一贯的态度建构货币政策，并仅以通胀来解释。比方说，1999 年，就在网络股泡沫戳破之前，格林斯潘在参议院作证时绝口不提当时透过金融体系如排山倒海一般涌入的流动资金[1]，也不讲股价充满危险的涨势。他反而完全从持续加速的"就业成长"将如何"造成通胀压力危机"讲起，解释美联储的升

---

[1] 这些超额资金的估算值，请见第 9 章。

第 13 章
如何预防下一波金融海啸

息决策。值得注意的并非他考量的通胀压力，而是他唯一念兹在兹的通胀。多年后，当房地产泡沫开始扩大时，格林斯潘主席再度忽略来自中国的流动资金。他的抗通胀焦点又再度引导着他，在参议院听证会上勾画出一片美好的全球动态，主张"中国与印度整合加入全球市场"将会"开启全世界的生产产能"，因此能带动"有益的通胀表现"。

有偏见的不单格林斯潘一人。欧洲央行第一任总裁维姆·德伊森贝赫（Wim Duisenberg），从他的任期与欧洲央行成立之始，从不提国际资金的流动，反而大力强调需要"创下低通胀的纪录"。同样的，他担心通胀并无不当；错在这是他唯一的考量。确实，欧洲央行的各创办人都同样抱持这个单一焦点，导致欧洲央行的唯一使命就是要控制通胀，连实际经济体的健全度都忽略了，更别提考量海外的流动资金。在其主要的公开宣传中，英国央行同样直言不讳，描述自身的角色是要"订定利率以维持低通胀"，而且，虽然英国央行也谈到了"一个稳定的金融体系"，但表明在这方面的规范做法少有涉及任何控制整体流动资金或海外资金影响的责任。

不论过去的忽视是基于哪些理由或借口，都必须终止。各国央行需要采取新做法，否则，随着全球化趋势越来越强，盛极而衰的循环会造成更严重的风险。用来维持基本流动资金水平的工具很单纯，重点在于要改用更新、更广的方式来思考货币政策，不仅要维持对通胀及经济情势的敏感度，也必须纳入对市场行为的考量，包括资金流动。除了更广的思维之外，新的政策也需要有新的决策规则。直到最近之前，各央行决策几乎仅着重通胀，致使决策者大量仰赖预测。各国央行人员必须根据通胀展望来评估未来的经济局势。他们必须凭借预估值微调政策，预估经济局势在未来一年、两年或几年会导致通胀上升或下跌，顺势调高或调低利率。这样的做法不仅完全不去控制目前的市场流动资金与盛极而衰循环，仰赖预测还会使得控制通胀问题重重。大概要像神一样无所不知才能精准预测。这样的要求或许能说明为何这么多央行人员培养出如神一般的风度；这种思维却让决策变得极为危险，就算在最佳条件下亦然。

面对如此问题重重的背景条件，试着改为聚焦在基本流动资金水平，有几个好处。当然，主要是这有助于直接控制市场流动资金，从而控制全球化与国际资本流动之间的不利效应。但除了能平稳金融波动之外，这种做法在控制通胀上或许也能有好表现。由于通胀基本上是一种货币现象，当经济体里出现超额货币与资金时物价通常会上涨，当超额资金减少时跟着下跌，因此，着眼于基本流动资金水平很可能最终能更有效地控制通胀，胜过目前以预测为基准的做法。

此外，承诺控制流动资金将能使政策更透明，优于现在的预测基准法。更大的透明度能协助财务与业务从业人员更有效地进行规划，有助于增进市场与经济体的稳定与效率。还有通过减少政策中难以捉摸的预测，在更技术性、可衡量的基础上进行决策，这番改变也会让各国央行较不容易受政治压力影响。如果这些改变剥夺了央行人员显然乐于享有的神人地位，这样的损失相较于可获得的潜在利益，不过九牛一毛。

不做这样的改变，就没有什么方法可以缓和金融体系盛极而衰的循环；这种模式对发达和新兴经济体同样都有害。另一方面，不断强化的全球化趋势仅会加重这些造成大祸的循环，伤害所有经济体，为充满危险的保护主义反扑势力增添火力。如果说，解析以上的建议有助于防范，或至少能减缓相关金融问题的负面效应，那么，新兴经济体若愿意改革，将可再添助力，帮助它们自己，也帮助发达经济体。

第 **14** 章

新兴经济体的改革：中国

与发达经济体相较之下,新兴经济体未来将进行更多基本改革。它们的出口导向成长模式虽然至今大为成功,而且在许多方面仍是保持持续繁荣的必要元素,但未来也将面临更多的严重限制,迫使它们寻求以内需为本的替代性成长引擎。它们在这个过程中将需要扩大经济规模,以前所未有的方式整合各个环节,并照顾各国国内的广大地区与众多人民,增进它们的财富与所得;这些地区与人民至今还难以体验现代经济的效率高超与交易热络。中国特别需要这样的改变,扩大经济上的作为,纳入至今仍被忽略的内陆地区。中国政府需要进行大幅且辛苦的调整,包括提高进口开放程度、放松中央集权指导、推动更流动开放的金融市场,还有,就算仅从经济发展着眼,也要营造出更自由的社会环境。

出口称霸后,面临的问题

以中国和其他新兴经济体到目前为止创造出的可观进展来看,改变似乎无必要。毕竟,在过去二三十年来全球化程度越来越高的环境下,光在亚洲,出口导向式的成长就把约 5 亿人拉出了贫穷;联合国的资料指出,这使得全球生活在极贫穷环境中的人口从 30% 降到 20%,并让全球能上小学的孩童比例提高至 90%。伴随全球化出现的移民现象,使得移民汇回贫穷母国的资金大增,目前超过官方的国际援助资金 3 倍以上。①中国已经超越日本,成为全球仅次于美国的第二大经济体,印度可能也很快就会超越美国,成为全球仅次于中国的第二大贸易国,媒体均以高度的警戒来看待这两项发展。

虽有这些成就的加持,但新兴经济体仍然贫穷。中国的绝对规模大到让人惊叹,但人均收入极低,仅为一年 7600 美元,不到日本的 1/4,仅为美国的 1/6。中国约有 36% 的人口生活水平相当于一天 2 美元或更低。这些让人丧气的事情,不单出现在中国。印度有超过 75.6% 的人口生活在相当于贫穷的水平。巴西,从很多标准来看,产业整合度比其他新兴经济体更彻底,但该国仍有 12.7% 的人口生活在压迫性贫穷(oppressive poverty)之中。

相较之下,最有效达成经济整合(新兴国家目前最急需的正是经济整合)的新加坡与中国香港,将国民的人均所得拉高至日本与发达西方世界的水平,贫穷比例也拉低到相当的地步。大陆型的中国和城市型的新加坡、中国香港或许少有共通之处,但后面两者的成就应能让中国警惕,进而关注经济广泛整合的重大优势。

就算中国选择忽略人均所得低落的现象以及其他问题,但其出口导向的成长模式终将面对限制,不管如何都将会迫使中国拓展经济范畴。很简单,这个模式将无法继续维持下去。若要继续创造一如过往的快速增长,中国的出口必须在全世界攻城略地、规模大到几乎不可能的地步。中国在全球出口中的占比已达约 12%。想要进一步成长,就算只是稍微跟上过去的

---

① 极贫穷的定义为每日生活费用 1 美元以下。

快速步调,都代表中国几年内要在全球出口占比中拉高到20%。[①]即便发达世界过去不排斥中国在出口市场的霸主地位,如此大规模占据市场显然将引发可观的反弹。中国也会自伤,因为当单一国的海外销售占比高到不成比例,其他经济体将失去大量的生产、财富和收入,使得它们再也无力购买中国的产品。

中国倚赖出口之深,已经面临另一种完全不同的问题。就像之前许多低成本的生产者一样,中国经济卓越的出口成绩,开始带动工资上涨,这股压力伤到自身的优势基础。[②]中国无法将经济体的其他部分和沿海出口活动密切整合,有极高比例的中国人仍无法参与沿海产业,让压力更加沉重。一般来说,中国工厂的薪资一年增长8%或以上,远高于美国名义薪资增长的2%到3%。若计入中国为了平抑社会纷扰而新规定的福利,使得整体劳工薪酬年增长率达10%。出口产业的问题更严重;中国出口产业提报的新职位数目,比求职人数还多了9%。竞求劳工又把出口产业的薪资往上拉,光是过去几年,年增长率已经达17.8%。技能水平越高的劳工薪资上涨更快。本田汽车中国营运处便指出薪资增长率达24%,而电子产品制造商富士康(Foxconn)则提到深圳园区的劳动成本倍增。玩具制造商孩之宝(Hasbro)也预期公司在中国采购商品的成本一年要上涨14%到15%。

中国的成本就算高涨,仍远落后于发达经济体的薪资水平,但还有另一个问题。中国的薪资涨幅已经让其他薪资仍低的新兴经济体得到竞争优势,例如越南、巴基斯坦、孟加拉和印尼,这些地方的平均工资是中国的

---

① 作者在计算时的根据,是全球贸易实际增长率为5%,中国的实际增长目标则是9%,远低于过去平均10%到12%的年增长率。

② 详见第10章。

1/3。上述各经济体里的政府与生产业者,都虎视眈眈想要从中国手上抢走市场占有率。低薪竞争预计会导致中国珠江三角洲 6 万到 7 万家的工厂倒闭。中国一度获利丰厚的制鞋业,全都关门大吉。中国没有抢到出口导向成长模式所需的出口占有率,反而丢掉一部分战场,落入其他成本仍低的新兴经济体手上。

防止人口严重老化,一胎化政策松动

中国特有的人口结构趋势,会使得问题更严重。由于多年来中国坚持一胎化(事实上,是从毛泽东主政时代就开始),因此中国最后也会面临整体年轻劳工不足的问题。未来 10 年,15 岁到 24 岁的年轻人加入劳动力的速度会减缓 30%。中国当然应会避免出现极端的人口结构恶果,避开日本和发达西方国家目前的局面。即便是从现在起算的 20 年,中国也几乎会有 4.5 个劳动年龄层的人抚养一位 65 岁以上的退休人士,相较之下,日本为 1.8 人,美国为 3 人。[1]但就算中国的高龄化不似日本、欧洲与美国的老化过程急速限制经济增长的潜力,仍有负面冲击。有些人估计,如果中国推动二胎政策的话,一直到 2030 年能再增加 10%的经济增长率。而且,以平均值来估算人口影响力, 无疑低估了中国出口机器未来会面对的劳动供给与薪资问题,因为年纪较大的劳工比较不会移往沿海地带。

中国政府深明这些困境,已经开始重新思考一胎化政策。上海市已经在法律许可范围内积极鼓励市民,可突破生育一胎的限制。中国政府也已经开始启动一套计划作为抵消机制,鼓励年长者继续留在工作岗位,就像

---

① 这些人口统计上的比较以及可能对整体经济扩张速度造成的阻碍效应,请见第 2 章。

之前讨论过的日本与发达西方国家等老化经济体走的路一样。[1]但到目前为止,中国仍保留一胎化政策。[2]考量这些人口结构因素,再加上已经在消退的企业成本优势,以及中国无法在出口市场占据更大的主导地位维持过去的增长路线,都将使中国的政策远离出口导向的发展,转向精致整合与法规松绑。

拓展内地,经济才能整合

中国政府要拓展经济整合,还有其他同样重要的理由。让中国内陆地区融入经济主流,让这些地方接触到现代企业的效率,全面在中国以及世界各地从事贸易,将使中国更有能力,比现在更完整、更有效率地善用其自然资源、财务资源,尤其是人力资源。就像经济学家李嘉图说过的,无论是国与国之间或国家之内,开放的贸易与资金流动能让各个产业或地区聚焦,各自去做最有能力做的事,因此能让总产出的价值放大到最大。随着价值提升,收入和财富也跟着来。[3]

除了全面提高生活条件(尤其是在目前仍贫穷的中国内陆地区),脱离目前出口为重的成长路线,多元化的经济发展将有助于中国修正沿海出口导向城市与其他地区间不断扩大的收入与财富差距。在此同时,基础更广泛的经济体会比现在的出口导向更稳定、更有弹性,而且增加的财富

---

① 详情请见第 3 章。

② 本书初版时间为 2014 年 4 月,2015 年 10 月,中国共产党第十八届中央委员会第五次会议公报指出:坚持计划生育基本国策,积极开展应对人口老龄化行动,实施全面二孩政策。——编者注

③ 详情请见第 6 章。

有助于提高中国的政治地缘地位，显然这是中国政府所乐见的。

把时间稍微往后退，快速一窥 2008 年和 2009 年危机造成的创伤，至少可以说明以上的某些潜在益处。倘若当时中国是一个范畴更广、整合度更高的经济体，在收入与增长上对国内消费与企业的依赖程度和出口不相上下，必能比实际上更从容地应对困局。在当时的全球衰退使得出口市场干涸时，丢掉饭碗的出口产业劳工不会发现自己毫无选择，反而会得以回到更以国内需求为导向的工作岗位上。回到故乡的人也能找到更有吸引力的就业机会，比当时的状况好更多。最低限度，基础广泛的经济体将能为中国带来更优势的地位，为被淘汰的出口产业劳工提供安全网（至少暂时），让这些人仍能维持消费水平，并留在原处，待在沿海城市，无须返回内地（当时很多人回流）；大批劳工回归内地的同时，还会导致人民生活困苦、社会失和，并对经济体造成更严重的干扰。海外的衰退仍有其冲击力，但与中国经济深切仰赖出口（今日仍是如此）时的剧烈效应相比之下，应会缓和得多。

中国在 2008 年推出的紧急经济刺激方案，从另一个观点证明了基础广泛的经济发展蕴含的潜力。当中国政府一开始推出高达 4 万亿人民币的支出方案（主要花在基础建设上）时，目标是要针对在出口产业失去工作的人创造替代性工作，好稳定跌跌撞撞的经济。虽然还不够，但中国某种程度上达成目标了。

同样的，在其他重要方面上，这套刺激方案也超乎期待。通过强化中国各地的道路、桥梁、铁路联系与公共空间，让之前孤立的村庄以及地区跟上沿海城市以及整个世界；在从事相关建设时，中国无疑也在无意间打开了中国各地过去从来无人探索过的商机。每一条铺上碎石的泥土路，事实上就开通了一条过去被阻断的途径，通向外面的地区，把他们的农产品、手工艺以及某些具备成本优势或其他比较利益的产品带入市场。随着收入在商机增加之后提高，就会出现越来越多的本地企业。把无数个城镇和地区加总起来，在经济上引起的回响远远超过刺激方案一开始打算创造的职位数，甚至超过官方通常更乐观的预估值。[①]

中国要改变，必须做哪些事

中国政府知道需要改变。中国前总理温家宝，说过中国出口导向经济的性质比台面上看到的情况更脆弱，他用的几个词如"失衡""不协调"以及"终究无法维持"。这位总理开始规划必要的调整，以 2008 年的刺激方案为基础，增加更多内陆地区的公共建设支出，包括 2015 年之前要再多铺设 19000 英里（约 30000 千米）的铁路。

当时的国家主席胡锦涛，纳入土地改革，结合必要的扩大经济基础作为。他指出，通过整合国内 7.3 亿座小型农场〔规模很小，平均规模仅有 1.5 英亩（约 6000 平方米）〕，中国就可以促进农业的商业力量并提高内陆地区农民所得，同时也释放出农业劳动力，进入各种产业就业。通过提升农业效率以及随之而来的食物成本下降，这项行动也可以减轻家庭经济负担，让消费者过一过比较高档（但并非过度奢华）的生活。

---

① 在中国刺激经济方案生效一年之后，其经济回复到超过增长率 10% 的增长趋势。在美国刺激方案生效一年之后，虽然美国经济的实际国内生产总值平均年增长率达 2.9%，但仍低于过去认定的每年 3% 到 3.5% 长期增长趋势。中国的增长数据请见北京中国国家统计局（National Bureau of Statistics of China）2010 年中国统计年鉴（www.stats.gov.cn）。美国数据请见美国经济统计局网站（www.bea.gov）。

中国政府也希望看到出口产业能用到更多的国内生产要素。虽然这种做法当中仍隐含着出口才是重点,但后续的发展会引发一些内需导向的作为,同时重新调整中国的资本支出方向,最后完全都用在协助国内企业发展。这类扩大产业基础的行动,已经开始切割过去中国进口与出口发展间的密切关联。

中国的新领导班底于 2013 年就任时,继续这些计划,而且说起来,他们比前任政府的态度更明确。新一届中国政府于 2013 年 2 月提出规划,说明政府提出哪些议案要把经济活动从出口转为内需发展,尤其着重于巩固消费部门,要设法提高劳工薪资,特别是省城里的劳工。总理李克强明确宣示,前景看好的城市化将会带动"国内需求"。在新规划之下,农民拥有更多财产权,国有企业将会拨出 5% 的利润,作为社会安全网的资金。消费部门在中国经济体中的占比,预计在 2015 年之前会再提高 1% 到 2%,贫富之间的所得差距将会缩小,而中国也会启动一套方案,根除贪污。提出报告不久之后,国家主席习近平在 3 月做出宣示,将大力推动这套计划以及相关的作为。

但中国的政策不能只有这些计划而已。要导引出变革,中国将必须扬弃长久以来确立的政策,这并不容易。人们不会乐见要放弃过去曾经好用的做法与想法;从前的实务操作与观点曾经推动了二位数的实际经济年成长率,把中国的国内生产总值规模推到世界第二的地位,更让人频频猜测中国何时会超越美国,拿下全球第一的宝座。①虽然改革的必要性很明显,但中国政府部门与企业利益并不愿意放弃既有成就。目前偏

---

① 北京中国国家统计局 2010 年中国统计年鉴。

向出口导向政策中的既得利益者，将会有很多人奋力想要保住原来样貌；遍及全中国、能因改变而受惠的消费者小企业，仍将是一大盘散沙，少有主导的力量。

让改变更添难度的，是过去二十多年来的以出口为本的模式导致中国经济极仰赖出口，比过去有过之而无不及。有人估计，目前的中国经济有80%完全投入在出口，以及出口导向的产业基础建设开发。就连该国的整体性基础建设支出，多数都集中在港口设施、铁路联络以及其他为出口商提供的运输支援。在此同时，中国的消费者与内需导向经济活动重重受制，消费支出仅占经济体的33%，对任何经济体来说比重都很低。连日本的消费部门占比都达57%，而美国则是由消费部门主导，接近经济体的70%。

中国政府似乎明白，不管有多痛苦，不管要面对多少国内的抗拒，调整将势在必行。到目前为止的计划，仅是极小心翼翼的初步步骤而已。要达成目标，中国将需要持续移除中国出口业者长久以来享有的过多利益、大型沿海城市附近的特殊企业经济特区、有益于出口的税制，以及行政和信用方面的偏颇。中国未来也需要终结目前对信用施加的行政控制，政治力量无可避免地将偏重出口产业。中国也要容许更自由的信用流动，除了成效卓著的出口商之外，还要支持前景光明的内需建设项目，甚至也包括消费者。最具挑战性的，或许是中国政府未来至少要逐步抛下长久以来确立的出口导向实务做法，别在外汇市场继续压低人民币。这些变化的目标，不在于惩罚出口。出口在未来很长一段时间里应会持续主导中国经济，其中很多厂商都不需要特别协助，完全可以在不操纵汇率之下有效竞争。该有的打算，应该是要让各种经济资源自由流动，在同等基础上流向中国的消费者与内需发展，就像流进出口部门一样。

中国政府也要排除长久以来不利于消费支出与内需导向企业发展的障碍。就像过去的出口导向的日本经济体一样，中国倾力经营海外销售，使得这个国家将消费支出与国内发展视为出口的对手，互相争夺经济与财务资源上，而且也和过去的日本一样，中国特意压抑这两方面的活动。除了人民币低汇价政策的效应之外，中国还通过各种关税、配额以及健康与卫生规定来减少进口。种种做法都在隔离国内的营运与海外竞争，致使国内企业效率依然低落，对消费者也不友善。一连串的影响因素作用下，立即的效果是国内出售的商品变少了，旅行、零售购物以及其他消费活动变得昂贵、不便与毫无吸引力，阻碍了消费与纯粹的国内发展。如此说来，中国经济中的消费部分一直难以扩大，也就没什么好说的了。政策限制了零售业的设施规模，也阻碍了其他可以让零售变得有效率、有魅力的措施，更强化了上述的效应。

拿掉进口限制，便能大幅度修正上述的偏颇之处。光是容许更多海外产品流入国内、给中国消费者更多选择，便能促进消费支出。而且，通过带动零售业扩张以满足需求，并鼓舞国内生产者奋起面对竞争，中国将能找到另一个增长引擎。中国可以在全国各地多从事全面性的基础建设开发，而不光是支持沿海城市的出口活动，以进一步强化效应。

以 2008 年的刺激经济方案为例，这类方案能在中国内陆地区开创商业与生产机会；在过去，这些地方都既无吸引力也无经济实力。相关的改变也会自行累积、壮大。当这些地区的收入提高之后，将能刺激出更多类似的发展，而且也能说服到目前为止仅着重出口焦点的中国业界人才，要他们在从事商业活动时考量内需导向的商机。国有银行为内需导向企业提供的信用，能巩固这个过程，私人借贷机构的逐步发展也能再助一臂之力。

中国政府努力拓展与整合经济体，并期望一向以节俭闻名的中国人民能培养出更大方的性格。更自由的消费支出，马上就能为经济增长提供新元素。而且当企业开始吸纳、满足这批更慷慨的新兴中国消费者时，新的模式也会鼓动全国各地开始发展以内需为导向的企业。目前中国家庭把高达25%的所得都存了下来，比美国约3%到4%，以及日本又稍低的家庭储蓄率都高。就算极高的储蓄率显然是文化因素使然，不太可能快速改变，政策的转向还是能起一些作用。无疑的，解除出口限制将会带进更多价格有吸引力的产品，顺势将储蓄转化成支出。更好的基础建设将会鼓励人们多旅行并过着更有余裕的生活，流动更自由的信用贷款资金也会流进家庭与零售业。中国政府还可以促进更深层的改变，让中国家庭在财务以及更普通的意义上，培养出更大的个人安全感。

以促进消费来说，如果能让人民得到更多金融服务，也会有帮助。虽然并非全貌，但中国高储蓄率的根源确实有一部分是基于广大的人口无法获得金融服务。与日本以及发达西方国家相比，中国的信用或保险资源显然有限，在此前提下中国家庭必须维持相当庞大的储蓄资金池，才能应付人生中的旦夕祸福：暴风雨过后要换新屋顶，争取儿女教育机会时突如其来的费用或暂时失业。

由于日本、欧洲与美国的家庭会以保险或信用来应对这类变故，他们不需要存太多钱。若中国家庭能得到这类金融支援，就算是少部分，长期下来他们就会发现不用攒太多钱，更能安心从目前的所得当中拿出更多来消费。同样的，更有效的年金系统（不管是由国家、私人企业还是双方共同提供，如发达国家的先例），都能让个人更有财务安全感；更稳健的社会安全网也一样，不管是福利系统、失业保险或两者兼具，亦有同样功效。

更好、更广泛的教育体系也能增进安全感，并让人民有信心可拥有更好的就业与所得机会。在这方面，中国已经很有成果，国内最出色的学生会负笈海外，进入西方最好的大学研读，而且，自 1999 年以来，中国国内大学生与研究生的人数提高了 30% 以上。中国显然打算以这些成就为基础，设法发展中国的消费部门以及其他领域。历次五年规划，都纳入更多各种不同层级的教育规划，包括基础教育、中学教育和高等教育。但就算有这些规划，中国内陆地区的大部分人民能接受的教育仍非常有限，就像他们同样也无法获得年金、公共或私人保险或其他金融服务。严重的不足，意味着即便是小幅的修补都具有极大潜力，能带出大量的消费支出与国内商业发展。

政治上也需要做些改变，以促成扩大发展的机会，但政治改革显然很可能为中国带来特殊的挑战。从政治观点来看，要改变中国的货币政策其实并不难，而且，以拓展及整合中国经济的终极目标而言，改变或许能带来更多益处。中国多年来维持人民币低汇价，不仅如前几章所述是为了促进出口，①好让中国产品在全世界都有价格吸引力，同时也是为了要让世界产品对于中国消费者来说变得更加昂贵，以阻碍进口。如果中国政府容许人民币在国际外汇市场走强，效果将会等同于排除关税以及其他进口障碍。海外产品在中国消费者眼中将会变得相对便宜，除此之外，通过引入海外竞争，汇价的走扬将会引发国内的生产者设法提高效率，更重要的是，迫使他们采取更多对消费者友善的实务做法。还有一点，人民币汇价走高，会使得中国的收入在全球市场中跟着水涨船高，将会压低中国家庭的生活成本以及国内企业的整体成本，因此更可以提高国内经济的活力。

---

①详情请见第 9 章。

更棒的是,中国货币政策若是改变,就无须严密掌控资本市场,从而更有能力从事经济的扩大与整合。中国目前的人民币政策,迫使其干预货币市场、购入美元,因此也必须调控中国金融市场。如果中国肯放弃这套货币政策,这些都不必要。中国不需要干预外汇市场,也不需要严密执行金融控制。在放松金融限制之后,借贷决策可以根据中国各地的各种活动经济前景,而不再着眼于活动的政治适应性;到目前为止,政治上适不适合,几乎只聚焦在出口这件事上。特别是,如果中国容许海外企业进入金融市场 (一旦中国政府不再需要严密控制市场之后, 马上就可开放),将会有更多信用贷款资金流入内需的商业发展机会,甚至流入消费金融领域。

这一连串的措施不仅能帮助中国人民并促进中国经济的整体强度与稳定, 也能让全世界获利。中国的经济基础及经济实力不仅壮大其政治、军事力量,发达国家的政治领导者或许也会为此深感焦虑,但经济报酬将大胜政治与军事考量。如果中国能开放进口政策,以其潜在广大消费市场为核心,对欧洲、日本与美国的企业来说,有百利而无一害。

确实,在广大的国内市场里开启销售与经营企业的机会,中国将能拓展经济规模,之后便能处理全球各个经济体的不稳定分工;现在全世界分成两种:大量净出口国(如中国),以及大量净进口国(如美国)。中国政策上的改变将能舒缓现今世界里的贸易紧张,尤其是中美之间的拉锯。① 可望减轻压力的前景,无疑解释了为何从拉丁美洲、非洲与中东的新兴经济体,到国际货币基金,全世界各地一般都强调中国需要"转变其经济体远离出口",并带动更多"国内消费"。

---

① 就这些观点的详细论述,请见第 8 章以及第 13 章。

第 14 章
新兴经济体的改革：中国

中国若改变人民币低汇价的政策，益处将扩大到全球金融市场。正如之前所述，中国的货币政策大幅度助长带来祸害的盛极而衰金融模式，对全球金融市场造成严重伤害。[①] 但如果中国无须压低人民币汇价以及附带的大量购买美元的需求，回流到美国以及其他发达金融市场的美元投资资金速度就会减缓。美国政府接下来可能会失去重要的公债买主，但无论如何，美国反正本来也无法维持目前的预算模式了。

在此同时，中国改变政策后，美国与其他金融市场将可免于陷入之前所述的模式，不会再不时涌入不稳定的现金流，严重影响金融市场波动。中国若愿意改变，可使美国以及其他国家的货币主管机关无须冲销超额资金；只不过既成的事实是，各国已经等不及中国的改革，它们需要马上采取措施控制这些资金流。然而，中国的改弦易辙最终会降低各国冲销资金的急迫性，并舒缓大部分的紧张。

在这样的关系当中，全世界都乐见中国最近努力推动以人民币代替美元，成为国际储备货币。[②] 中国当然并无意真的要让人民币担此重任，至少短期内不会。由于政府、银行与企业持有储备货币时，将其当作一种价值的储存，而不只是为了满足交易与财务金融的一般需求，因此惯例上会以溢价交易，高于以非储备货币结算时的价格，拉高该国货物与服务的全球价格，使得出口销售更艰辛。中国当然急需扩大经济范围、摆脱高度的出口依赖，人民币价格逐渐走升当然也有助于实现这样的前景，但中国未来某一段时间内仍将过度仰赖出口，以至于无法承受人民币忽然间被高估所造成

---

① 详情请见第 9 章。

② 国际货币基金组织于 2015 年 11 月 30 日宣布批准人民币加入特别提款权（SDR）货币篮子，人民币成为继美元、欧元、英镑和日元之后加入 SDP 货币篮子的第 5 种货币。——编者注

的冲击。因此,中国同样需要等待很长一段时间,才能等到扩大经济范畴的过渡期进展到一定程度,之后才会考虑由人民币担任储备货币的角色。但如果中国(算是有点不明智)过早开始谈到要让人民币成为储备货币,这种姿态本身至少暗示中国有所体认,明白以某种方式终结其低人民币汇价政策有其必要性,甚至是为世人所乐见的。

尽管中国方面了解到开拓经济基础与进行整合的基本需求,但到目前为止推动转型的实绩记录仍好坏参半,这不难理解。中国的消费部门与内需导向产业仍面临发展不足的局面。有关当局与经济环境显然也只是缓缓回应。如果中国无法顺利逐步改变,成长将会先慢下来,之后停滞不前,因为高涨的工资会侵蚀中国的全球竞争优势,将越来越难应用过去的出口经验来扩大市场占有率。成功的过渡转型,就算速度很慢,也能带来持续的繁荣,舒缓正在恶化的社会问题,解放全球贸易的紧张,并减轻全球金融的波动程度。基于类似的理由,并为避免类似的缺失,其他新兴经济体也必须进行相应的变革。当然,它们要在不同的经济、地缘、社会与历史背景下进行改革。

第 15 章

调整与石油诅咒
其他新兴经济体的

不论中国和其他新兴经济体有多大的不同，每一个新兴国家都必须扩大经济基础，并更全面地进行整合，包括在各自的国内及在其他世界各地。它们必须基于同样的基本理由而这么做：对任何国家而言，这是让它们发挥最大经济潜能、长期维持成长、获得能力、避免社会动荡并促成全球贸易与资金流平衡的唯一方法。有些经济体调整起来会比其他经济体困难得多。石油输出国特别辛苦，这是因为在严苛的背景条件之下，石油并非赐福，而是诅咒。其他的新兴经济体(尤其是印度和巴西)面对的强力挑战较少，但即使在最佳状况下，它们也有难题要解决。

墨西哥成长亮眼，发展却严重失衡

就算许多新兴经济体到目前为止展现了亮丽的成长成绩，但多数国家的发展都极不均衡，例如中国。进步都出现在沿海或出口地区，这些地方是各经济体已经开始具备高度生产效率的地方，因此收入和财富在一代之间便可增加 10 倍。但是在现代的发达地区之外，仍有大量人口与各种不同的产业，当然，这些人与这些产业也被隔离在现代世界之外。这些地方的人们通常处于赤贫，靠着仅足以活口的农业维生，甚至还过着游牧生活,能掌握的经济机会极少或完全付之阙如。[1]人民一天的生活费仅有 1 美元或更低,生活状态比较接近该国尚未发展的过去,完全不像任何现代经济体。

墨西哥便是符合前述说明的典型范例。虽然墨西哥和中国有很多相异之处,但在这方面很相似。墨西哥没有中国日渐沉重的人口结构压力,但就像中国一样,经济体极为不平衡。早在北美自由贸易协议签订之前,墨西哥就已经沿着美国边境设立经济特区。这些地方有特殊的行政与租税优惠,一如中国的特殊企业专区,差别是中国的专区目的在于推动创设本国企业,墨西哥的特区用意则在于吸引外国企业。

然而墨西哥人口中所谓的"墨西哥美资"(maquiladora)保税产业,功能却如出一辙:这些产业都是为了出口而生产,完全着眼于海外市场。这类工厂所在地区相对富裕,就像中国的经济特区一样;墨西哥经济体里的其他地区大部分却都尚待开发,实际上相当于被隔离在经济发展之外。被忽视的地区收入就算有增长,速度也大幅落后,居住在这些地方的人民更持续承受着长久以来的贫穷,是无法摆脱的烙印。只有一部分的地方受惠于贸易利益,乡村人口则继续受罪,仿佛全球化根本没出现过。

和中国相同的是,如此严重失衡、偏重出口的发展,终究难以维系。这类社会显然很容易爆发纷争。就算这些新兴经济体可以长期压抑社会问题,但要持续推动它们的出口独大经济模式,得扩大全球市场的占有率。虽然在发展过程的早期这易如反掌,再加上它们身为小型经济体,攻占的幅度不需要太过庞大,但随着出口量越来越大,要在市场占有率中取得相

---

① 详情请见第 14 章。

对优势越来越困难。①

这些经济体能创造出多少不同的内需成长引擎、分散到什么程度,它们就能等比例地以更可靠的方式突破发展限制,比仰赖出口时更稳固,从而为自身创造利益(请见前一章的中国论述)。经济发展的重点由外转向内,显然是由于这些国家更注重人民的生活,而且改变能带来的成果是值得努力的理由,但除此之外,范畴更广、更注重内需导向的经济体也能消除目前对海外市场与外国经济政策的深度倚赖,因而更稳定。而且,这方面努力后若能成功,将整合所有经济资源(尤其是人力资源),从而实现经济体的完整潜能,使得政治领导者享有更大的权力和更高的地位。

印度整合胜中国,要更进步得提高国民识字率

虽然所有新兴经济体都有整合不足的问题, 但有些会幸运一点,或者,有些会更了解拓展经济发展范围能带来的好处。在这条路上,印度跑在多数国家的面前。虽然仅有中国经济体规模的 1/4,而且算起来还比巴西稍小一些,但印度的发展仍是一个非常重要的模式:印度的广袤大地和众多人口赋予它极大的潜力, 更别说这里并无中国一胎化人口结构问题的冲击。②因此,以全球贸易模式与全球化的成败来说,印度所走的方向就比大部分国家的动向更重要。印度的非典型发展趋势与更开放的政府,已经推动必要的扩大经济范畴的改革行动,超越多数新兴经济体,当然也赶

---

① 本论点背后的选择,以及针对中国所做、但可以套用来说明各新兴国家的演算,请见第 14 章。

② 详情请见第 2 章。

超了中国的步调。统计数据上的印度看来比中国更贫穷,人均所得更低且贫穷率更高,[1]但统计会误导,尤其是平均值。关于印度的发展,很多信息都显示该国在迈向广泛、充分整合经济体这条路上很有进展,并指出其他新兴经济体未来需要朝哪些方向发展。

印度的成长与繁荣,取决于出口的程度不如中国深重。确定的是,印度就像中国一样,也以推动贸易作为成长引擎,[2]但它的做法不像中国那么全面。出口决定了中国半数的经济成长,但仅占印度国内生产总值的约10%。中国经济体有45%涉及贸易;如果这个数值反映的是各个经济部门进出口间的交易往来,就代表中国和全球经济体密切整合,但实际上,这个数值完全反映的是出口以及用来支持出口必要的进口。中国虽和全球化密切相关,但为中国消费者带来的益处却少之又少。

反之,印度的经济体有20%到25%和贸易有关,但遍及各个部门。印度的均衡,也表现在广大的消费部门上面;消费约占印度国内生产总值的56%,相较之下,中国只有少得可怜的百分之三十几。虽然中国经济体中用来购买生产设备和打造生产建设的比例高于印度(双方为48%比34%),但中国大部分的作为都瞄准出口,[3]而印度的支出则包含更多内需产业。

确定的是,印度如果像中国一样,更聚焦在出口并把更多的资本花在出口导向的资本财货上,也可以加速成长步伐。这样一来,印度或许可以把过

---

① 若要回顾人均所得与贫穷率数据,请见第 14 章。

② 关于印度经济体的说明,详见第 5 章。

③ 请见中国国家统计局 2010 年中国统计年鉴(www.stats.gov.cn)。喜欢演算的人士或许会发现,这些数值加总起来会超过 100%。确实如此,但在最后分析时会因中国用来支持出口机械的大量机械与原物料进口而平衡,进口在国民所得账里为负项。

去 10 年来已高达 8.5% 的实际年增长率再拉高,更接近中国将近 11% 的成绩。但由于印度采取比较分散的策略,扩张速度较慢,却播下了种子;就算未来出口成长引擎减速(终究必将如此),仍能持续长久的发展。尤其是,印度的发展向内扩张(虽然是在一些比较小的区域),培养出一群中坚中产阶级,和广大的下层阶级形成强烈对比;印度也有相对活泼且普遍的消费部门,已经开始带动范围更广的内需发展。就算印度的贫穷率仍高到让人心酸,这个国家至少开始广泛享有发展和全球化的好处,胜过中国。

印度的发展途径与其他国家迥异,为该国带来部分优势。多数国家的发展,会循着英国在 18 世纪末,以及美国和德国在 19 世纪与 20 世纪初开创出来的模式。以美、英、德来说,采矿与制造业吸纳了农业部门过剩的劳动力,而推动采矿与制造业进步的科技发展,也惠及它们的农业部门。唯有在工业发展大步迈进的步伐走稳之后,才会开始发展服务业。中国就重复这样的模式。很少有以服务业为基础的成长模式。其他的新兴经济体发展也有异曲同工之妙。但印度不一样,由于当地普遍使用英语,很多印度人可以和全球商业社群直接往来,而且许多印度年轻人受过绝佳的技术教育,因此不像中国或多年前的英国那样,完全把焦点放在制造业以及工业产品出口上。由于印度的电子业发达,可以从远离港口与主要铁道的地方提供服务,服务业在印度经济中规模相对大,据点远离成本昂贵的沿海地区。如果印度跟着中国的脚步聚焦在商品出口上,势必要把公司工厂设在这些地方。①

印度有能力将现代经济体推入内陆,这一点是重要差异,使得印度比

---

① 请见第 5 章对印度经济体的描述。

中国更能把全球化的商业利益传播到国内更多地区，并促成相对大量的内需导向产业发展。印度的海得拉巴市是一个很好的范例。海得拉巴离海岸约有 200 英里(约 320 千米)远，是大型客服中心与其他类型咨询服务的热门地点，在此设点的有印度本地企业，也有海外企业。这些企业带进来的收入，又回过头来带动该地区的整体商业活动，包括消费支出与本地导向的企业发展。此外，海得拉巴与首都新德里(两者均为内陆城市)之间自然而然出现的通讯和往来移动，以及向外和其他著名沿海城市之间的交流，也促成了商业沿着铁路线发展，尤其是道路、联络道等等。这些发展多半是内需导向，大部分聚焦在消费上；消费是中国比较不活跃的部门，在中国，绝大多数的现代商业都发生在沿海并着眼于海外，中国劳工主要是从内陆外移的流动人口，也不太能激发出内需导向的发展。

印度的模式已经开始汇聚成力量，打下基础继续发展。由于地处内陆的大型客服中心与其他服务有强大的成本优势，优于成本高昂的沿海地带，这些内陆服务业(多半是印度本国企业)展现了绝佳的获利能力，超过在沿海城市营运的竞争对手；外资经营的外包业务要顾及"门面"，理所当然设在沿海地区。当有更多人明白这样的竞争优势时，就会有更多印度企业完全移往内陆地点或是在内陆设立分支机构，将现代商业进一步传播到印度各地，附带了随之而来的收入增长与内需导向经济活动发展。

讽刺的是，印度之所以成为经济范畴广大、注重国内导向的发展先锋，是过去失败的发展计划留下的意外传承。在 1947 年独立之后的好几十年，印度都走严格反殖民的老套发展取向。由于害怕海外经济的霸权，因此印度政策的目标放在尽量减少和全球经济互动，办法就是拉高关税壁垒，并提供补贴鼓励企业发展比较精密、资本密集度高的产业，这些正是印度缺乏的。这样的取向失败了。印度把有限的经济资源浪费在本国根本无法竞争的产业上。在此同时，印度不必要地远离了劳动力密集度高、附加价值低的产业；这类产业原本应能应付海外的竞争。更糟的是印度的政策有碍企业提高效率；若能让企业面对进口竞争，将有助于提升效率。

前述的政策，背离了天然经济优势及市场引领印度该走的方向，新德里的政府规划人员必须强力执行中央集权控制，才能维持这样的架构。回过头来，强制又把更多的经济弊病带入系统里〔印度人将过去的经济体系称为"准许制"（permit Raj）〕，包括冥顽不灵、官僚滥权及严重贪污。整套无益的系统使得印度的经济举步维艰，人们讽刺地把当时难看的成绩称为"印度式的成长率"（Hindu growth rate）。

印度在 20 世纪 80 年代开始放弃这些做法、更在 90 年代冷战结束后彻底扬弃，失败的记忆让新德里政府裹足不前，不像中国政府那般积极主导中国的产业发展。虽然印度政府也将出口视为增长引擎，但不愿意自以为是地扭曲经济发展。印度政府乐于抛弃准许制以及所有的附带制度，容许生产者更自由地寻觅商机，并准许印度的资金用在支持的纯粹内需发展（这类活动遍布印度各地），绝对超过中国的开放程度。虽然速度比较慢、比较不聚焦且比较没有指定的方向，印度接下来的经济增长却有更高的比重来自于内部的力量、超越中国。可以肯定的是，贸易的开放促使印度集中发展某些领域，放弃无力竞争的领域。①也因此，印度提高了精密产品的进口量，这些是他们过去会尝试以无效率方法自行生产的产品。虽然进口量大，但印度仍有比中国更高的自由度，能把商业发展带到更多地方。

---

① 详情请见第 6 章。

过去的经验,无疑也给了印度一套有助于广泛发展的货币政策。印度和中国一样,有时会试着压低印度卢布兑美元的汇价,以推动出口。印度过去 20 多年①快速累积外汇存底,尤其是美元,代表了印度也积极购买美元资产,把卢布汇价压到比原本更低的价位。但新德里政府显然拒绝走上中国的发展之路,印度卢布的波动范围超过中国的人民币,平均价位涨跌约为 11%,以自由交易的货币来看是很狭窄的幅度,但比受到严密调控的人民币大多了。印度愿意让货币升值,定期将进口商品的价格压下来,从而改善了人们的生活水平,有助于促成更有活力的消费文化,间接鼓励内需的发展,尤其是零售业,但各个产业也受惠。

无疑的,印度的民主制度有助于带动更平衡的发展取向。世人常耳闻印度的政治党派斗争,或许正因如此,其代表政府很有动机要讨好最多的选民,让大家共享发展与全球化的利益。政府的文件,例如执政联合政府的《向人民报告书》(Report to the People),便把这个动机写得很明白,并说到其目的是要促成"综括性的成长"(inclusive growth)。此外,印度政府也提出了印度需要的结构性改革,拓展已有的广泛发展并促进经济整合。改革瞄准了准许制遗留下来的严重贪污与市场干预,并扶植其他四项可支持拓展经济范畴的重要作法:强化医疗保健、提高教育支出、开拓印度仍有待发展的金融产业,以及重新整修与扩大基础建设。前两项的重点是将印度庞大的下层阶级整合纳入正在现代化的经济主流中,第三项的目标是要提供资金让企业能融入发展过程,赚得更高的所得与更大的财富。

前述的做法有些已经打下根基了。前任政府把医疗保健支出增加到

---

① 印度货币政策的相关说明请见第 9 章。

两倍以上，官方的计划是要在未来 6 年内再提高 5 倍。在高等教育方面，任何新兴国家的成就都不如印度。印度的毕业生足以支撑起印度经济偏向服务导向的成长模式，其中值得一提的，是高科技发展重镇班加罗尔(Bangalore)的非凡成就:班加罗尔科技区虽然是国内与海外企业私人投资的直接产物,但如果没有印度投资高等教育,这一切都不可能出现。

即使有这些成就,但要追求进一步的发展,印度要在通才教育上投注更大精力,提高该国极低的识字率(事实上,印度的识字率几乎相当于"次撒哈拉非洲大陆的水平")。[1]如果印度能开放大门接受海外企业,改革方案(目标是让更健康、受过更良好教育的人民发挥所长)的金融方面也能受惠。开放不仅能从海外带入资金以直接投资在经济发展上,也能把最佳实务做法带入印度金融社群,有助于整体升级。不论这些计划是否能满足印度在拓展范畴与整合经济上的需求,至少点出印度走在正确的方向上。

拉丁美洲，经济整合已启动

某些南美洲经济体,尤其是巴西和智利,也像印度一样努力拓展与整合经济。这无须太过诧异,因为这些经济体同样都曾经实施反殖民主义政策,失败后才展开新近的发展阶段。从 20 世纪 50 年代到 80 年代,由于担心过度仰赖美国,这些国家的发展政策同样也提高关税壁垒,并投入这些经济体少有比较利益的资本密集重工业,以避免和全球经济交流。就像印度的情形一般,这些政策和市场信号背道而驰,执行政策仰赖的是政府由

---

① 关于印度识字率的讨论请见第 6 章。

上而下密切控制经济活动与投资资金流。这些国家就像印度一样以失败收场,让各国(尤其是巴西)怀疑是否有必要施行控制、经济隔离以及政府过度干预(这些正是南美国家过去的发展特色)。因此,虽然不是全部,但很多南美国家得以拥有比中国更广泛、整合度更高、更开放且较不受拘束的发展模式。

显然,有很多因素使得这些国家异于印度。拉丁美洲没有印度的高等教育,难以促进服务出口与推动其他更广泛的发展。但就像印度一样,这些拉丁美洲经济体允许企业自由从事内需导向的事业,并容许它们取得信贷以支持相关的发展专案。它们在货币管理上也比较开放。以巴西为例,在过去十年,其货币雷亚尔在广大的范围内上下波动,从 3.8 雷亚尔兑 1 美元的低点,到 1.6 雷亚尔兑 1 美元的高点。与中国人民币的操作模式相较之下,在巴西模式下进口产品明显有价格吸引力,流入国内能刺激消费,并通过消费带动其他活动,从而活络内需导向的产业。但巴西在整合与扩大方面仍有许多有待努力之处。印度提出的三步骤(强化医疗保健、提高教育支出与深化金融深度),也可以帮助这类经济体发展,但不管怎么说,这个过程至少已经启动了。

中东石油诅咒——坐拥黑金,却阻碍经济成长

如果说印度和部分拉丁美洲在拓展与整合经济方面速度超越中国,那么那些出口自然资源(尤其是石油)的国家,则是大幅度落后。这些国家虽然通常手握大量财富,因此看来具备从事各类发展的优势地位,但它们要开发未来潜能时却面对了最严重的阻碍。这些国家是最脆弱的一群;而讽刺的是,脆弱是因为它们能控制宝贵的石油资源,石油刚刚好是全球经

济体里最脆弱的元素。

沙特阿拉伯便是典型范例。大量的财富虽应可为这个国家带来各式各样的选择，但该国却甚少从事建设，甚至可说根本什么都没做，不思拓展或分散其经济发展，也不想整合国内或国外的各类要素；反之，沙特阿拉伯的整体经济只围绕着石油打转。原油出口几乎占了沙特阿拉伯所有的海外销售额。进口几乎和经济发展无关，只为了满足开发油田、军队和奢侈品需求。人民的生活几乎完全仰赖石油，就像信托基金的受益人仰赖遗产一样。这里绝少有想要培养人才的经济契机或动机。政府控制石油，是目前为止最大的雇主。在政府背后，薪资微薄的民营部门很难吸引本地人才，需要从海外进口劳工。沙特阿拉伯有一半以上的劳动力工作由非本国人从事，大部分是菲律宾人与巴基斯坦人，而在更专业的层次，除了少数挂名的本地员工之外，多半由欧洲及美国的"专家"管理老天给的油田以及石油创造出来的金融资产。①

这幅完全扭曲的画面，造成一个疲弱又脆弱的经济体。油价走低时，沙特阿拉伯与其他石油出口国别无他法，只能削减所有开支。油价走高时，它们也不努力振作，而是过着大方到接近浪费的日子。波斯湾各国委托他人对本国所做的深入研究显示，油价上扬时的超额营收很少被导入真正的经济发展方面，反而是进入可疑且浩大的建筑项目，以该报告的用语来说，是营造"富裕的表象"。这些项目能创造的额外经济报酬极低，甚至为零，在此同时，产油国经济体也面临严重的波动，随着原油的价格起起落落。油价从2005年的每桶50美元涨到2008年的超过140美元，又在2009年暴跌回

---

① 这是作者及多位同事、同僚在沙特阿拉伯与波斯湾长期提供投资服务得出的观察心得。

到每桶 35 美元,随后又翻扬,想想看这些仰赖出售原油的国家要遭受多大的干扰。任何一个经济体都无法应付如此巨幅的收入波动。这显然无法规划,也无法有效地打造未来。美国虽然几十年来强力批评自家的石油进口依赖度太高,却无须承受如此大幅度的波动,正是因为美国经济体有很多和石油无关的收入。

足以证明产油国家缺乏真正经济发展的证据是,石油蕴藏量大的经济体虽然拥有大量的财富与明显的投资优势,但生产力一向低落。包含石油业在内,沙特阿拉伯与波斯湾各国的劳工每小时产出,自 2000 年以来年增长率仅有 1%,相较之下,欧洲与美国均为 1.5%,印度为 5%,中国为 10.5%。越富有的石油出口国,生产力的数据越难看,据推测应是这些经济体最不稳定之故。沙特阿拉伯、阿拉伯联合酋长国与科威特的生产力增长率只比零高一点点,没那么富有的巴林、也门与卡塔尔,其生产力以全球标准来看虽然很低,但比石油矿更丰富的邻国高出 5 倍以上。

就算产油国已经明白,不管石油蕴藏量有多么庞大,总有一天会枯竭,它们还是很难从事大范畴的发展。它们用政府控制的投资基金(即主权财富基金)来面对宿命,把目前石油收入的一部分拨到海外投资,它们计划,等到有一天油海枯竭了就把这些钱拿来用,有点像是全国性的退休方案。虽然这看起来很有远见,实则是用一种形式的继承财富来取代另一种罢了。它们没有实际的经济活动,不去发展任何形式的自行生产,甚至似乎是特意这么做。确实,这样的做法与经济发展背道而驰,更遑论要从事什么大范畴的发展。这些国家的做法只是从一种天生的财富转到另一种,本身仍没有任何生产可言,完全仰赖其他经济体的产出来满足自身需求。

如果这些国家改变方针,把财富(或是一部分的财富)投资在石油之外的其他国内经济发展上,会比投资海外带来更多益处。事实上,它们将如同中国、印度或其他新兴经济体开拓发展范畴一样,为人民创造出同样的长期益处:体现完整的经济潜能、缓和造成社会不安的一大源头并拥有更高的经济稳定度。

肯定的是,某些产油国经济体就算有意图也有创见,在从事大范畴基础发展时仍会遭遇一些基本问题。沙特阿拉伯基于宗教理由而维持封闭的文化,很难要求由政府交出强大的控制权(权力源头来自政府掌控单一产品)。除此之外,中东的气候与地理条件也是一大阻碍。农业发展的可能性极其有限,让人难以忍受的天气也不利于鼓励创业。这样的实际限制无疑造成阻碍,连比沙特阿拉伯更开放、创业传统更明显的波斯湾国家都深受其害。以迪拜为例,在花掉几十亿促进观光业之后,成绩也只是普普通通(迪拜的法律禁止在公共场合亲吻,这无助于迪拜规划要把自己打造成魅力无穷、浪漫满分的度假胜地)。

当中有许多国家也面临强大的政治阻力,妨碍它们在拓展经济发展上的努力。除了宗教因素之外,许多石油输出国的威权体制都需要掌控权,这必须通过由政府掌握单一财富来源才能提供。这样的安排使得各国政府可以立即且直接取用经济体的收入与财富,因此无须取悦人民。它们甚至也不太需要征税。政府可以通过销售石油筹得资金。拓展经济范畴,至少会在两方面威胁它们的单一权力:首先,这会导致私人利益和政府利益切割,强迫有关当局至少要考虑社会中的某个阶级,不能只是自顾自地。其次,以大范畴的发展所需的教育水平,非常可能引发实际的政治对立,必然会出现的海外交流也会导致同样的结果。考虑到这些后果,无疑可解释为何文化相对开放的迪拜就比沙特阿拉伯更有意从事其他的经济发展。

从更基本的层次来看，人性当然也是一大阻碍。石油带来的轻松财富，必然诱惑政府与人民不愿付出大量努力、决心，但这些是从事真正经济发展的必备要件。有石油这种零压力的选项存在，就算是最有打算的人们与政府都足以被说服，把出售石油当成追求国家繁荣最合理的手段。在面对真正的国内经济开发艰辛困难时，人们也很容易就相信主权财富基金就能未雨绸缪，等到未来的那一天终于来临，它们能做的就是让国家继续仰人鼻息。前述的反省分析让人沮丧，大量拥有石油财富竟然是诅咒而非赐福。

俄罗斯过度依赖石油，更扭曲经济和思想

在所有石油蕴藏量丰富的国家中，俄罗斯是最让人感叹的发展范例。不同于地处沙漠的中东各国，不管是从历史或地理来看，俄罗斯都没有借口忽略大范畴的经济发展与整合。俄罗斯的条件和中东产油国恰恰相反，这个国家天然资源丰富，并从苏联承袭了一套有效的教育系统，以及虽然效率严重不彰却完全可运作的产业基础建设。但在经历混乱的转型之后，俄罗斯的领导者明显开始破坏过去承袭而来的扩大经济发展趋势，而这刚好是新兴经济体最需要的。在普京（Vladimir Putin）与梅德韦杰夫（Dmity Medvedev）的领导下，俄罗斯不但没有善用现有的产业基础从事现代化，让整个经济体更有效率、有生产力、更聚焦且更有竞争力，反而不断地收窄经济范畴，主要以石油出口为主，染上所有低度开发经济体才会有的毛病。

确实，这个经济体由苏联交到俄罗斯总统手上后大致上故步自封，自外于世界各国。苏联出口矿产，包括石油，也出售工业供应品、机械以及军事设备，大部分都售给冷战时期的盟国。苏联并非大型进口国。这个国家几乎一向自给自足，而且以美国中情局的话来说，该国"和全球不相往来"。这种内缩的发展效率极低，在使用国家的经济资源时，无法达到和世界贸易体系密切整合时的高效。然而交到普京和梅德韦杰夫手上的俄罗斯经济早已拥有广大的工业基础，应可继续发展。无可避免的全球化，本应能迫使俄罗斯对海外生产者退让，不再致力于苏维埃体制下发展出来、但缺乏比较利益的产业。优势在哪里，通过全球竞争，将会刺激俄罗斯在这些方面提升经济效能，让这个天生有优势的经济体更广泛地参与全球市场。

但俄罗斯的领导人背离了这样的生产观点。首先，20 世纪 90 年代的叶利钦（Boris Yeltsin）政府便屈从于诱惑靠遗产度日，把国有的资产卖到海内外，以赚得的收益维持运作。这种做法引发了混乱，可想而知阻碍了有益的开拓与整合：虽然买下资产的企业最后可能仍会追求效率，但在普京还掌握这些资产时，实际上是阻断了这条路。他和梅德韦杰夫选择让俄罗斯去工业化，让整体经济越来越狭隘地仅着重在石油和天然气上。

到目前为止，这种不幸的退步几乎已经完全成定局。石油在俄罗斯的出口中占了 80%。来自出售这些产品的收益，为政府预算提供了一半的资金。石油出口占国内生产总值的 30% 以上。由于石油和矿产加起来在俄罗斯经济体中的占比达 35%，石油显然是大宗。因此造成的整体经济损害，已然明显。以平均值来看，俄罗斯的排名在全球属于后段，人均所得一年仅 9000 美元，如果不算石油出口的话，这个数字还要更低，仅有 6100 美元。比较低的数值或许更准确,这是因为石油营收大部分都进入俄罗斯政府口袋,而非人民。俄罗斯更自打嘴巴,不看好本国的发展:该国以销售石油营收作为资金的主权财富基金,其中 70% 到 80% 投资在海外资产,而不是利用这笔钱来开发俄罗斯其他庞大的经济潜力。那么,也就难怪世界银行将俄罗斯的投资机会排在 175 国的第 96 名了。

俄罗斯在 2008 年至 2009 年金融危机与衰退时的经验,便是这些短视行为弊病丛生的最好例证。由于俄罗斯经济活动不必要地集中在石油出口,其股市(股市是投资人评估一个经济体价值的粗略指标)在衰退期间的下跌速度,比全球其他股市更快。

2008 年到 2009 年间原油价格下跌 75%,俄罗斯知名的莫斯科银行间货币交易所(Moscow Interbank Currency Exchange,MICEX)指数暴跌 68%,下调幅度远远超过全球股市同一期间平均的跌幅 45%。该国官方的外汇存底减少几乎达 40%,工业活动的年衰退率接近 60%,比美国的情况更为糟糕;在美国,工业生产从高点到低点下滑了 17%。更麻烦的是,俄罗斯深切仰赖的石油海外销量下跌,使得有关当局失去减缓经济与金融痛苦的工具。在最好的情况下,他们能做的就是希望其他国家会采取有效措施修补各自的经济,恢复过去的石油采购量。俄罗斯实际上完全把自己视为被动的经济参与者。

伊拉克、伊朗皆中了石油诅咒

现在的伊拉克似乎也屈服于相同的诅咒之下。伊拉克同样天生有比波斯湾及沙特阿拉伯更多的发展选项。这里有农业潜力,有可成为天然交通联络道的绝佳地理地位,而且最重要的是,这里有一群相对受过良好教育、城市化程度高的人,能在现代经济制度上发挥所长。但现在石油为政府提供了95%的收入,占该国国内生产总值的65%以上。此外少有其他经济利益。虽然石油产业仅直接雇用了1%的劳动力,但全国有大量的人口都仰赖这项政府把持的单一产品收入过活。伊拉克有将近90%的就业机会和政府有关,伊朗政府也拥有90%的土地。纵然伊拉克拥有各种机会有可能得以拓展其经济基础,但这个国家似乎乐于让整体经济暴露于险境,时时面对仰赖石油出口隐含的动荡和脆弱。伊拉克已经选择拒绝其他发展途径,放弃原本可拥有的优势与效率,无助地面对外在经济的变幻无常。

仰赖石油出口不仅造成经济上的扭曲, 也让思想走了偏锋。举例来说,当油价在2007年至2008年间走扬时,俄罗斯总统梅德韦杰夫便大言不惭,指俄罗斯卢布可以取代美元,成为全球的储备货币。当时,卢布兑美元涨了约20%, 主要是顺应以美元计算的油价在2006年至2008年间涨了175%,不论梅德韦杰夫是被卢布的走升冲昏了头,想要一挫美国的锐气,或者是真心相信他的提案可行,他的建议表面看来极为荒谬。虽然当时卢布如此强势, 但任何要成为各国央行与企业财富储存工具的储备货币,都必须要有相对的稳定性,以石油为基础的货币一定会随着原油的价格起伏,完全不具备上述的特质。到了2008年底时,这一点就很清楚了。油价因为全球衰退跌到低点,每桶低于35美元,俄罗斯卢布兑美元也跟着暴跌超过60%。虽然梅德韦杰夫2010年时又重提旧事(当时油价又涨,让俄罗斯卢布又重新返回强势地位),但大致上来说他很精明,避免进一步出丑,默默地不让新闻报道重提他之前的提案草稿。

实际上，梅德韦杰夫并非第一个以此种方式自我羞辱的石油出口国代表。伊朗前总统内贾德(Mahmoud Ahmadinejad)早开先河。他急着伤害美国，威胁油价要改以欧元计价，并要伊朗接管位于波斯湾基什岛(Kish Is-land)上的全球石油交易机构。基于某些理由，即使现在已经是电子时代了，他仍以为实体上贴近石油产区的交易中心要比其他远在千里之外的更有优势。但伊朗从来无法让其他交易中心从伦敦、纽约或东京搬过来，也无法主导全球石油贸易。伊朗根本没有着力点。身为一个重要的石油供应国，伊朗在全球的石油供给中却仅占了 5.4%。而且显然德黑兰当局完全没有立场离开国际石油市场，因为原油销售收入占该国国内生产总值的20%，占政府总收入的 65%。伊朗比较需要出售原油，但这个世界没那么必要购买伊朗的油。一旦在全球市场出售石油，交易就会在全球市场期望的地方并以市场选择的货币进行。伊朗没有太多可以干预之处。

但内贾德却证明了自己比梅德韦杰夫更务实一些。他瞄准的是欧元，而不是提议以伊朗币里亚尔(rial)来取代美元，成为全球的石油计价货币(隐含也是储备货币)。虽然最近欧元区某些会员国有主权债务问题，但欧元区背后有大型、范畴广泛且稳定的生产区域作为后盾，还有发展得当的金融市场，可以应付全球储备货币可想而知必有的交易资金流动。[1]伊朗大部分都在欧洲采购，规模胜过美国，因此很有理由希望收入的计价货币能对应支出的计价货币。即便如此，决定石油要用哪种货币计价的，是买方而非卖方，尤其不是伊朗。如果伊朗人民坚持，他们可以用欧元报价，但这不会是资源价值的问题，不过是货币转换的演算罢了。

---

[1] 欧元区各国的国内生产总值总量超越美国，其金融市场总规模也比美国更大。

在这种经济与金融均无能的背景条件下，不太能期望石油出口国的领导人能多元发展其经济体，或者，让人难过的是，连要他们看到有这样的需要都很困难。但我们很有理由期待中国、印度与其他在经济上与社会现实上更开放的经济体，将会投入精力从事发展。它们有的已经在做了，有的显然已经表明有意这么做了。同样的，这些国家能否实行必要的改革尚有待观察。有鉴于其中牵涉的困难，以贸易与金融议题来说，全球性的领导就非常重要，不仅要协助新兴市场顺利过渡转型，也要压制发达世界里的保护主义冲动，并帮忙它们进行艰辛的调适。美国虽然正面对相对经济权力下滑的问题，仍是唯一可行的候选对象。

第 16 章

谁是下一个国际领导，才能带世界向前

国际领导这个概念，比过去更难成立。冷战的终结，使得多数国家不像在面临核威胁时那么愿意接受这个想法。在国际上付出大量精力几十年之后，很多美国人会希望美国扮演"国家之一"的角色就好。但如果全球系统要继续繁荣，将需要有人领导。可长久的繁荣当然也可能自然出现，不需要任何刻意的政治指引。毕竟，如以全球化应对老化的人口结构、从事创新与训练、新兴经济体拓展其基础等等，所有繁荣的必要元素反映的都是自利。即便如此，唯有纪律严谨的国内与国际指引，才能确保全球经济能避开民粹的保护主义，继续走上必要之路。在不同的时空下，指引可能来自联合国或世贸组织。但由于这些组织无一具备可妥善从事领导的影响力或权力，而且欧盟、日本、中国也付之阙如，美国的相对主导地位虽然不断减弱，但必须站出来承担这个角色，确保全球政策聚焦在各经济体基本的互相依赖之上。

开放贸易、自由资金流与广泛发展，美国胜出

惯例和动能绝对都有利于美国承担这个角色。在开放贸易、自由资金流与广泛发展等方面上，美国的表现长久以来都胜出。至少到最近为止，

第 16 章
谁是下一个国际领导，才能带世界向前

美国都能通过最能支持经济体系的多边协定做到以上几点。或许是从大萧条当中学到的教训，更别提还有斯姆特-霍利关税法案带来的严重恶果，促使美国从第二次世界大战中复苏时，大力承诺要启动各经济体间的互动，并维系多边关系规则以支持这样的互动。联合国便是传达这个承诺的代表性机构，而无疑的，冷战在 20 世纪 40 年代快速登场，也让美国政府更添动力。决策者明显看出开放贸易能带来繁荣。但不管具体的动机是什么，美国明显推动自由贸易，并在随之而来的全球繁荣中成为快速成长的基础。

事实上，美国在这方面的领导地位早在该国加入第二次世界大战之前就开始了。1940 年时，罗斯福总统(President Franklin Roosevelt)签署了《租借协定》(Lend-Lease Agreement)以支持英国对抗纳粹，他纳入了一条条文，规定任何接受这类援助的对象都要和美国合作，共同打造自由、开放的战后世界经济体，这个目标后来也纳入 1941 年由罗斯福总统和英国首相丘吉尔(Winston Churchill)共同达成协议的《大西洋宪章》(Atlantic Charter)。早在1943 年时，美国政府就已经针对尚未成立的联合国提出规划，并在重要文件中陈述使命之一就是要促进开放、自由贸易的世界秩序，也纳入了现代世贸组织的前身国际贸易组织(International Trade Organization, ITO)的相关规定，以减少各种贸易障碍，定下全球性的"商业规则"。

战后，美国政府强力推动，要落实这些规划。美国设立了关税与贸易总协定，用一位观察家的话来说，这是一个排除各种贸易限制的"超然国际贸易组织"。进度很快地推展到 1949 年的安纳西回合(Annecy Round)谈判，这次在法国安纳西举行的缔约谈判，目的是要扩大加入关贸总协的会员国数目。凭着同样的精神，美国政府推动 1946 年的莫内计划(Monnet

Plan)以促成欧洲经济整合;这项整合行动始于欧洲煤钢共同体,到 20 世纪 50 年代末变成了欧洲共同市场(European Common Market),最后成为欧盟。在这些作为的背后,美国方面一直抱持着信心,以战后经济事务国务次卿威廉·克莱顿(William L. Clayton)的话来说,"经济上的进步与政治上的自由,都会因自由市场开放原则而受惠"。

美国几十年来坚苦卓绝坚守承诺。有时候美国会通过霸凌其他国家,以实践这番愿景。1947 年,法国拒绝调降关税,杜鲁门总统(President Harry Truman)直率地对法国总理普莱文(René Pleven)说:"高关税对美国来说没用,对法国来说也不会有用。"虽然艾森豪威尔总统的做法比较低调,但也继续捍卫国际贸易自由化的立场。他的国务卿约翰·佛斯特·杜勒斯(John Foster Dulles)当时便对美国偶尔会退回到偏向贸易限制而提出警告,主张如此将严重损害美国在国际事务上的领导地位,也会被其他国家视为"倒退回经济隔离主义"。

凭着美国的领导地位,即便欧洲强力抗拒,最后在人称关贸总协狄隆回合(Dillon Round)谈判(1960—1962)中仍强把国际社会的关税拉低了 10%。在肯尼迪总统于 1961 年入主白宫之后,延续同样的国际主义,并发动所谓的关贸总协肯尼迪回合 (Kennedy Round) 谈判(1964—1967),本回合致使关税大幅度降低,而之后的东京回合(Tokyo Round)谈判(1973—1979)也有同样的好成绩;该回合的协议于 20 世纪 80 年代开始生效。

然而,美国的领导立场并非始终如一。当尼克松总统(President Richard Nixon)于 1971 年取消美元兑黄金的制度时,他在货币战争中便以偏颇态度强硬对待德日两国,严重干扰多边贸易系统。但即便是在这段严重偏离的时期,美国政府的针对性立场仍偏向自由贸易的原则。尼克松会诉诸大胆的行动, 都是因为日本和德国拒绝他在调解多边贸易上的努力。即便施行了货币解决方案,尼克松政府也持续向欧洲共同市场提出担保,会促进其会员国家的经济整合。在这整段时期,美国国会两党都持续支持自由贸易与全球发展,并相信这符合美国与全球的长期利益。在面对关税以及其他自由贸易的障碍时,美国从来不采取报复手段, 而是设法移除海外贸易障碍。

仍然只有美国,才能担任领导?

无疑的,与现在或未来相比,过去美国政府要从事领导都轻松多了。美国的经济与政治霸权,不如 20 世纪后半叶时深远。第二次世界大战终结后,美国开始推动开放全球贸易与金融资金自由流动,当时其经济体在全球产品与服务产出中所占比例达 35% 以上, 资本市场的资金资产则接近全球总价值的 50%。当全球其他各国被战时的庞大负债拖累而举步维艰时,美国则是全球最大的债权人。美元是当时全世界毫无争议的国际储备货币,那时世界各国还真的会抱怨"美元不足"的问题。

这种压倒性的独霸局面早已过去了。在 21 世纪的前 10 年结束之前,美国经济体在全球产品和服务产出中的占比已不到 25%,自此之后,欧盟的国内生产总值早已超越美国。美国的金融市场即便经历了 2008 年至 2009 年的重大危机,仍是全世界规模最大、最活跃的,但伦敦也可以合理宣称自己势均力敌。其他地方的金融市场也不断成长,因此,在 21 世纪的第二个 10 年展开之时,美国市场仅占全球金融资产的 37% 了。美国从拥有大量贸易顺差,变成出现约 5000 亿美元的贸易赤字,约占其整体规模的

3.5%。美国的公共预算也陷入长期赤字的局面。①美国现在也无法宣称是全球最大的债权人了。相反的,美国已经成为债务人,多半是对日本,对中国的债务更是庞大;中国拥有的美国国债再加上其他海外权益,持有美国政府未清偿债务的35%以上。问题很严重,以至于美国要倒债的说法经常出现,而且美国公债也遭到调降评等。

然而纵使美国的相对权力显然消退,这个国家仍是全球领导力量的唯一可能来源。当然,许多人提出欧元与欧洲是理所当然的美元与美国的后继者,而且在2010年之前,已经有很多研究看重这样的可能性,认为有可能成真。但就算欧洲经济体够大,金融市场大到可以担此重任,却有其他明显的缺点。某些欧盟会员国的主权债问题很严重,比美国有过之而无不及,显然大大不利于欧洲担任此种角色,这个资历仍浅的联盟里有很多基本的冲突,同样也是不利因素。

中国在这方面更弱了,不成熟的金融市场,就让这个国家不大可能成为领导,其贸易政策②使得任何暗示中国将带领全球走向更开放的贸易与更自由资金流的说法,都难以实现。

欧洲和中国都没有美国的全球地位,这两者也无法拿出如美国一般领导贸易议题的历史纪录。在此同时,虽然美国已经不独大,但美元显然仍是全世界的储备货币,举例来说,不管美国是否参与交易,在全球贸易中美元就占了将近90%。

美国与其财政纵然有这么多缺点,但美元却全无替代品。欧洲最严重

---

① 到了2011年,联邦政府预算赤字约为1.6万亿美元,在美国整体国内生产总值中占比达惊人的11%。

② 请见第9章对中国货币政策的讨论。

的缺点，就是基本上缺乏单一性。多年前，欧盟公投时这个问题便已明显。法国的选民以悬殊的比数反对欧盟的新宪章，爱尔兰的选民则反对已打了折扣、但本质上仍是统一的《里斯本条约》(*Lisbon Treaty*)。[①]由于这些公投的目标在于"强化欧盟在全球舞台上以单一力量行事的能力"，公投不过关即证明欧盟并无能力担任此一责任。确实，在爱尔兰公投之后，欧盟甚至还需要放弃调和境内税赋的规划。法国前总统萨科齐的态度更是过分，直指欧洲大陆有"身份认同危机"。如果这还不足以否定欧洲在贸易议题上成为领导者的资格，在萨科齐 2007 年发表对欧洲议会的首次演说中，他提到要移除围绕在保护主义周边的"禁忌"，这个概念引来一批理念相同的群众。瑞典官方之后点出欧洲根本不具领导力，提到在 2008 年至 2009 年金融危机与衰退期间，无人寻求欧洲的支持，反而是转向"中东、新加坡与中国，就算不是寻求指引，也要寻求借贷"。

欧债危机，摧毁欧盟地位

很多的内部矛盾导致欧盟无法担此重任，欧盟无法轻易化解这些问题。这些都是很基本的矛盾，也是欧洲持续出现混淆的部分原因；大家都不确定欧盟布鲁塞尔官员的权力到何处终止，而从哪里开始又属于各会员国选出的议会权力。常听见有人抱怨这是一种"民主赤字"(democratic deficit)。欧洲境内有这些基本的歧异，难以在任何议题上达成一致的政策也就不足为怪。指标性的问题，是欧元地位属于"非国家之货币"，少有人建议用它取代美元储备货币的地位。重要人物捷克总统克劳斯(Václav Klaus)也强调欧盟

---

① 法国在 2005 年 5 月 29 日以 55% 的差距投票反对欧盟宪章。

间缺乏共同的目标,他指出,对于各种经济冲击,包括海外竞争,各会员国的反应大不相同。欧盟执委会本身也承认,欧盟在全球没有"强而有力的声音",也没有"明确的国际策略",并得出结论认为"欧盟"这个身份本身并无足够的分量,无法凭此在任何"全球性机构"中占得一席之地。

别说要承担全球性的角色,更别说要和美国相辅相成,欧洲的分歧看来将会推动欧盟朝向内向、地区性的焦点上。新加坡声誉卓著的李光耀公共政策学院(Lee Kuan Yew School of Public Policy)就说出了很多亚洲国家的心声,将欧洲斥为"地缘政治的侏儒",只会"像奴隶一般跟随美国的领导",实际上是"搭美国权力的便车",甚至连规划"亟须的策略行动"都办不到。就像亚洲国家声称的,欧盟在最近的世界贸易多哈回合谈判中焦点愈见狭隘,已经缩小了"欧洲在世界舞台上的足迹",当然也无资格担任领导。有些评论家(甚至在欧洲境内也有),将欧洲大陆描述成"大瑞士",认为欧洲就像这个永久性中立国一样,可以是一个富裕的天堂,但在境外并无显著的影响力。这样的指控就算不公平,但流传之广却也减损了欧洲的能力,无法在任何方面上取代美国成为全球性领导者,特别是世界贸易和金融议题。

这些无能为力在欧洲近期的金融问题期间异常明显。几个欧盟会员国(葡萄牙、爱尔兰、希腊和西班牙)的债务问题,在 2010 年春天首先引起公众注意,之后希腊坦承该国在公共财政方面误导欧盟。债券买方对这些消息的反应,是放弃希腊债券,迫使雅典当局以及其他许多处境相同的政府借贷成本攀高。已经岌岌可危的希腊,撑不住高涨的成本,面临倒债局面。欧盟因其无能监督或控制会员国的公共财政而窘迫不堪,自然也要面对欧盟是否有能力领导欧洲的质疑,更遑论全球。当布鲁塞尔当局对这样的情况束手无策时,这类问题更显尖锐。有好几个月,几个欧洲主要大国蹉踏慌乱,不知如何是好,争论着如果欧盟已经准备好拯救某个会员国,那救援的财政负担应该落在何处。最后,各会员国设法设立一个基金以援助希腊,并成为其他体弱国家的最后屏障,但即便是当时,欧盟都需要向外求援,向国际货币基金伸手,向美联储伸手,以筹得一部分急需的流动金融资金。

更让人质疑欧洲是否具备领导能力的,是债务危机严重暴露了欧洲基础架构中的基本弱点。在救援方案确定之后,欧盟的无能与会员国的不顾承诺,显而易见。许多欧洲内外人士都观察到欧盟并未统一,质疑欧元未来的存废,根本不用谈欧元适不适合成为全球的储备货币。评论家、政府官员们及名嘴们都对欧盟能否生存下去感到怀疑。说到底,欧洲最近的主权债务危机凸显了一件事,那就是不论美国有哪些经济与金融问题,在领导地位的竞争上仍大有优势。

在这次的事件中,欧洲的危机间接对照出中国与日本也不适合成为全球领导者。如果这两国在全球贸易与金融议题上有任何领导地位,应该会在欧洲的规划中占有一席之地(比方说成为咨商对象),而且在规划时一定会被考虑进去。但当欧洲的麻烦威胁全球各金融市场的稳定时,这两国在任何方面上均未出面,既非支援者亦非经济事务参与者。它们抱持的区域或国内焦点说服了自己,说欧洲的问题不是它们的考虑范围;而欧洲人也强化了这样的观点,它们很少在寻求协助或指引时考虑中国或日本,其他各国也不会考虑这两国。

中国在全球其他地方的作为,徒然强化了前述让人将其排除在外的结论。中国在亚洲当然很重要。中国政府在朝鲜半岛的紧张局势中扮演关键角色,与印度竞争区域内的主导地位。但在其他地方,不论中国经济的增长率、规模、活力以及前景有多让人惊艳,中国的外交影响力仍为有限。中国在非洲、中东与拉丁美洲偏重于贸易往来。中国在非洲或拉丁美洲没有强力的外交布局,当然在中东也没有;在最后这个地区,中国主要为了取得石油。与中国的缺席恰成鲜明对比的是美国,尽管美国失去相对的地位,仍在世界上持续活跃。当美国在欧洲、拉丁美洲与中东施展可观影响力的同时,在所有亚洲争议(甚至包括东盟问题)上也是中国的主要对头,而这些地方离华盛顿有半个地球这么远。

强调多边、多国、以规则为准的体系

如果引领全球贸易议题的责任仍落在美国肩上,美国政府就要抛开任何只是想成为"国家之一"就好了的规划。美国自身与世界各地的繁荣,依赖于此。要确保全世界能保障必要的贸易与金融资金流动,尤其是在面对日积月累的人口结构压力之时,美国政府必须善用全球领导地位,确保全球能具有杀伤力的保护主义诱惑,聚焦在长期需求上。虽然整体环境自20世纪以来已经物换星移,美国政府仍应以过去为师。美国或许不再有能力像过去一样从事全面性的霸凌,但仍可以、也必须回到过去强调的多边、多国和以规则为准的体系。只有通过这种方法,才能有效地推广全球贸易、自由资金流,从而带动必要的调整,确保繁荣。由于美国已经失去过去的霸权地位,美国政府未来需要用与过去相较之下咨商成分更高、合作态度更明显的方法来实现从前的目标。

这方面的首要之务,是美国必须化解本国的预算问题。就算没有今天早已迫在眉睫的财政问题,老化人口结构对于社会安全与联邦医疗保险造成的压力，也会导致预算隐忧。①正是这些和人口结构相关的议题，会让已经很紧迫的限制更为严峻。美国政府看来已经不受控制的预算支出，除了引发世人对于美国偿债能力的疑问，也让人严重关切未来的通胀、美元汇率，最后让人忧虑的则是美元身为全球储备货币的地位。本书并不适合去权衡各种不同的削减赤字方案，商讨政府应该通过减少开支还是加税来达成目标，实际上又该在哪些地方加减。

但即便如此，仍显而易见的是，改革行动将会迫使美国全面大刀阔斧改变筹措政府财源与管理政府支出的方式。就算明天就开始有所行动，任何解决方案都需要好几年的时间才能彻底实施，然后开花结果。然而以美国的领导能力来说，幸运的是只要一套可信的整顿财政秩序计划，在实际财政数字反映出成果之前美国便能取得影响力。

美国也必须应付近期和美元地位相关的问题。由于美国已经失去过去叱咤全球的经济与金融地位，而且由于美国政府还面临严重的经济与金融问题，很多人已经开始质疑，就算没有可行的替代品，美元能否维持身为全球独一无二储备货币的地位。本书结语会讨论，某些要换掉美元这个全球储备货币的提议有其可笑之处，但有些则经过深思熟虑，而且很有道理。这种治标不治本的做法，完全不顾其他可能性，只是一味向全世界保证美国政府一定会维持强大的美元，未来将无用武之地。与其假装什么都没改变，美国政府更好的做法是承认美国与美元的相对地位已经下滑，并同意各个国家、企业与个人都有正当理由重新思考美国过去的独大角色。如果美国无法务实应对这些经过审慎思考的提案，只会越来越减损自身的全球地位。

举例来说，我们来看看另一个俄罗斯的提议，取代之前梅德韦杰夫要

---

① 详情请见第 2 章。

求以俄罗斯卢布取代美元的尴尬建议。这个新建议邀请由包括俄罗斯、中国与其他四个中亚共和国组成的上海合作组织 (Shanghai Cooperation Organisation, SCO)考虑几种不同的货币,代替美元成为新的储备货币,其中包括俄罗斯财政部次长德米崔·潘金(Dmitry Pankin)的提案,他认为有一群区域性货币或许都可以担任这样的角色。中国不再提出以人民币取代美元这等不太可能成真的建议,而是理性地要求八大工业国开会时要想办法分散储备货币系统,不要只仰赖美元。中国政府的脚步甚至更快,针对中国企业推出一套试行计划,以人民币结算贸易订单,并开始和俄罗斯及巴西两国商讨以彼此的货币结算双边贸易。印度对于该用何种货币取代美元不予置评,但坦承该国已经分散官方的外汇存底,不再纯持有美元。谣言四起,绘声绘影说中国、俄罗斯、法国与中东产油国家密谋,要停止用美元交易石油,但产油国家随后否认了这些说法。

就连通常被视为受美国使唤的世界银行,也警告美国政府不要将美元的储备货币地位视为理所当然。世界银行总裁罗伯·佐利克 (Robert Zoellick)甚至还预测,15 年内人民币将会成取代美元成为全球储备货币。虽然这是很长的时间,而且他的说法就算无疑是特意煽动,也并非完全无理。国际货币基金和联合国也提出要创造一种国际货币,用以取代或辅助美国的全球储备货币角色。最受欢迎的提议,是提高一种综合货币的地位(这是国际货币基金在几十年前发展出来的货币),成为全球储备货币,帮助各国央行应对暂时性的外汇交易问题并结算账户。这种特别提款权(special drawing right,SDR)价值由一篮子主要货币决定,但这一篮子里最重要的货币是美元,因此很难主张特别提款权是取代美元的储备货币替代品。

在应对这些猜测与操作时,美国在处理上必须了解,美元的基本地位并不必然会因为替代货币的兴起而受到威胁;反之,历史证明两种或以上的货币可以共享国际储备货币地位,几十年相安无事。当美元在储备角色中开始超越英镑时,便是如此。这个过程始于 20 世纪 30 年代中期,但一直要到 60 年代美元才完全取代英镑。在这 40 余年的期间内,两种货币相辅相成,成为各国央行与国际企业的储备货币与交易媒介。有一位优秀的研究人员说,储备货币的竞争显然绝非"成者为王、败者为寇"的局面。如果在考虑过实务之后找到可敬的对手与美元抗衡,以历史为镜,美国政府搭上这波发展可以有很好的表现,任性的抗拒只会羞辱与伤害美国的地位。新的做法若真能奏效,要完全取代美国也需要几年的时间,或者,比较可能的情况是几十年,而美元就算不再是独一无二的储备货币,其持续保有的特殊地位也仍能支持美国,在贸易与金融议题上展现领导力。

但货币只是整件事中的一小角。美元的关键地位仅能当作后盾,让美国政府从事更积极的谈判与外交。就算美元不再享有单一的储备地位,这些贸易与外交活动也能继续下去。而且由于美国必须延续推动贸易的各种作为,如果这个世界要避开保护主义陷阱,美国政府就要放弃近期推动的两党派贸易协商①以及分别和各国谈判的做法,回归早期的国际主义立场。真要说的话,是环境使得美国政府要更强化这种早期的做法。

20 世纪 80 年代,美国在处理贸易议题时开始脱离原始的多边做法。风向转变,无疑反映了美国极恐惧当时的日本横扫政治与商业圈。自此之后,美国政府在态度上就变得比较偏颇,越来越容易和贸易伙伴在立场上

---

① Bipartisan trade deal,美国通过《两党贸易推广授权法案》(*Bipartisan Trade Promotion Authority Act*),授权给总统和贸易对象进行双边审判,只要遵循既定程序,国会便予以快速通过,不再修改。

有所争执。早期的美日、近期的中美之间尖锐的货币争议,经常主导讨论范畴。①在这些因素影响下,美国政府的作风从多边转为双边,或者也可以说更趋向更特殊化。就连多边的北美自由贸易协议中也蕴含了这样的新特质,最近和拉丁美洲及韩国签署的条约亦然。这类安排的问题,在于它们只针对签约国推动开放贸易,不在协商范围内的国家就被排除在外。某种程度上来说,这类协议在许多方面都和美国原始且成功的全球性贸易推广行动相对立,对自由贸易造成的打击,差不多等于助力。更糟的是,美国在这些协议上扮演偏颇的立场操弄者,也减损了美国在广泛追求开放贸易与自由金融流动上施展全球领导力的能力。

中美间长期的贸易紧张关系,便是切题的范例。可想而知,中国的货币政策使得美国倍觉受挫。就像之前提过的,②至少从 20 世纪 90 年代中期开始,中国就压抑人民币兑美元的汇价,以寻得特殊的出口优势。美国不断拿出各种做法要求改变,成绩仅是差强人意。美国屡次威胁要端出的报复性关税,③与之前从事多边协商以消除贸易障碍的努力形成强烈对比。威胁性的关税显然会朝着完全相反的方向发展。与其将自己封闭起来,美国更应敲开中国的大门,而且美国也有比关税威胁更好的选项,可以更有效地影响中国,并更接近美国政府早期做法的多边贸易精神。

其中一项行动方针,是要集结 20 国集团这些全球规模最大的贸易国,以抗拒中国的政策。这些会员国有很多反对中国目前的货币政策操作取

---

① 详情请见第 13 章。

② 详情请见第 9 章。

③ 以下有两个范例。2005 年时,美国威胁要对所有中国输美的产品课征 27.5%的关税。2010 年时,美国众议院再度投票,是否要把中国贴上“货币操弄者”的标签;如果立法通过成为法律,这种说法会使得美国更容易对中国产品课征针对性关税。

向,尤其是欧洲各国。如果美国政府放下关税威胁,改为动员 20 国集团所有或部分会员国,与中国进行协商,比起用关税压制更有效。祭出关税,可能会招致危险的攻击——反攻击竞赛,使得贸易与经济成长严重受挫,超越任何有益的进展。①

反之,若美国、欧盟会员国、印度、印尼(或许也加入日本)等国组成协商伙伴关系,可以对中国施加更多压力,胜过光靠美国政府一方大肆抱怨。不管是代替或辅助,美国都可以利用国际货币基金,对中国施压,坚持只要当中国更愿意合作之后,才能让中国在这个或其他国际性组织内拥有更高地位。美国政府甚至可以把争议当成转机,推动更能促进自由贸易的全球性规则(早已有人在国际货币基金提过),直接根据中国的货币政策立场行动,例如,禁止任何国家购买他国的公债,除非该国敞开其金融市场以利互惠购买。

虽然并不保证多边做法一定能让中国改弦易辙,但比起美国目前的偏颇式取向,机会更大而且风险绝对更小。更有甚者,多国多边的做法会让美国以国际领导者的角色隆重登台,而不是立场偏颇争闹不休的国家。通过同样的方法,如果美国政府放弃目前早已确立的通过双边贸易架构来争夺地位,一般来说将会更有实效;就像之前提过的,双边贸易谈判政策背离了美国过去的多边取向。

虽然一般媒体或甚至连大众媒体都很少讨论,但优惠性贸易协定(preferential trade agreement,PTA)严重损害必要的多边贸易取向。这类协议对全球贸易造成的威胁,和建树不相上下。知名的贸易经济学家贾格迪什·巴格瓦帝(Jagdish Bhagwati),甚至直指美国最近对优惠性贸易协定的

---

① 关于这种毁灭性的环境,完整的说明请见第 11 章中的讨论。

狂热是一种"自私霸权"(selfish hegemon)的立场,这个用词尖酸地援用同样知名的国际经济学家查尔斯·金德伯格(Charles Kindleberger)的说法,后者说美国在多边自由贸易领导地位是一种 "利他霸权"(altruistic hegemon)。美国外交关系委员会(Council on Foreign Relations)资深研究员查尔斯·库普干(Charles A.Kupchan)断然宣称,在贸易或货币的议题上,"双边(主义)显然无用",而安·克鲁格(Anne O.Krueger)教授也提出了一个强力、合乎理论又有实证支持的立论,说"双边互惠"并不如"多方、多产品协商"那么有效。拉沁·萨利(Razeen Sally)教授还任职于伦敦政经学院(London School and Economics)与欧洲国际政治经济中心(European Centre for International Political Economy)时,便恳请美国引领全球在实务操作上远离优惠性贸易协议,重新拥抱过去强调的多边主义了;换言之,就是要寻求全球性"以规则为基准"的做法,也就是时任英国国际发展部部长的道格拉斯·亚历山大(Douglas Alexander)所说的多边系统本质。

虽然前述的解决之道说来容易做来难,但美国并不欠缺促成改变的途径。过去的多边主义取向,留下许多急迫想与美国合作的超国家机构,一起推广更全球化、以规则为导向的做法。世贸组织的秘书长拉米不久前才恳求参与国放弃双边安排,并"在政治层次回到谈判桌上",他的意思是,要在一个够高的层次上建构广泛的协议与放诸天下皆准的规则,在多边的基础上确保更自由的贸易。任何想要让最近在全球关税上的多哈回合谈判起死回生的努力,都可以让多边贸易开花结果,但这需要有一股强大的力量许下强力的承诺才能完成,唯有美国能当此任。除了世贸组织之外,八大工业国与二十国集团也可以成为有效的途径,让美国在这个非常重要的方面上能引领世界。在此同时,亚洲各种自由组织如雨后春笋般冒出头,虽然本质上属于优惠贸易性质,但也点出对自由贸易的整体性承诺，美国领导时可以全球为基础善加利用。

强化地位的三大议题——环保、劳工与全球金融

除了前述的整体定位之外，美国还有一个契机，就是善用环保、劳工与全球金融等议题以强化其领导地位，并推动多边解决方案。由于干预这三大领域通常都会阻挠自由贸易，也由于自由金融流动与双边协议通常会让这些议题受碍难行，因而各国在这些方面上会要求全球性的协议，以及更通用、以规则为准的解决方案。全面性的做法更能克服阻碍推广自由贸易努力的技术面因素，并让世界各国的国内领导地位都能有政治防护罩。这些方面上的国际安排屡屡失败让很多国家备感挫折，当美国尝试推动合理的多边解决方案时，它们会乐于接受。

发达经济体利用劳动规则来抑制贸易，这一点少有人质疑。[1]通常，在贸易伙伴采用相当的工作条件之前，这些经济体拒绝开放贸易；然而，对于比较贫穷的新兴经济体来说，实际上不可能达成这些劳动条件。美国在这方面的立场听起来很空洞且偏颇：虽然美国的立法对于罢工权的限制通常比许多国家都更严格，在贸易上却订下高标准的劳动条件，而且美国目前仍拒绝批准国际劳工组织(International Labor Organization)的核心公约。美国、欧洲或日本使用的人权理由，也不尽为真。说穿了，如果这些严苛的标准阻断贸易，使得新兴经济体的劳工失去饭碗，对它们来说也没有什么好处。当然，这并不代表工作环境条件不是重要考量，或者贸易国无须确保进口国满足最低的安全与健康标准。多边协议的领导，可以随即克

---

① 请见第 11 章。

服让各国谈判人员跛脚的利益问题，确保本质上把这些问题和贸易议题切开。

环保议题更复杂。一方面，发达经济体认为全球迫切需要更严格的环保控制手段，但另一方面，印度、中国与其他新兴经济体认为，日本和发达西方世界强加的规则不公平地阻碍了它们的发展。就像劳动规则一般，新兴国家主张它们无法负担发达世界定下的环保法规，如果它们的贸易能力因此受阻，更将永远也无能为力。中国和印度都在八大工业国会议上提出质疑，坚持不应期待这两国工业化之前有能力减少碳排放量。它们主张，日本与西方世界是在采用环保措施之前便享有富裕的地位，它们应该也要拥有同样的机会。在某一场会议上，时任印度环境部部长贾拉姆·拉米许(Jairam Ramesh)尖锐地对美国国务卿希拉里·克林顿说："对我们这些每人平均碳排放量最低的国家施压、要我们降低排放量，根本没有道理。"之后，他替许多新兴世界的国家发言，再补充道："我们以怀疑的眼光看待您，因为您并没有做到(您的)诉求。"

以这些记录来看，双边主义的缺点表露无遗。当出口国拒绝将排放量限制在相当程度之下，欧洲与美国便单方面考虑对其进口品课征碳税，但显然欧美两方展现出来的单边主义并无存在空间。美国自己的征税计划，反而促使拉米许部长对克林顿国务卿尖锐发言。但这些新兴经济体在多边协议中可能会妥协，至少是因为相关人士都了解一地的环境恶化会扩散到另一地，而多边式协商才是唯一真正有效的解决之道。那么对美国而言，这正是重申多边安排胜过双边做法的最佳黄金机会。讽刺的是，美国到目前为止拒绝签署环保协议〔例如京都议定书(Kyoto Treaty)〕，反而使得华盛顿成为理想的桥梁：美国如欧洲和日本，同样拥有强大地位，但美国也和印度、中国及其他新兴国家同一阵线,在环保议题上显得不甘不愿。

金融改革与所有权的争议,是第三个适合美国在多边领导上发挥的机会。在 2008 年至 2009 年的危机中,环环相扣的全球金融市场明显成为另一个强力的论点,证明全球牵一发动全身,双边协议几乎等于无用。所有权议题中越演越烈的紧张关系特别敏感,唯有全球性的取向,才能打破已成定局的政治化、偏颇调性。

以美国为例,美国容许 IBM 把个人电脑业务连同所有相关科技卖给中国企业联想,但就像之前提过的,在忽然之间,而且根据显然可称之为专断的标准,阻止中国海洋石油公司出价买下优尼科,而当迪拜港口世界握有大量英国半岛东方轮船公司(p&0)的股权并借此插足管理美国的港口时,美国也喊停。

更近期,加拿大政府阻止总部在美国的阿连特科技系统公司(Alliant Techsystems),不允许其出价买下麦克唐纳·迪特雄利联合公司(MacDonald,Dettwiler)的航天科技部门,日本政府也阻挡英国的儿童投资基金(Children's Investment Fund),禁止其增持对电力批发商日本电源开发株式会社(J-Power)的股份。有更多国家订定筛选机制,以规范这类收购交易,在这样的过程中,阻断了国际资金流动。

虽然前述与其他驳回并未违反世贸组织的规定,但缺乏明确或一致的指引,阻碍了贸易以及有效运用全球金融资本。潜在买方浪费可观的时间与金钱,花几个月、甚至几年的时间来推动交易,但之后有关当局却经常基于不可说的理由,使得它们之前的努力付诸流水。这样的模式也引发了政府与企业之间不必要的厌恶感,更别提这些决策中有很多取决于投资者的国籍身份甚至种族。举例来说,美国看来比较不担心欧洲的买主,比较介意中国或中东的买主。即使是长久的盟国日本,面对美国时仍会比欧洲买主遭遇更多抗拒。欧盟阻止的交易多过美国,普遍更抗拒海外所有权入主,法国的"策略性投资基金"(strategic investment fund)便体现了这种态度:这种以政府为后盾的资产池,明确设计成"防范全国性产业集团落入(任何)海外人士之手"。

有些国家试着使用双边协议以避免这类问题。美国与中国就走这条路。双边协议有明确的缺点。这类协议通常涵盖范围很狭隘,因此仍无法明确指引跨国企业该如何进行相关工作。与其试着针对无穷无尽的具体协议条文进行协商,跨国企业无疑会转而在各国背后运用其可观的影响力,导向更全面且订下明确规则的解决方案。唯有这样,它们才有办法规划。它们在诸如保护敏感科技、智慧资本以及企业揭露标准(包括潜在买方取得其本国政府的补贴或低利贷款等相关资讯)等议题的全球性协议上,无疑也会支持美国领导。虽然经合组织已经发展出这类规则的基础,但该组织既无能为力也无权威推动这样的盘算。美国可以有效施压来推动这个解决方案,在此同时,也消除了另一个造成国际体系摩擦、阻碍贸易与金融全球流动的源头。

前路虽不好走,但方向很明确。如要维持繁荣,全世界需要维持全球化的动能。仅有如此,才能舒缓发达国家人口结构老化造成的问题,并延续新兴国家的发展。虽然各国在这一路上有各自的利益考量,各国也有强大的长期动机来推动这股趋势,但必要的政治上的强势才能克服想走回头路的短期诱惑。如果唯一可能担此大任的候选对象美国可以奋起迎战这样的局面,放弃近年来的偏颇与双边做法,回到过去几十年来的多边取向,持续繁荣的前景必能有大幅度的改善。

结 语

迎接未来三十年

个人、企业、政府得做好准备，

THIRTY TOMORROWS
晚退休时代

就像世人说的，一旦压力爆发，那就不会手下留情了。就算是最太平、最可预测的时期，人们、企业与政府也会需要进行痛苦的调适。如今应该很清楚的是，未来 30 年要面对的痛苦与调适，会比平常时期更多。

日本、欧洲与美国不断老化的人口结构，将对成长与繁荣造成重大威胁。寄托纯粹的国内性舒缓之道与移民并无大用，因此劳动力短缺的发达经济体将迈向更深度的全球化，让他们即便安坐在自家，也可以取得新兴世界充满活力、年轻的劳工所生产的成果。不断加深的全球化可以缓解人口结构的压力，但同时也带来一些弊病，足以让早已经严重的保护主义反动更加扩大，回过头来威胁要终止这条通往持续繁荣的重要道路——全球化。面对这一波波的浪潮与反浪潮，将迫使这些经济体进行更多调适，并引发对强大、开明领导的迫切需求，包括在各国国内以及全球性的层次上皆然。

有很多的调适，会在回应市场力量时自然而然出现。新兴市场相对丰沛的廉价劳工，对于身在人口老化、劳工短缺的发达国家的买主，自然是各种产品的来源地。为了交易庞大劳工生产出来的产品，欧洲、日本与美国的企业将善用它们在科技与训练方面的优势，因此全球市场将会决定

结　语
个人、企业、政府得做好准备,迎接未来三十年

经济活动分工。新兴经济体将会投入生产需要大量劳动力但设备、技术或训练成分相对极少的低价产品,也就是经济学家所谓劳动力密集度高、附加价值低的活动。发达经济体将为这个世界生产高价值产品,这些产品需用到的劳动力很少,但要投入很多训练与大量的设备与技术,也就是经济学家所称的"资本密集度高、附加价值大的活动"。

不过,这些纯经济学推论出来的完美答案,只说明了一部分的故事。市场虽然有效率也有效果,但从来都不公平也不在乎个人,因此几乎总会滋养出危险的社会与政治紧张。在回应越来越大、越来越宽的贫富收入差距时,再加上金融体系出现毁灭性的盛极而衰循环模式,这些紧张愈发明显。无法应对这些议题以及其他让人不快的后果,已经酝酿出可观的反全球化情结以及不断高涨的保护主义情绪,罔顾国际贸易与自由金融流动的益处,并准备好要通过政治行动反击全球化。各国政府也用更倾向于保护主义的立场加以响应。随着人口结构的强制力量导致全世界更仰赖全球化,这样的压力未来会越来越严重。

就算全球化有能力,早已造成伤害,但保护主义却更危险。从历史来看,不论保护主义何时得势,都会扼杀经济成长并摧毁财富。如今,在面对即将发威的人口结构强制力量时,保护主义仍是重大的经济威胁,因为它会造成新兴经济体大量、廉价的劳工无法进入发达世界,而这正是发达世界亟须的。干扰世界贸易,强迫短缺劳工的经济体为自家广大的退休人口生产劳动力密集度高的产品,将必会提高生活成本并拉低生活水准。新兴经济体也会受害,因为缺乏贸易机会将会夺走他们主要的经济增长与发展引擎。

有鉴于利害关系重大,每一个个人、企业和政府都将需要想尽办法减缓全球化引发的问题,才能更有效地面对未来的经济与金融环境,并解除

保护主义的威胁。这个解决方案中有很多不同的要素。其一是这将会加倍强调科技与创新，发达经济体才能保有在高附加值产品上的优势，并重新聘用国内因全球化而遭淘汰的劳工。另一项要素则是要大幅度推动员工的教育与训练，为员工做好准备借以面对要求更高的未来，舒缓他们在过渡期的压力。还有必须推动金融改革以管理国际金融资金的浪潮，这些流动大大促成了过去几十年造成严重损害的波动，若置之不理未来循环也将继续，这些行动都需要更新、更有想象力的政府与企业政策，催生出最大的弹性。

不论势在必行的方向有多清晰、利害关系有多重大，政治方面的反应仍是一大问题。在各国国内与国际层次，要在这些强制力量、陷入短视与保护主义的可能性之间游刃有余，必须要有才华、有原则的领导，聚焦在政策与各国的长期需求上，还要向国内以及其他国家的人民说明白，为何环境要求世人采取这些行动。持续的繁荣便依赖于此。历史上有很多出色的领导人为本国与国际带来希望，如果未来这类人士总是不够多，就算美国、欧洲和亚洲目前拥有丰硕的成果，也没什么理由乐观。

虽然全球化有赖各项行动各就各位才能成功，但机会还是偏向胜利的这一方。只要通过实际的回应与调适加以管理并化解困难，持续不断的全球化毕竟还是符合了几乎每一个人的长期利益。要导向正轨，知识分子与商业社群要认识环境的基本需求，特别是人口结构的现实状况；历史上总会出现的开明领导迟迟未现身，这些人尤其重要。这些人必须对一般大众解释相关需求，同时明确评估这些限制、需求以及实务上有哪些选择。通过这样的方式，他们可以帮忙指引政治与商业世界，并确定即使有不利的人口结构因素，未来世代仍能享有持续的经济成长与更多的繁荣兴盛。